Quodlibet Studio

Città e paesaggio
Fuori formato

MILLE CASE PER BOLOGNA

Paola De Pietri
Fabio Mantovani
Allegra Martin

a cura e con un saggio introduttivo di
Marco Guerzoni

con saggi di
Bertrando Bonfantini, Massimo Bricocoli, Francesco Evangelisti, Patrizia Gabellini, Paola Savoldi

Quodlibet

Prima edizione: aprile 2021

Via Giuseppe e Bartolomeo Mozzi, 23 - 62100 Macerata
www.quodlibet.it
ISBN 978-88-229-0588-8

Progetto grafico: CH RO MO

Volume promosso e sostenuto dal Comune di Bologna

Comune di Bologna

Casa
è Bologna

piano
urbanistico
generale

Indice

Une tendance n’est jamais la destinée,
car à chaque lever de soleil, la vie repart!

René Dubos

PREMESSA

Un grande piano sociale

Ormai due anni fa, quando decidemmo di avviare quello che poi ha preso il nome di progetto Mille case per Bologna, il mondo era ancora quello di ieri. Era il mondo a cui eravamo abituati, nel quale vivevamo e nel quale affrontavamo i problemi, cercavamo le soluzioni. Il problema della casa, la necessità di soddisfare la richiesta abitativa e di dare corpo a politiche per l'edilizia residenziale pubblica che potessero davvero cogliere i bisogni e rispondere a una necessità primaria come la casa sono – o dovrebbero essere – uno dei capisaldi dell'attività amministrativa. Per noi lo era, per noi lo è. Lo è soprattutto oggi che il mondo è cambiato. Lo è oggi che ci troviamo ad affrontare contestualmente l'emergenza della pandemia e le incognite di una crisi senza precedenti in tempo di pace.

Eravamo consapevoli, quando avviammo il progetto assieme ad Acer, di affrontare un impegno economico – 61 milioni di euro – imponente e molto probabilmente inedito per una città italiana. Si trattava di organizzare e avviare un vasto e capillare lavoro di riqualificazione del patrimonio residenziale pubblico. E voleva dire farlo senza permettersi di sbagliare perché avrebbe significato spendere risorse, tempo e mezzi senza cogliere le reali esigenze delle persone, delle cittadine e dei cittadini. Bisognava entrare nei meandri di una domanda di casa importante e composita, specchio delle esigenze di una società diventata negli anni più vecchia e più fragile. I risultati ci dicono che ce la stiamo facendo, che il lavoro di Comune e Acer – e qui va il ringraziamento a tutti coloro che hanno portato il loro contributo di idee e di lavoro, in particolare all'assessore alla Casa Virginia Gieri – è riuscito nell'intento di intercettare le reali esigenze abitative cominciando a soddisfarle su una scala sempre più ampia. Il Piano Urbanistico Generale, adottato il 7 dicembre 2020 dal Consiglio Comunale, è lo strumento strategico di pianificazione che chiude il cerchio all'interno del quale può ora collocarsi il piano Mille case con la possibilità di esprimere fino in fondo tutte le sue potenzialità. Siamo intervenuti con un profondo lavoro di ristrutturazione sugli edifici e sui quartieri storici della città, come alla Bolognina, o in quartieri residenziali con l'acquisizione e il *restyling* – per esempio – dell'ex clinica Beretta in via XXI Aprile. Un intervento sulle case, una risposta alla domanda di alloggi che – inserito e combinato con il Piano Urbanistico Generale – andrà a incidere sul profilo della nostra città: in meglio. Un lavoro che mira a rispondere a una cruciale esigenza sociale e che consente di migliorare anche l'aspetto di Bologna, dei suoi palazzi, delle sue strade. Per una volta, insomma, quantità e qualità combaciano.

Questo progetto arriva a esprimere tutta la sua capacità operativa proprio mentre mi avvio verso gli ultimi mesi del mio doppio e decennale mandato di sindaco. Ed è una soddisfazione ancora maggiore perché sento che questo lavoro giunge quasi a coronamento dei miei ideali, del mio impegno politico e amministrativo. Ho sempre agito pensando che la prima e più importante attenzione vada posta verso i bisogni, verso la dignità delle persone e delle famiglie. La consapevolezza, ora, che questo obiettivo, almeno in parte, può essere colto ripaga di tante fatiche, fa dimenticare ostacoli e amarezze. È un traguardo che condivido con le tante e i tanti che hanno contribuito a raggiungerlo e questo lo fa sentire, intimamente, ancora più mio.

In via Albani, dove si è concretizzato uno dei primi interventi del progetto Mille case con la realizzazione di 38 nuove abitazioni di edilizia residenziale pubblica, sorse il primo caseggiato popolare con il quale, oltre un secolo fa, ebbe inizio il grande piano abitativo del sindaco socialista Francesco Zanardi. Una connessione materiale e ideale della quale vado orgoglioso. Mi auguro davvero che questo progetto, partito quando virus, pandemia e la crisi che si sono portati appresso non erano ancora sul nostro orizzonte, possa oggi rappresentare un ulteriore e decisivo elemento di sfida, di fiducia, di rilancio. Dico questo perché si tratta di un'iniziativa perfettamente inserita all'interno di un circuito virtuoso che fa della nostra città un *unicum* di cui forse, non sempre, tutti riescono a rendersi conto. Può sembrare scontato, ma non lo è. Per avviare un piano operativo di questa portata occorre studiare (la demografia di Bologna, i cambiamenti socio-economici), ma serve soprattutto disporre di una solidità finanziaria, di un bilancio comunale in grado di sostenere e generare le iniziative politiche e amministrative. Non basta dire: voglio incrementare e migliorare il nostro patrimonio di edilizia residenziale pubblica, voglio capire e intercettare i bisogni, snellire le procedure. C'è bisogno degli strumenti: il primo è un bilancio comunale in ordine e robusto. Su questo piano siamo – verrebbe da dire, purtroppo – in controtendenza rispetto al resto del Paese: anche nel 2020, e malgrado le grandi difficoltà portate dalla crisi sanitaria ed economica, il bilancio del Comune di Bologna è stato approvato entro i tempi stabiliti, senza accedere alla prassi ahimè diffusa dell'esercizio provvisorio; durante il mio mandato lo abbiamo sempre fatto. Oltre alle potenzialità di un bilancio che – ricordo – conferma l'aumento di investimenti in opere pubbliche, il calo delle addizionali Irpef con l'esenzione dal pagamento per chi ha un Isee fino a 15 mila euro, le tariffe bloccate come accade ormai da anni, il contenimento e, anzi, la riduzione del debito, ha preso avvio anche il Fondo di comunità metropolitano al quale il Comune contribuisce con ben due milioni di euro. Servirà a erogare aiuti per le persone in difficoltà (buoni per i beni di prima necessità, pagamento delle bollette, acquisto di risorse digitali). Dunque, non azioni isolate ma un vero e proprio circuito che, a partire dal bilancio, alimenta l'azione amministrativa consentendo anche di immaginare e costruire un'operazione ambiziosa come il progetto Mille case. Ed è in questa logica che si inseriscono anche *Insieme per il lavoro*, l'iniziativa avviata assieme all'Arcidiocesi di Bologna per trovare una possibilità di formazione e di impiego per le persone fragili o quelle che la crisi ha espulso dal mercato del lavoro, e il Fondo per l'affitto che è lo strumento con il quale il Comune sostiene finanziariamente le famiglie in difficoltà con i pagamenti.

Ci tenevo a sottolineare questi aspetti perché, seppur in estrema sintesi, penso che possano essere utili a fare comprendere una cosa importante. Ovvero che non ci piacciono le fantasie e i velleitarismi, preferiamo agire ancorando saldamente idee e progetti alla loro sostenibilità finanziaria e sociale.

In questi ultimi anni Bologna è diventata una città più attrattiva: il nostro saldo demografico è costantemente in crescita soprattutto grazie alla capacità di attrarre nuovi residenti da altri comuni d'Italia, in prevalenza dal Meridione. Abbiamo conosciuto un boom turistico assolutamente inedito per Bologna, c'è la tradizionale richiesta di abitazioni per gli studenti (oltre 80.000, molti provenienti da altre regioni o dall'estero) che frequentano la nostra Università. Si dirà: ma il Covid ha cambiato tutto. Vero. Dovremo fare, e stiamo facendo, i conti con questi cambiamenti, ma sappiamo anche che la chiave per uscirne saldamente in piedi, quando sarà finita, è riconquistare le posizioni che così brillantemente avevamo raggiunto e, se ci riusciremo, andare ancora oltre.

L'investimento di risorse e di progettualità sul tema della casa, dell'edilizia residenziale pubblica, continuerà quindi a essere un caposaldo strategico.

Dopo queste mie parole troverete le pagine di un libro che rappresenta un elemento importante di questo percorso e di queste prospettive: un racconto per immagini di come una scelta politica possa inserirsi e incidere sull'idea di città e sulla percezione che abbiamo di essa: abitandola, osservandola. La ricerca fotografica di questo volume si affida alle qualità di tre fotografi (Paola De Pietri, Fabio Mantovani, Allegra Martin): tre approcci diversi ai temi e ai luoghi sui quali è intervenuto il progetto Mille case. Un percorso che realizza una cronaca per immagini in cui la «casa» diventa protagonista della città, dell'urbanistica, del paesaggio. Le foto di questo volume sottolineano, esplorano, «drammatizzano» il valore sociale della casa. Un bene privato e collettivo al tempo stesso: la risposta a un bisogno dei singoli o delle famiglie che diventa la trama intima della dimensione urbana e sociale. Un contributo essenziale e originale per meglio comprendere il valore delle scelte quando si traducono in un'azione amministrativa che cerca, e penso riesca come in questo caso, a modellare in meglio il nostro modo di vivere.

Virginio Merola
Sindaco di Bologna

PRESENTAZIONE

Una città più semplice per una realtà complessa

Il diritto alla casa è uno dei fattori che più influenzano la coesione sociale, la qualità della vita di una città, il benessere dei suoi residenti.

Il programma Mille case per Bologna, che ha ispirato i progetti fotografici di questo volume, non racconta solo di riqualificazione e acquisizione di patrimonio pubblico per dare risposta al bisogno di casa, ma evidenzia anche come questo dispositivo sia indirizzato a rendere la città sempre più attrattiva, coesa e inclusiva. In altre parole una città migliore, più semplice da vivere per tutti.

Ogni epoca ha prodotto differenti caratterizzazioni e risposte alla questione abitativa. Dai primi del Novecento, quando le «case popolari» nascono per dare risposte ai lavoratori, ai giorni nostri, dove le stesse case sono destinate alle fasce più fragili della popolazione. È cambiato perciò radicalmente, nel tempo, il profilo di chi le abita e le relazioni che si instaurano tra questa comunità e la città; ciò che invece non è mutato in modo sostanziale sono le dimensioni strutturali e quantitative del patrimonio pubblico di alloggi.

Le politiche per la casa si trovano così, oggi più che mai nella storia, a fare i conti con le contraddizioni e la liquidità dell'epoca che viviamo. Le criticità sono di diversa natura: l'impoverimento crescente della popolazione con polarizzazioni sempre più accentuate; la concentrazione di famiglie e individui con fragilità in alcuni settori specifici della città; la discrasia tra nuovi bisogni sociali di casa e un patrimonio immobiliare pubblico pensato e realizzato per una comunità che non esiste (quasi) più.

La crescita costante della povertà, a partire dalla crisi economica del 2007, ulteriormente esasperata dall'emergenza sanitaria che stiamo vivendo, ha prodotto un aumento sensibile non solo di famiglie che chiedono un alloggio pubblico, ma anche di quella fascia «di mezzo» di cittadini che, pur non eleggibile per l'assegnazione della casa popolare, non riesce a vivere dignitosamente nel mercato immobiliare privato. Inoltre la concentrazione degli alloggi pubblici – e dunque di nuclei più fragili – in alcune zone della città sta mostrando quanto siamo esposti a rischi di «marginalità» e di tensione sociale, in quei segmenti «popolari».

Infine, la composizione delle nuove famiglie che chiedono accesso alla casa pubblica non è la stessa per cui quelle stesse abitazioni erano state originariamente progettate: oggi sono aumentate le famiglie molto numerose, generalmente non autoctone, e gli anziani soli, creando fenomeni polarizzanti, di sovraffollamento o sottoutilizzo degli alloggi.

Bisogna dunque continuare a «rimodellare» il patrimonio residenziale pubblico, garantendo qualità, sicurezza e sostenibilità ambientale, senza dimenticare che la nostra offerta abitativa non è sufficiente a esaurire le variegate domande di casa della città.

Quindi sì, fornire alloggi è importante, ma non basta.

La politica abitativa assolve al suo ruolo di dispositivo di welfare quando, oltre a permettere l'accesso alla casa, pone l'accento sulla composizione e i bisogni specifici delle nuove famiglie, sulla natura delle relazioni tra vicini, sull'integrazione tra casa e sistema di vicinato.

Non è perciò un caso che il nuovo Piano Urbanistico Generale, fra i suoi tre pilastri di politiche strategiche, contenga «abitabilità e inclusione» quale dimensione d'intervento sul capitale fisico della città e sulla sua comunità, per contribuire a «semplificare la vita» in un contesto complesso.

Bologna ha così ampliato il significato stesso di edilizia sociale: dalla sua unità primigenia – l'alloggio pubblico – l'attenzione è passata all'insieme degli alloggi costituenti una comunità, per poi allargare ulteriormente i termini del discorso alla relazione osmotica tra quella comunità e la città.

Partecipazione, co-progettazione, abitare solidale e collaborativo sono i nuovi vocaboli che aiutano a comporre la narrativa del diritto alla casa sostenibile e dignitosa per tutti. Vocaboli di un dizionario fortemente sostenuto da Bologna e condiviso tramite una rete internazionale di grandi città; per chiedere, anche a livello europeo, un impegno strutturale e continuativo, che permetta alle politiche per la casa di non restare recintate nel campo dell'emergenza sociale, ma siano invece oggetto di una programmazione di ampio spettro, che non lasci nessuno indietro.

I progetti fotografici presentati in questo volume mettono a sintesi molte delle considerazioni che ho sommariamente richiamato; interpretano la nostra città per intero, non solo quella parte che spesso nel discorso pubblico è stigmatizzata dai termini «popolare», «marginale», «periferica».

Queste lavoro fotografico parla di Bologna.

Virginia Gieri

Assessore alla Casa
Comune di Bologna

INTRODUZIONE

Per un progetto

Marco Guerzoni

All'inizio del 2019 il Comune di Bologna e l'Azienda Casa hanno dato vita a un protocollo d'intesa per intensificare gli sforzi tesi a rintracciare soluzioni abitative di ampio spettro per intercettare domande sociali composite, con un impegno economico molto ingente (probabilmente inedito) e un rilievo organizzativo straordinario[1].

Si tratta principalmente di un massiccio intervento di riqualificazione del patrimonio di edilizia residenziale pubblica altrimenti destinato al sottoutilizzo; di acquisizione e trasformazione di immobili in disuso da dedicare a edilizia sociale; di impulso alla (ri)attivazione di cantieri, in taluni casi incagliati da lungo tempo; della rinnovata attenzione verso le necessità abitative degli studenti universitari fuori sede e a basso reddito.

Questa vasta attività, sotto lo slogan propositivo di «Mille case per Bologna», non rappresenta né un punto di partenza né uno di arrivo nelle politiche pubbliche sulla casa, ma una cruciale stazione di transito che evidenzia un certo grado di maturità nella presa di coscienza dei rilevanti fenomeni di trasformazione sociale ed economica in corso (trasformazione anche demografica, ambientale ecc.) e la volontà di progettare percorsi transdisciplinari quale tentativo di disegnare traiettorie adeguate ad affrontare le sfide attuali; sfide che – naturalmente – chiamano in causa diversi attori e «forze» a scale differenti, da affrontare quindi con la giusta distanza e un certo disincanto.

Il nuovo Piano Urbanistico, che nel frattempo ha preso forma ed è oggi adottato, è il luogo in cui si legge questo complesso disegno – il filo che intreccia «profilo» e strategie per la città – e nel quale emergono con nettezza due grandi questioni che qui interessano: sinteticamente e genericamente, una che ha a che fare con la *quantità* e una che ha a che fare con la *qualità*.

1 Protocollo d'intesa tra Comune di Bologna e ACER-Bologna per la realizzazione del programma Mille case per Bologna, approvato dalla Giunta Comunale con delibera n. 53 del 26 marzo 2019.

È una corsa continua, senza fiato e probabilmente senza fine, quella di cercare case, di dare risposte fisiche, di trovare luoghi da dedicare all'abitare. Una corsa che sul piano tecnico si trasforma in calcoli e ipotesi predittive – dal valore spesso relativo, più vicino alla speranza che alla scienza – per trovare *dimensioni* adeguate alle domande; numeri che dovrebbero poi tradursi nel concreto in quantità di alloggi e di stanze, di superfici da trasformare in edifici. L'impegno nel ridurre le distanze tra la dimensione della domanda (di casa) e quella dell'offerta è forse l'attività storicamente più praticata – nella teoria e nel concreto delle politiche pubbliche – ma anche la più frustrante: il primo dominio è continuamente soverchiante rispetto al secondo; a ogni passo in avanti del secondo, il primo ne fa altri dieci. Al punto che sembra sempre più utile (e forse corretto anche sul piano teorico) domandarsi se questo *affaire* delle quantità non perda progressivamente senso, man mano che si accetti l'instabilità delle previsioni e si agisca ecumenicamente sulla domanda non per *darle risposta* ma per *trasformarla*, cioè – in fondo – per frammentarla e ridurla ad altro.

In questo processo di frammentazione selettiva, cioè di riconoscimento delle diversità di un dominio che fin qui si è spesso generalizzato, sta la dimensione della *qualità*. Se il recente passato ha insegnato qualcosa su questo piano, è certamente l'enorme liquidità dei soggetti, dei processi e degli oggetti che rappresentano il campo d'interesse delle politiche per l'abitare; da cui consegue l'evidente necessità di rinunciare a settorializzare quelle stesse politiche – quasi vi fosse un'autonomia disciplinare e sostanziale – rispetto alle politiche urbane *tout court*. Cioè, problematizzare la questione abitativa e costruire progetti e programmi per tentare soluzioni significa interrogare e agire una vasta gamma di fattori che, in fondo, rimandano pienamente all'urbanistica: costruire abitabilità significa fare città!

Inscritta in questo ampio spettro, la dimensione della qualità della domanda di casa (e del suo dominio contrapposto) fa emergere le increspature di cui si accennava poco sopra: si tratta oggi di intendersi (cioè di compiere un'azione basilare e fondativa), ricostruendo un linguaggio (vocabolario e grammatica), a proposito del senso e del ruolo che assume l'abitare nelle città, dei connotati dell'abitante/abitatore, della funzione che svolge l'infrastruttura abitativa (la casa e la città in quanto tale).

La recente crisi sanitaria legata all'emergenza epidemiologica ha operato come un reagente verso quelle increspature appena accennate, che altrimenti – probabilmente – sarebbero rimaste tra le retoriche utili solo ai cultori della materia. Oggi – nell'esperienza quotidiana che abbiamo vissuto e che stiamo ancora attraversando col fiato sospeso – è molto più chiaro a tutti il significato di questi termini, l'utilità di esplorare a fondo il significato della dimensione pubblica della vita quotidiana, delle relazioni irrinunciabili tra lo spazio domestico e quello urbano; l'evitabile flagello delle disparità; la necessità di un solidarismo pratico che rompa i confini, delle case come delle nazioni.

Un quadro di problemi e ricchezze

La città di Bologna si presenta oggi come un contesto socio-economico complesso, dove il divario e la dinamicità delle componenti sociali ed economiche chiama in causa la necessità di un nuovo equilibrio[2].

Nel panorama di una generale recessione demografica del Paese, la popolazione residente bolognese, in controtendenza insieme a una manciata di città del Nord, continua a crescere, in modo lieve ma costante. Una crescita sostenuta dal saldo migratorio, a conferma della capacità di attrarre nuovi residenti – che arrivano soprattutto da altri comuni italiani – e di una popolazione temporanea composta da studenti, lavoratori in mobilità geografica e turisti in costante aumento.

Gli scenari demografici dimostrano che nel futuro la popolazione residente potrebbe continuare ad aumentare leggermente superando nel 2033 le 400.000 unità, grazie appunto al contributo determinante dei movimenti migratori, senza i quali la dimensione demografica del capoluogo emiliano sarebbe invece destinata a ridursi.

Bologna è tuttavia una città vissuta in realtà da ben più individui di quelli ufficialmente residenti, a partire, come si è detto, da studenti e lavoratori fuori sede che vi si recano giornalmente o sono domiciliati, per finire con un numero crescente di turisti, che ne portano la vera dimensione oltre le 500.000 persone che quotidianamente la frequentano. Accanto a questi fenomeni di spiccata dinamicità, sempre maggiore è la componente delle famiglie unipersonali e quella degli anziani.

2 Si veda la sezione *Profilo e conoscenze* del Piano Urbanistico Generale.

I flussi dall'estero sono invece un fenomeno relativamente recente, che riguarda principalmente persone in età attiva, le quali arrivano in città per ragioni di lavoro, ricostituendo poi frequentemente il nucleo familiare, di cui spesso fanno parte anche i minori. Ne consegue che i residenti stranieri risultano mediamente più giovani rispetto al complesso della popolazione residente, con nuclei più numerosi e compositi.

Casa e servizi sono quindi infrastrutture centrali per garantire alla città di poter continuare ad attrarre, ma anche per evitare fenomeni di marginalizzazione sociale.

Nell'ultimo decennio, per diversi motivi, si è assistito a un rallentamento delle grandi trasformazioni urbanistiche, che tuttavia sono in corso di attuazione e rappresentano opportunità strategiche per la città. Fa da contrappunto a questa tendenza di netta riduzione delle nuove costruzioni l'intensa attività di ristrutturazioni e trasformazione degli immobili esistenti tramite interventi edilizi diretti. Questa attività di ridefinizione dei tessuti si è concentrata massimamente nell'area centrale della città interessando anche una frazione importante del patrimonio di interesse storico, con effetti, da un lato, di allontanamento dei residenti e della popolazione che dimora a Bologna per studio o lavoro, e dall'altro, di eccessivo carico urbanistico delle fragili parti storiche della città.

La domanda abitativa è poi composta da una componente a bassa solvibilità; si tratta di un universo mediamente giovane e – in maggioranza – di origine non italiana.

A queste criticità si intrecciano esperienze ancora a carattere sperimentale di nuove forme che introducono nel concetto di casa e lavoro la dimensione di prossimità. Sin dal 2009 il Comune di Bologna ha iniziato a sperimentare nuove forme di abitare con l'obiettivo di creare valore sociale attraverso reti di relazioni e reciprocità, con ricadute positive sul quartiere e la comunità circostante. Ma gli stessi effetti sulle relazioni di prossimità si possono riscontrare anche nelle forme di *co-working* che intensificano le occasioni di incontro e contaminazione di idee, professioni e comunità.

Questa sintetica lettura della città andrà naturalmente ridiscussa alla luce degli impatti prodotti dalla crisi sanitaria mondiale. Tuttavia gli obiettivi strategici delle politiche urbane (contenuti nel Piano Urbanistico e nello stesso programma Mille case per Bologna) assumono, in questa difficile fase, ancora più senso e urgenza.

È assai probabile infatti che la domanda di casa (in quantità e qualità) domani sarà ancora più rilevante; la dimensione della prossimità e del vicinato (i luoghi dell'abitare) assumeranno nuova centralità, senza esasperazioni e cogliendo ciò che di buono la globalizzazione ha da offrire. Il sistema dell'abitare nella città sarà fattore strategico, non solo per rispondere a domande sociali, ma per riattivare e migliorare filiere di produzione dell'economia e dei servizi (dall'edilizia all'Università, dal turismo al sistema sanitario). Si tratta di un percorso inedito, certamente complicato e che richiederà l'attivazione della parte migliore della comunità.

Non un resoconto, non un documentario, né un viaggio

La ricerca fotografica rappresentata in questo volume, curata da tre fotografi di esperienza e sensibilità differenti (Paola De Pietri, Fabio Mantovani, Allegra Martin), esplora alcuni temi e luoghi paradigmatici del progetto di città alla base delle politiche comunali, seguendo tre traiettorie specifiche (ma, come si è cercato di dire più sopra, tutt'altro che slegate).

La prima traiettoria, che potremmo definire «archeologica», interpreta le dimensioni ancorate a due immobili particolarmente simbolici nel discorso pubblico su Bologna, giacché stratificazione di storie, usi, abbandono, riappropriazioni conflittuali, sgomberi: la ex clinica odontoiatrica Arturo Beretta in via XXI Aprile 15 e un edificio perimetrale appartenente al complesso produttivo dell'ex mercato ortofrutticolo in via Fioravanti 24. Due brani di città completamente diversi, il primo immerso nel «quartiere giardino» immediatamente a ovest del nucleo antico, il secondo parte della prima periferia produttiva novecentesca a nord della stazione centrale. Luoghi che – come dissotterrati dalle macerie del loro simbolismo – oggi stanno per tornare a nuova vita, grazie a progetti che hanno come denominatore comune il termine «collaborazione». L'idea cioè che abitare la città significhi (anche, principalmente) collaborare; non solo dentro le mura domestiche, ma oltre i confini di casa, tra generi e generazioni, comunità e interessi, per dare sostanza a un progetto di welfare di prossimità che sembra inevitabile nel preparare il futuro. Questo «scavo archeologico» è stato condotto da Paola De Pietri; le sue immagini penetrano direttamente nella materia costruita, usata, decaduta, abbandonata; raccontano stratificazioni storiche, fissano e riordinano (quasi catalogano) particolari di vita quotidiana, in una metafisica che a tratti sembra rimandare alle tele del bolognese Giorgio Morandi. Nello spazio tra le luci e le ombre – che costringe chi guarda a una riflessione misurata – sembra già intravedersi un nuovo futuro.

La seconda traiettoria, che potremmo definire «architettonica», ha per protagonisti alcuni edifici storici di edilizia pubblica a corte nella zona della Bolognina, filologicamente ricostruiti grazie al programma ministeriale Contratti di quartiere, che, nella loro semplice eleganza, rimandano a un'idea passata di convivenza obbligata dei segmenti più poveri della società, alla condivisione dello spazio di prossimità (la corte comune, la lavanderia, le aperture verso la strada senza barriere fisiche) in contrasto con quell'isolamento familiare e autosufficienza domestica che hanno rappresentato invece la concezione di moderno affrancamento dalle disgrazie. Idea, quella del compartire, che oggi torna non come costrizione ma come opportunità, come elemento di ricchezza e qualità, verso orizzonti di integrazione e convivenza, di lucidatura di valori morali ed etici arrugginiti dalle intemperie del nostro tempo. Fabio Mantovani riflette su questi termini, legando le sequenze fotografiche sulla Bolognina alla materia viva della convivenza contemporanea, qui rappresentata da due organismi abitativi (ri)nati di recente: il *cohousing* pubblico Porto 15 e il comparto di edilizia pubblica villaggio Gandusio. Ne esce una linea interpretativa temporale, che sembra mettere alla prova la resilienza di questi contenitori di città, la loro capacità di adattamento ai mutamenti sociali e demografici in atto. La loro attitudine ad accompagnare le istanze di convivenza e collaborazione, al di là di ogni facile semplificazione.

La terza traiettoria, che definiremo «antropologica», ha a che fare con gli spinosi concetti di popolo, identità, cittadinanza. Cioè categorie in continuo movimento e strumento di dialettica politica, oggi più di ieri, che la burocrazia tenta – per norma – di incasellare e standardizzare, specialmente quando si pone l'obiettivo di fornire servizi (abitativi) pubblici, scontrandosi tuttavia con un caleidoscopio di sensi dalla sintesi tutt'affatto semplice. Il campionario di questa cangiante realtà è ben evidente nei quartieri pubblici, dove si riconosco tutti i segni di un conflitto in atto, ma si scorgono anche, a ben vedere e spesso con sorpresa, segnali promettenti. Questo lavoro sulla comunità cangiante, sulla continuità tra dimensioni domestiche e di prossimità, è al centro del progetto di Allegra Martin. Qui emergono senza compromessi le energie e la dignità della «comunità delle case popolari»; il legame costruttivo tra dimensione domestica e quella di prossimità e l'invisibile collante che produce micro-welfare; la relazione tra città e cittadini, indipendentemente dal loro statuto di residenti, migranti o studenti fuori sede.

Nel complesso l'insieme di questi lavori fotografici non ha volontà documentaristica, né di mappatura o rilievo scientifico, con riferimento alla pionieristica attività dell'IBC dell'Emilia-Romagna col fotografo Paolo Monti nei primi anni Settanta del secolo scorso. Né si tratta di un viaggio nel paesaggio contemporaneo, in qualche modo ispirato ai monumentali lavori condotti diversi decenni fa, per esempio, da Italo Zannier o Luigi Ghirri (per chiamare in causa, con la giusta distanza, due riferimenti inevitabili).

I tre lavori fotografici che vengono presentati, pur nella loro autonomia, contribuiscono a «produrre degli sguardi, delle descrizioni frammentarie, delle sequenze o delle associazioni d'immagini, nella convinzione che ogni costruzione ed ogni rappresentazione, anche se parziale, fa parte del processo della conoscenza» (Guerrieri 2016, 12). Dunque, qualcosa di simile a un progetto.

Un progetto che viene ripreso e discusso nei «cinque sguardi sull'abitare contemporaneo» che chiudono il volume e mettono a fuoco questioni chiave sulla città contemporanea, di cui fare tesoro per ricostruire una grammatica dopo (e durante) la dolorosa fase che il mondo sta vivendo.

Riferimenti bibliografici

Comune di Bologna
2020 *Piano Urbanistico Generale (proposta)*, delibera della Giunta Comunale n. 30 del 18 febbraio.

Ghirri, Luigi
2006 *Del guardare*, Baldini & Castoldi Dalai, Milano.

Ghirri, Luigi, Leone, Gianni, Velati, Enzo (a cura di)
1984 *Viaggio in Italia*, Il Quadrante, Alessandria.

Guerrieri, William
2016 *Per un progetto di ricerca fotografica sull'abitare sociale a Bologna*, in Marco Guerzoni, Samantha Trombetta (a cura di), *Abitare sociale. Un'indagine fotografica per Bologna*, Urban Center Bologna, Bologna.

Orlandi, Piero
2014 *Visioni di città. La fotografia tra indagine e progetto*, Bononia University Press, Bologna.
2017 *Un viaggio in Italia*, in Fabio Mantovani, *Cento case popolari*, Quodlibet, Macerata.

Zannier, Italo
2006 *Coste e monti d'Italia in fotografia*, «Storia Urbana», 111.

MILLE CASE PER BOLOGNA

Paola De Pietri

Ex clinica odontoiatrica Arturo Beretta

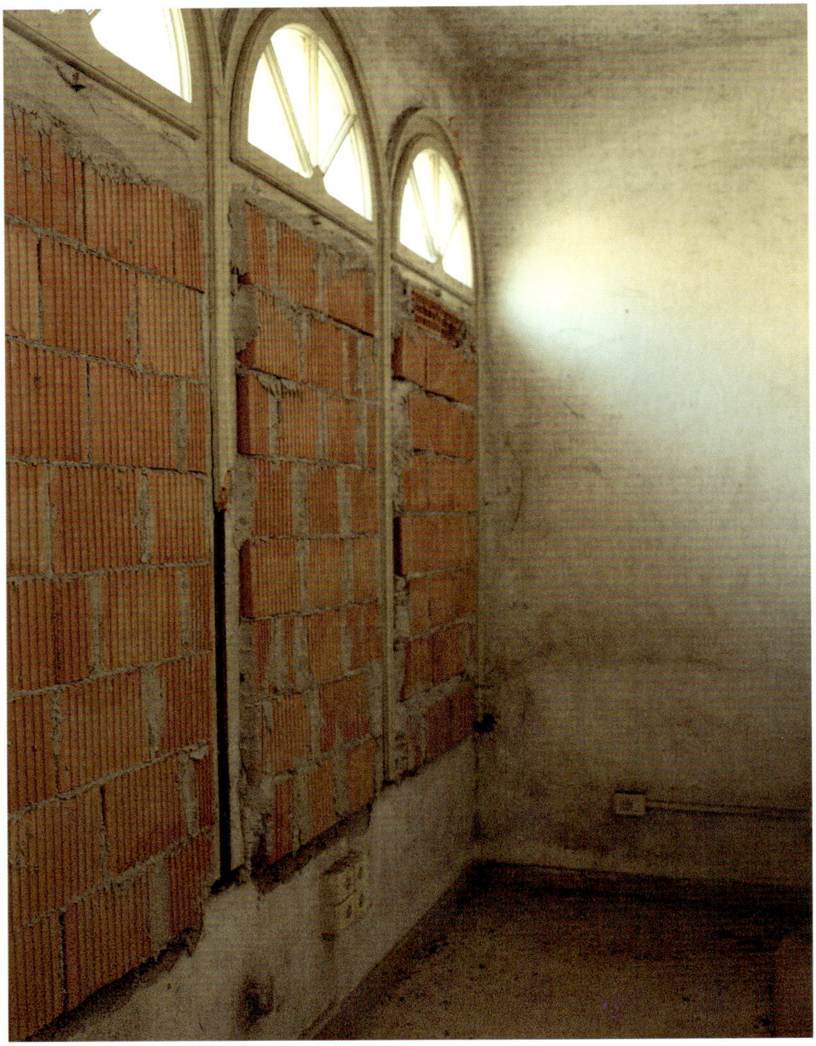

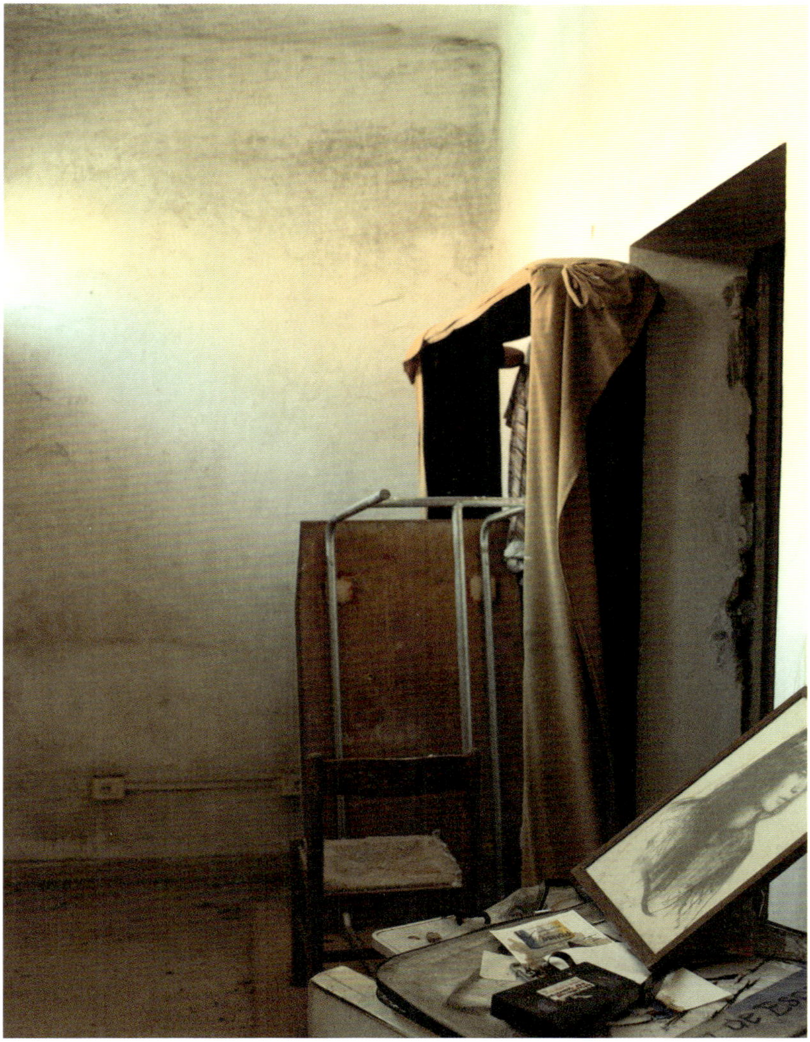

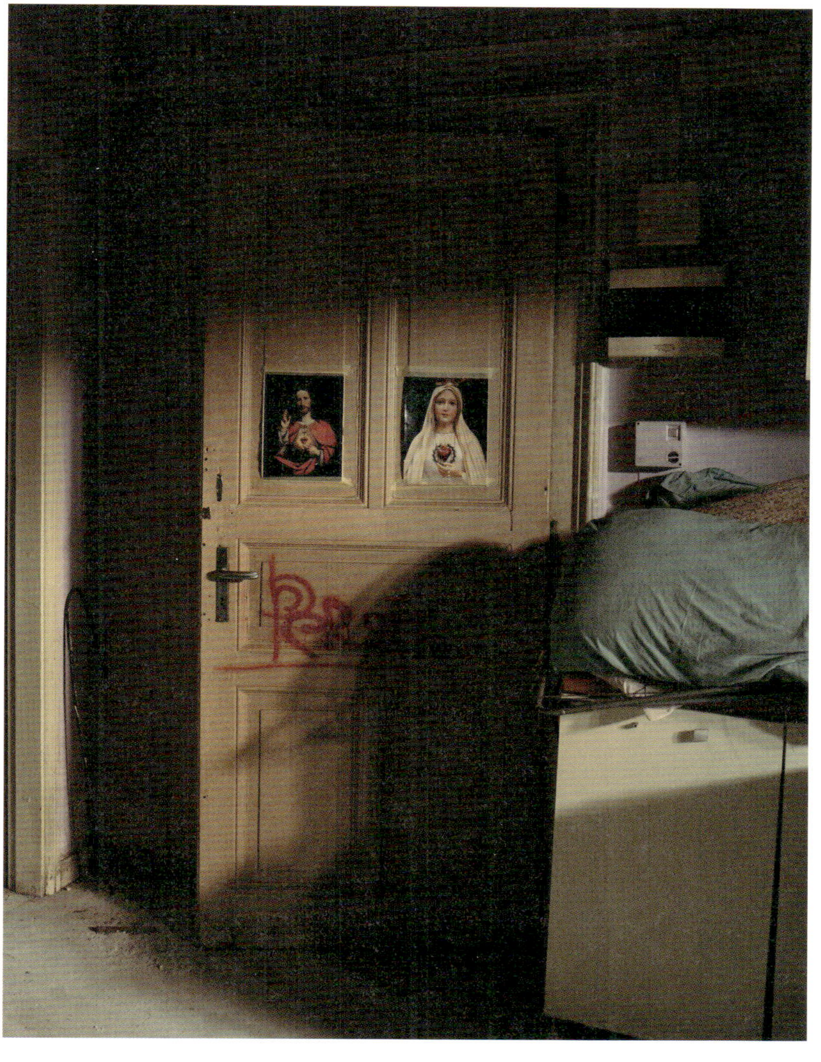

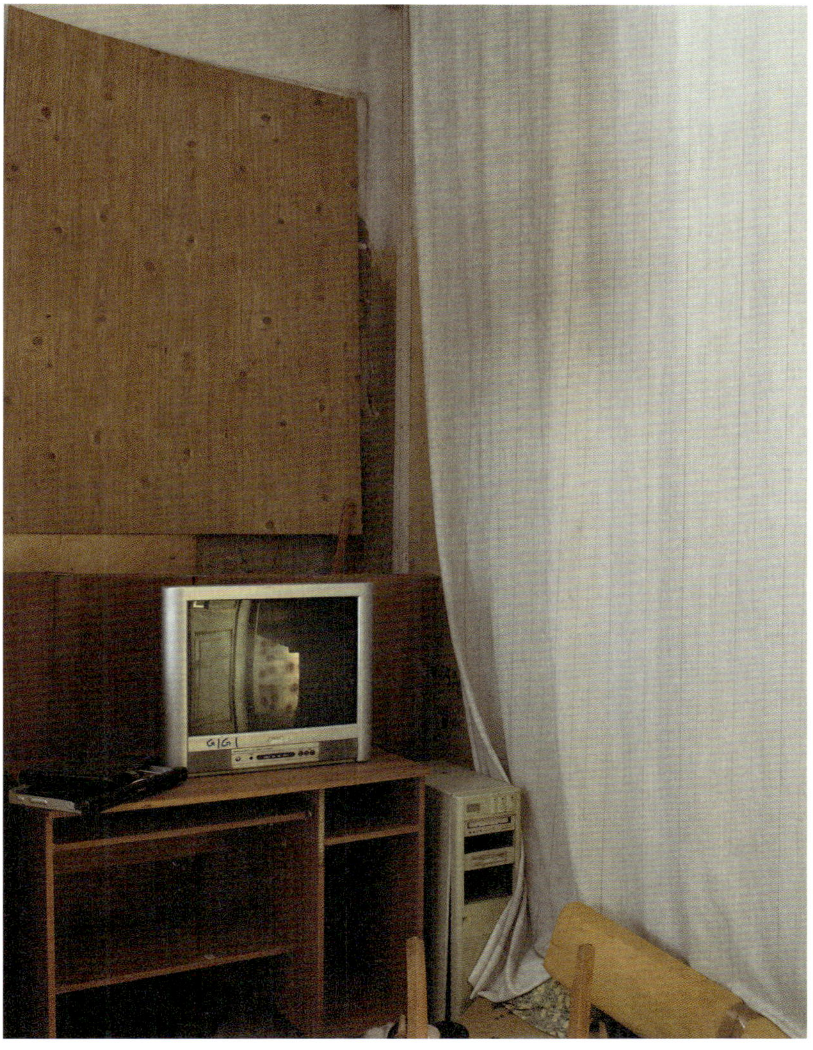

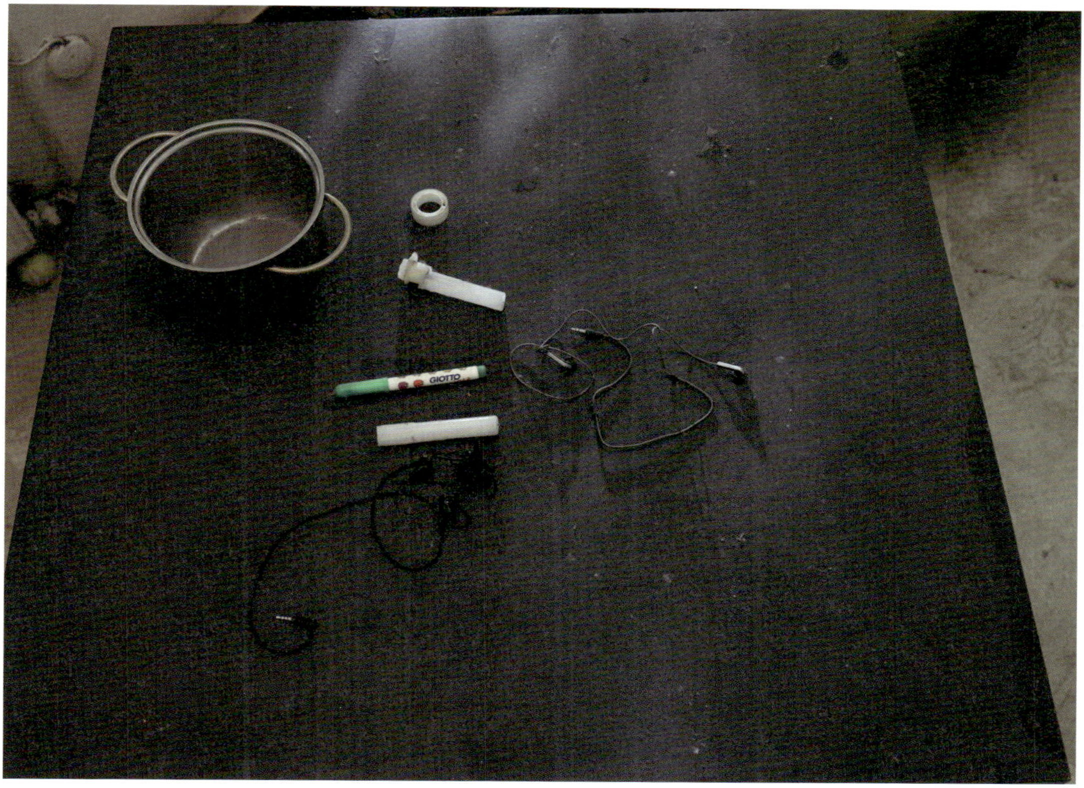
GIOTTO

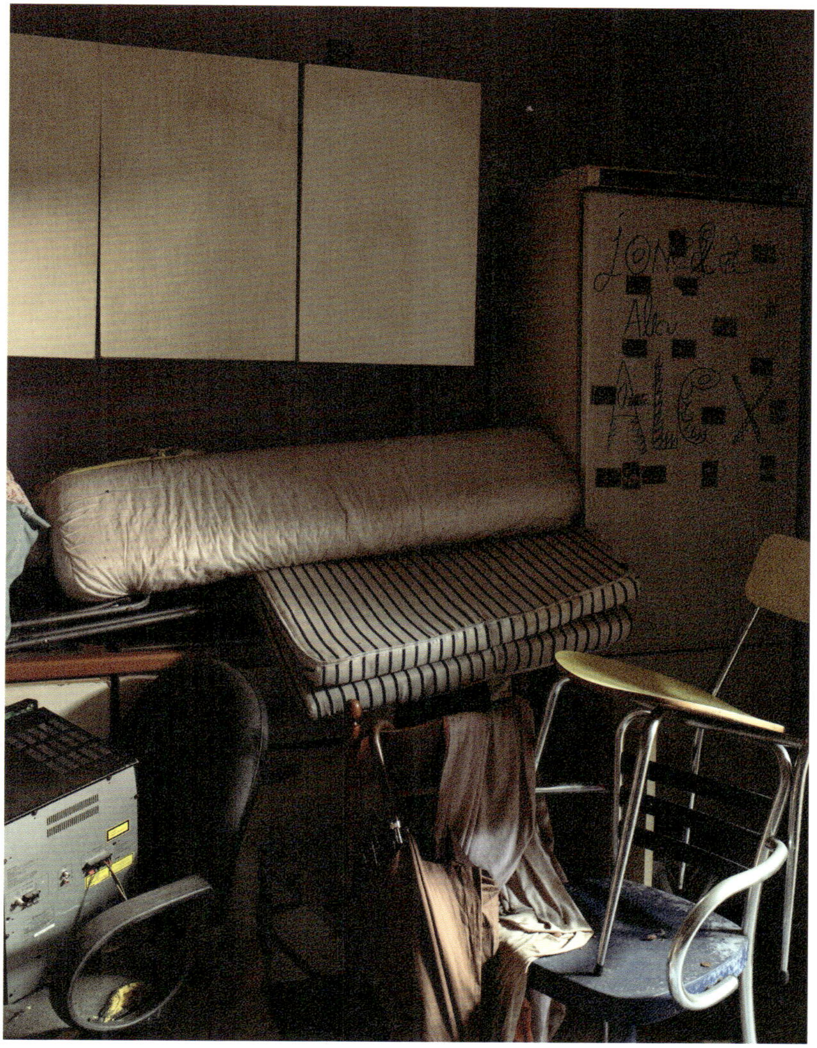

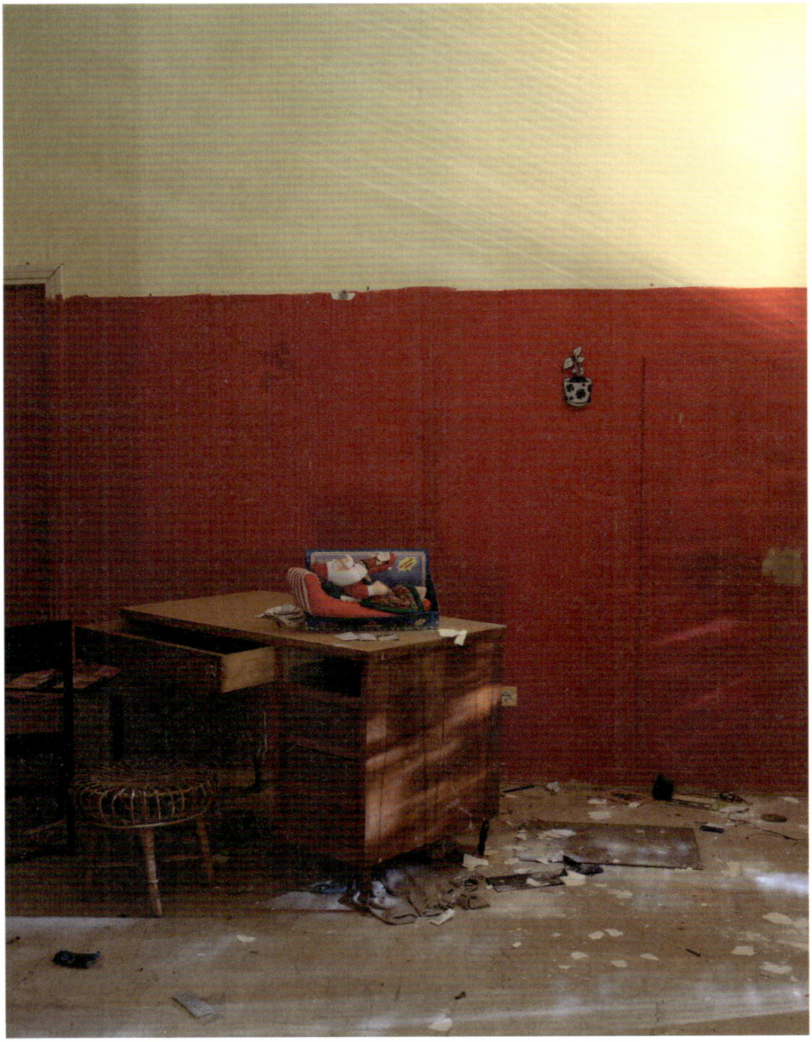

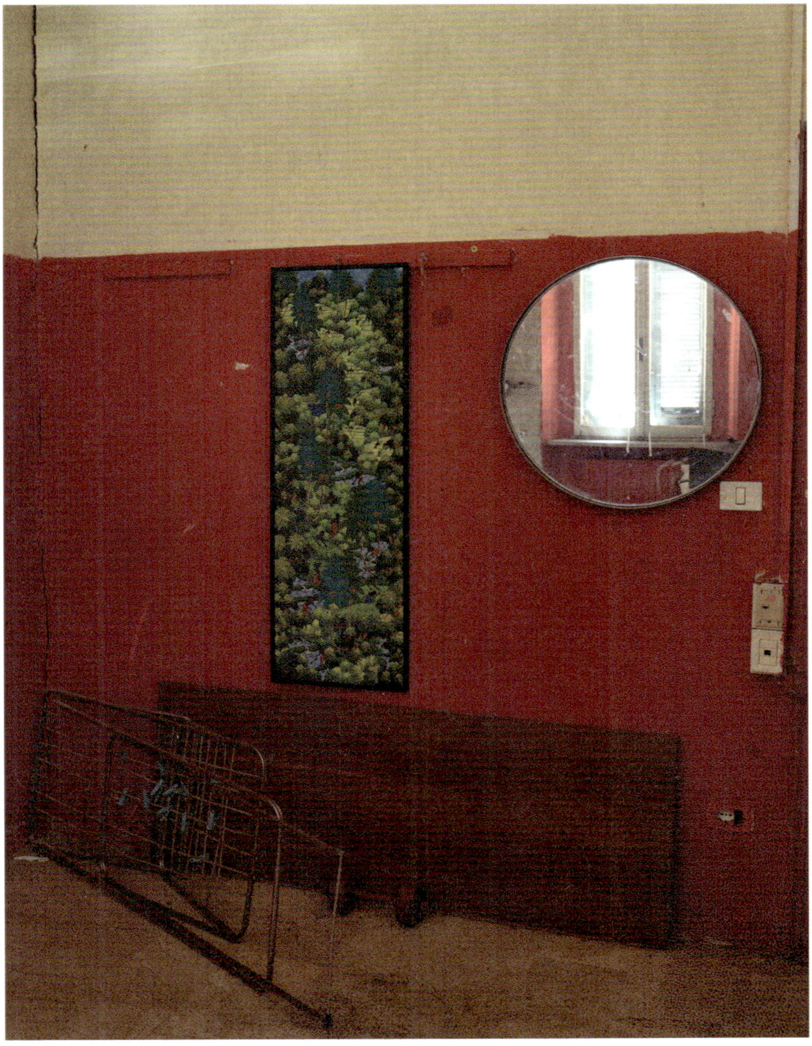

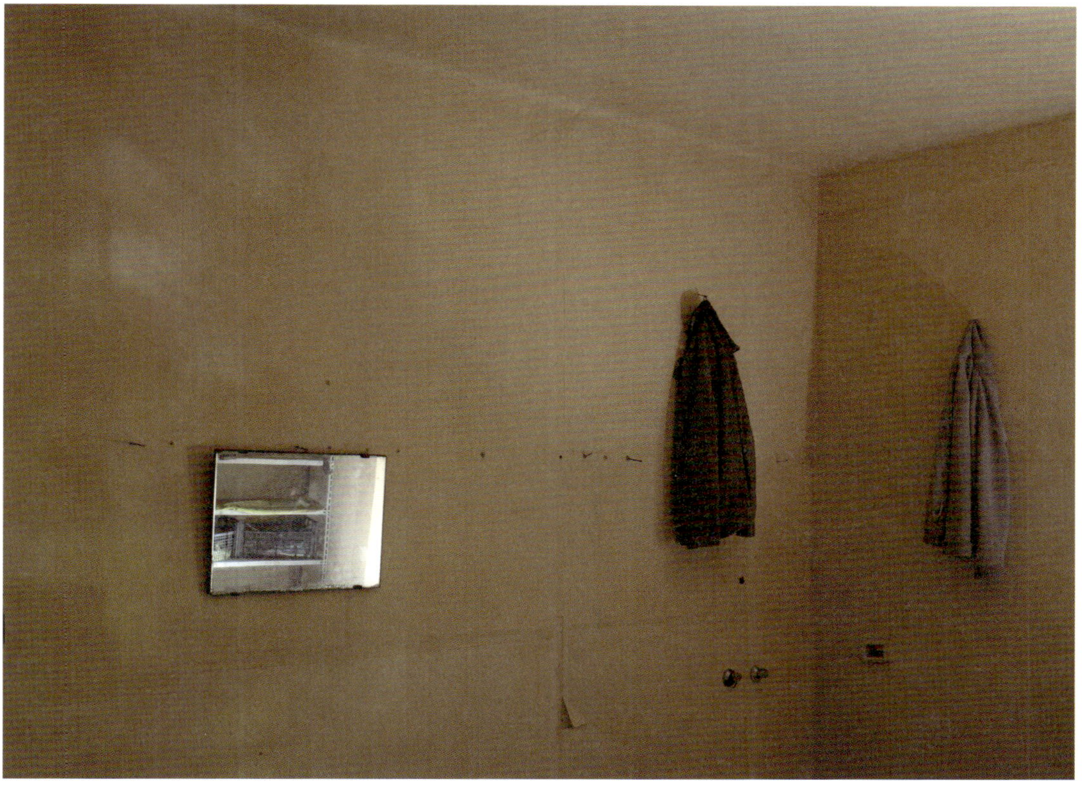

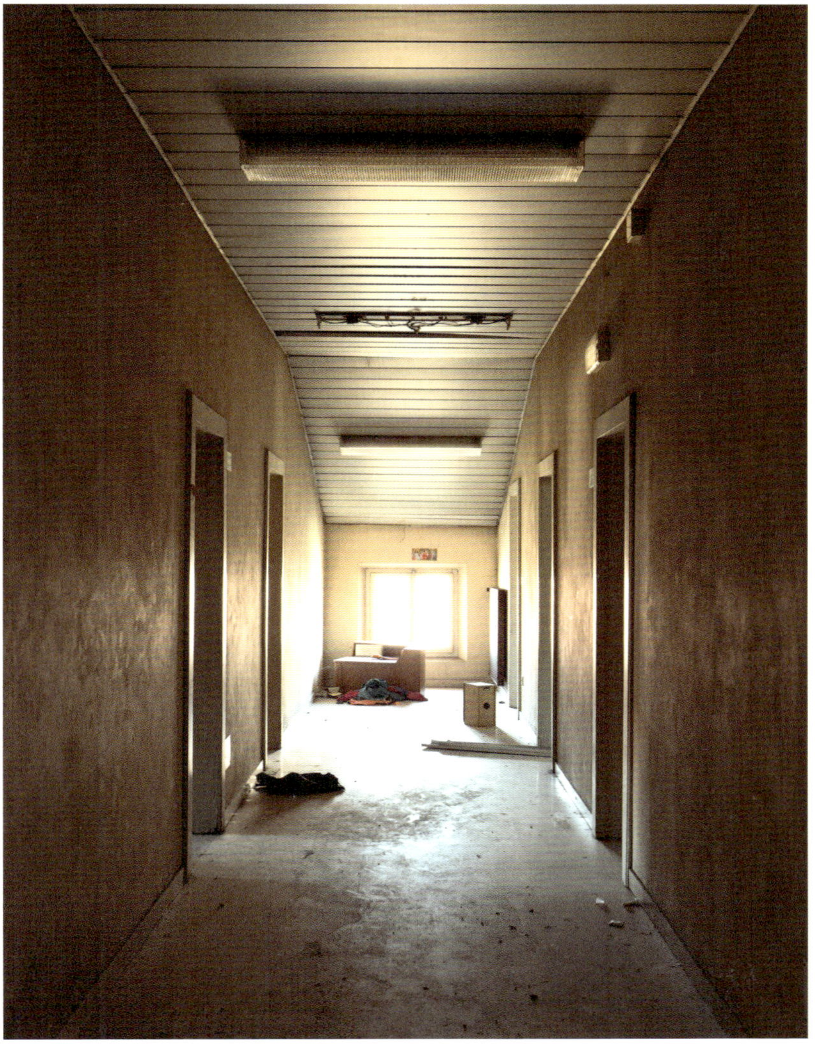

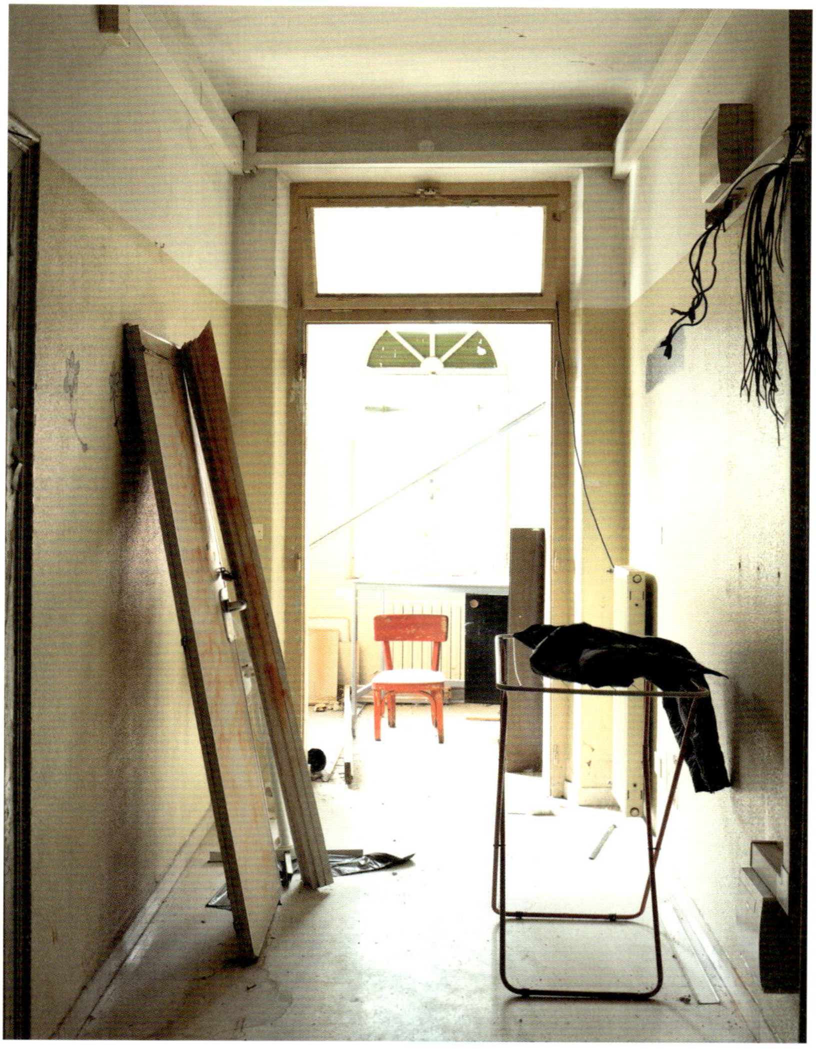

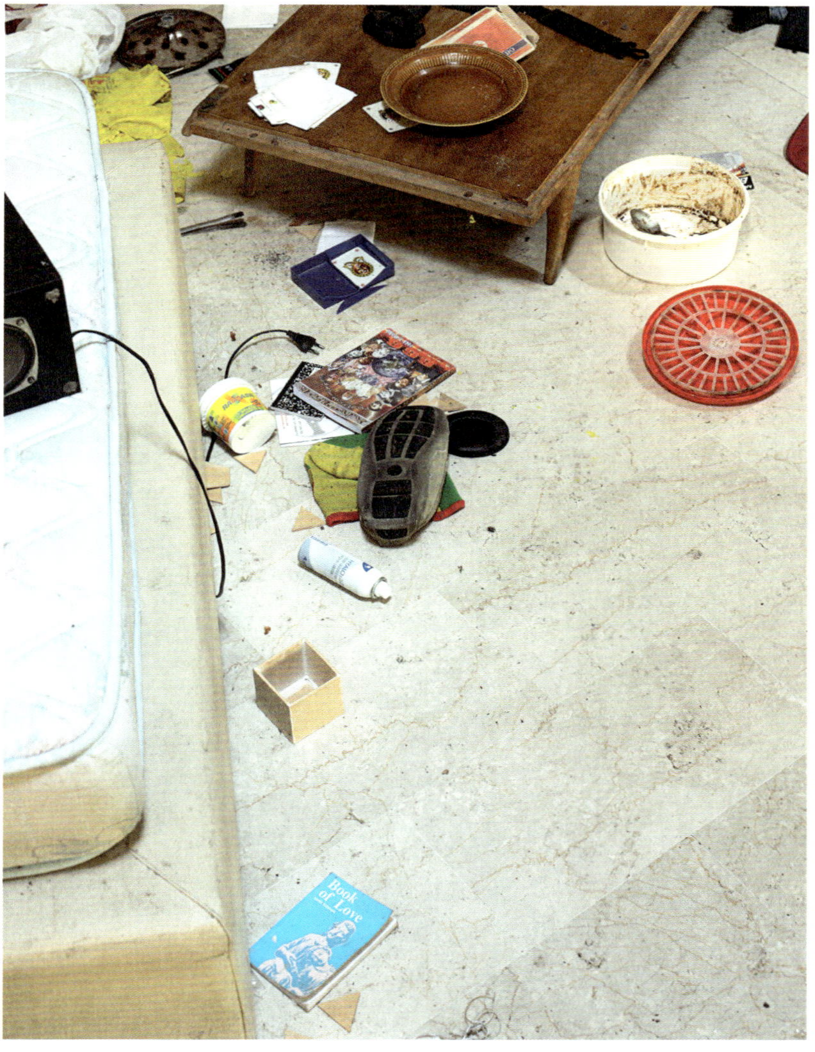
Book
of Love

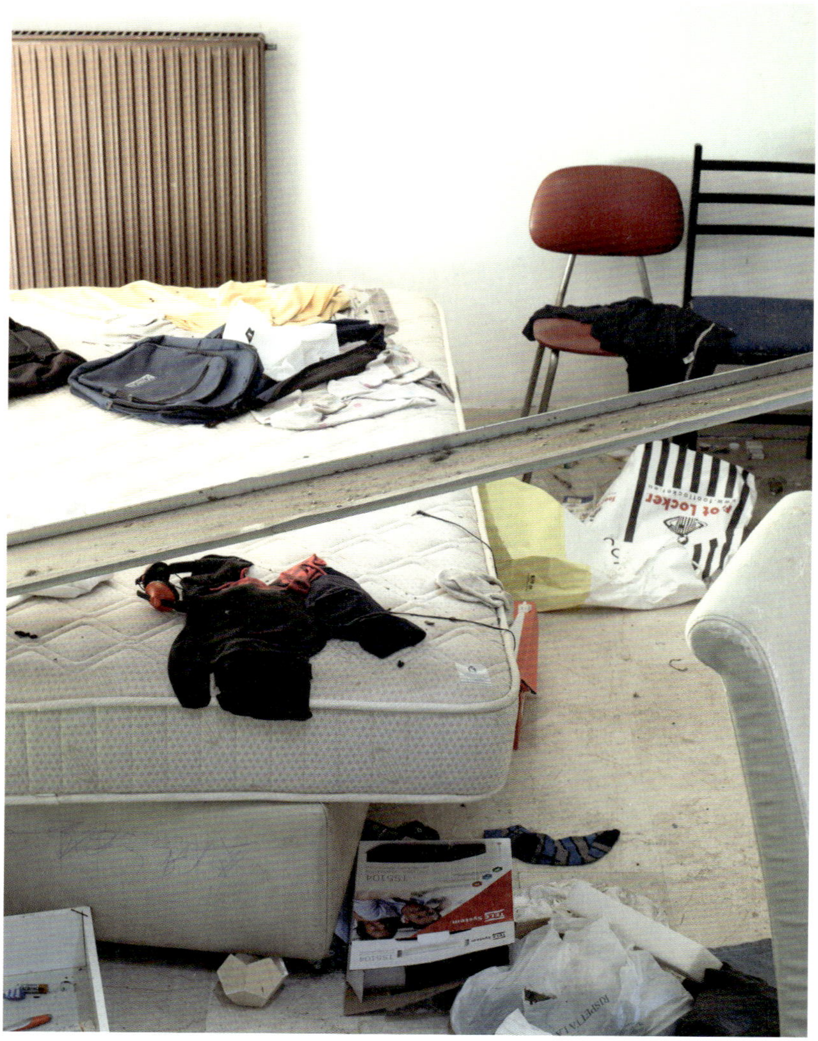

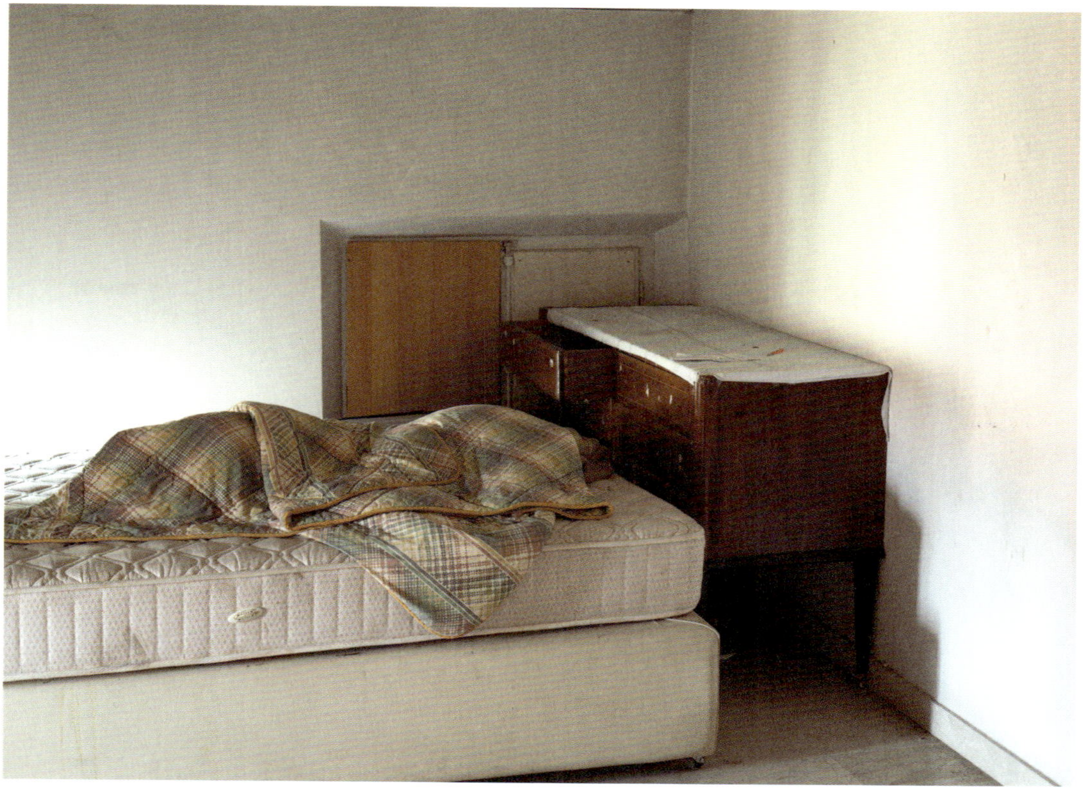

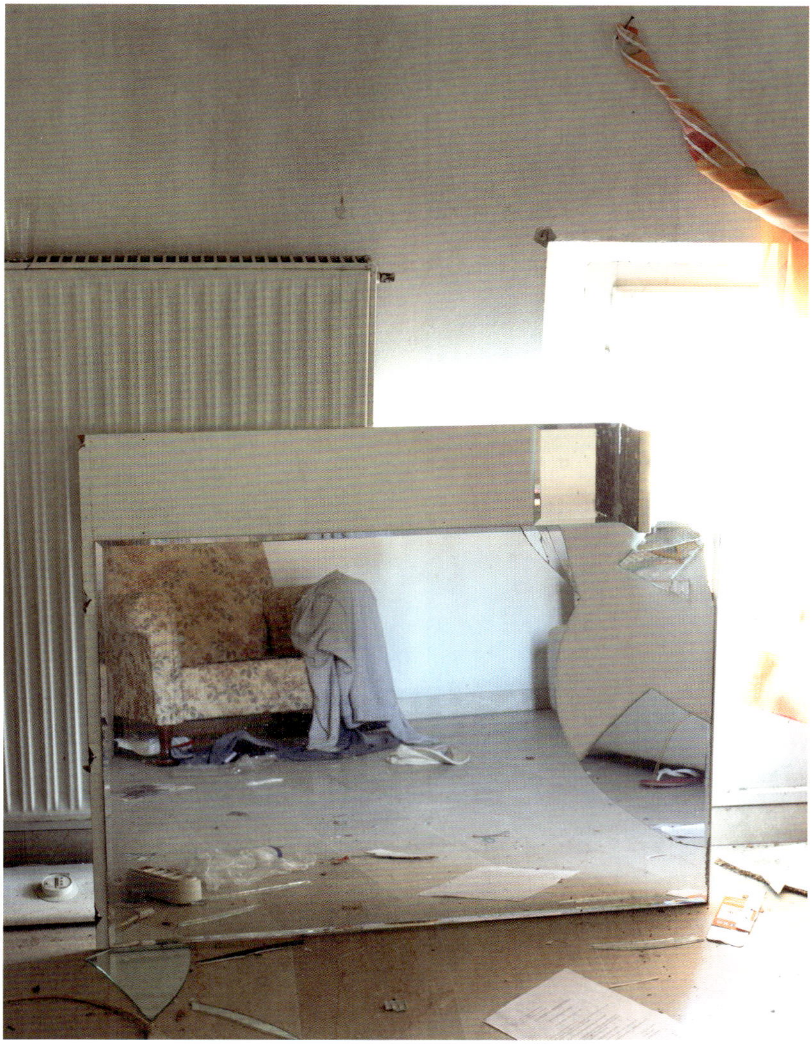

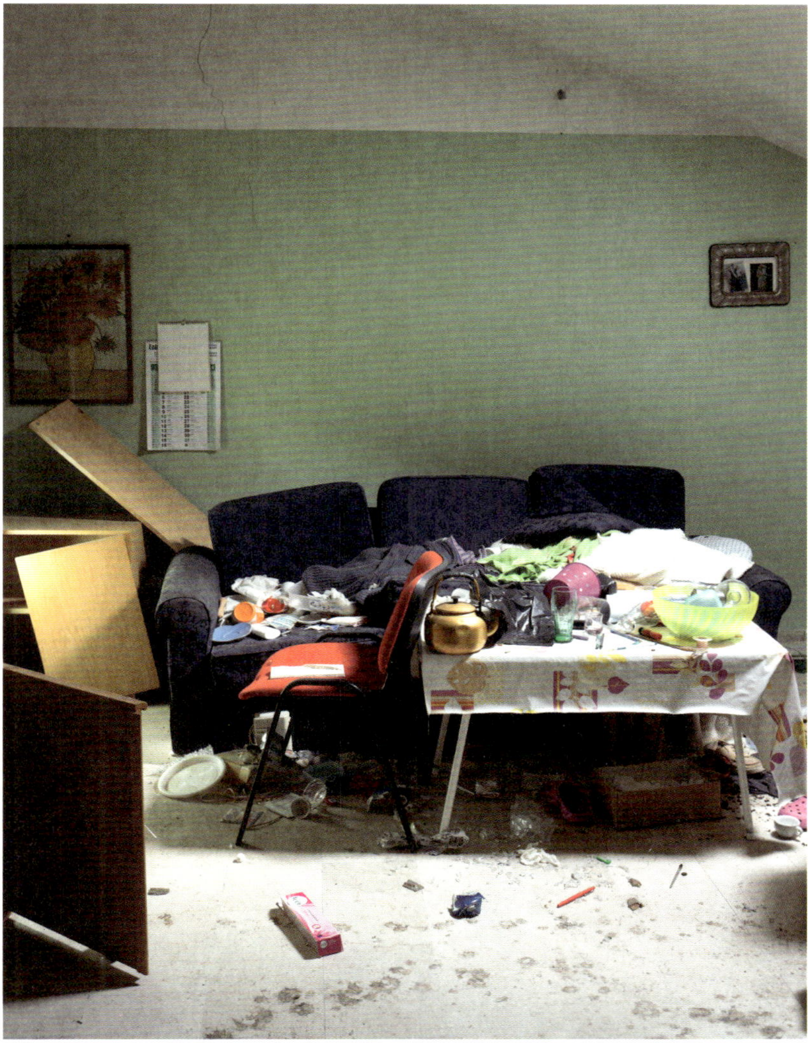

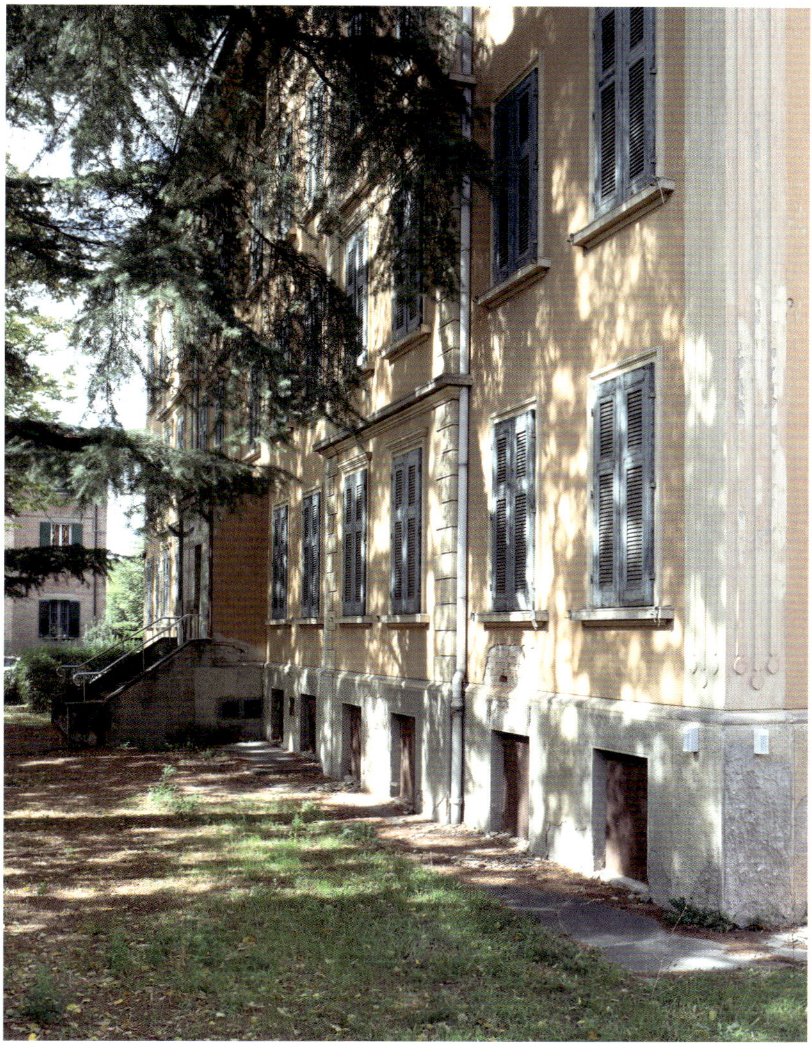

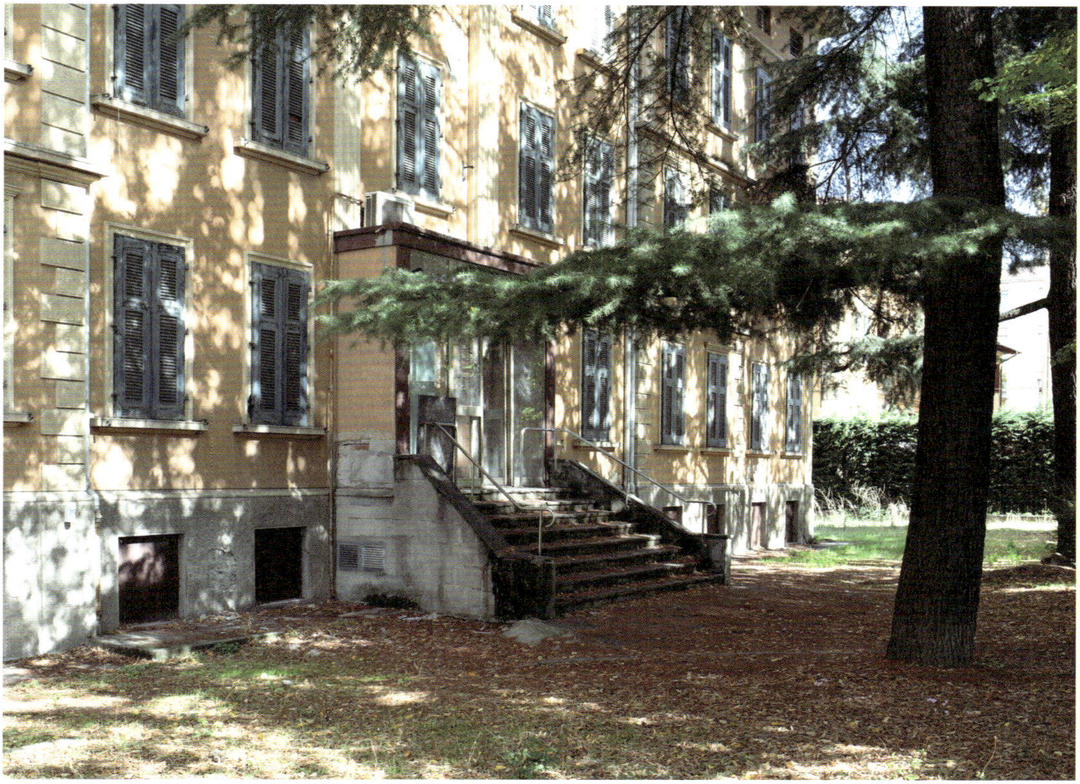

Edificio di via Fioravanti 24

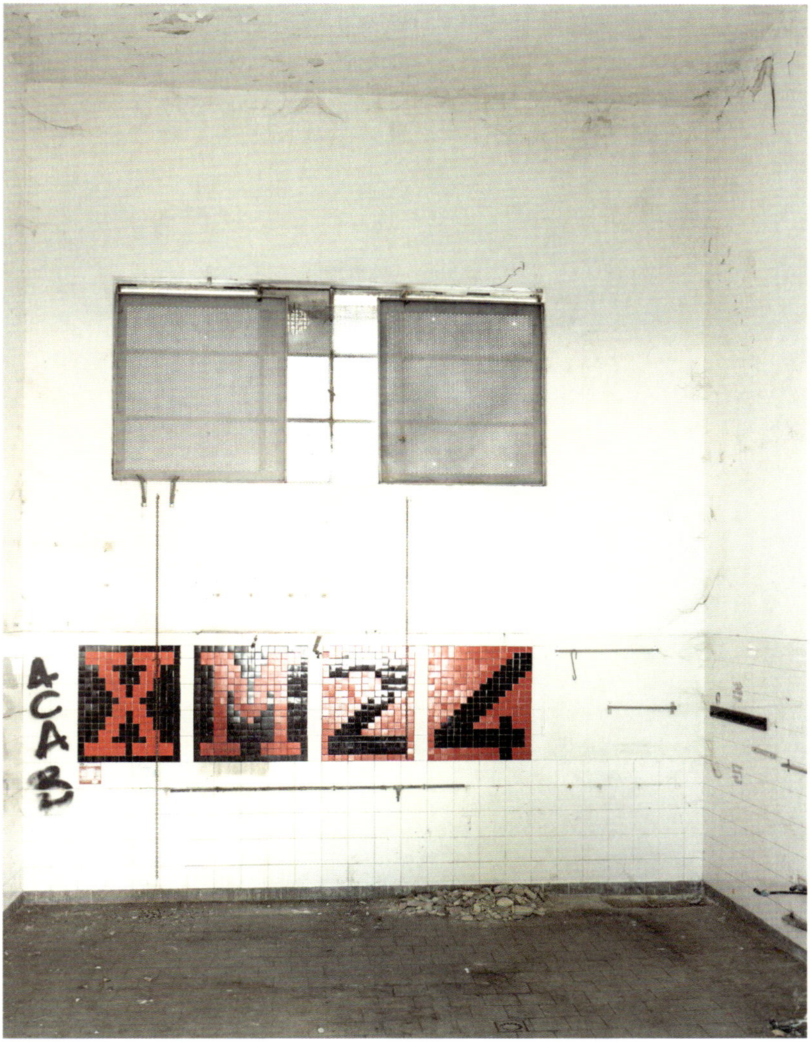
ACAB
XM24

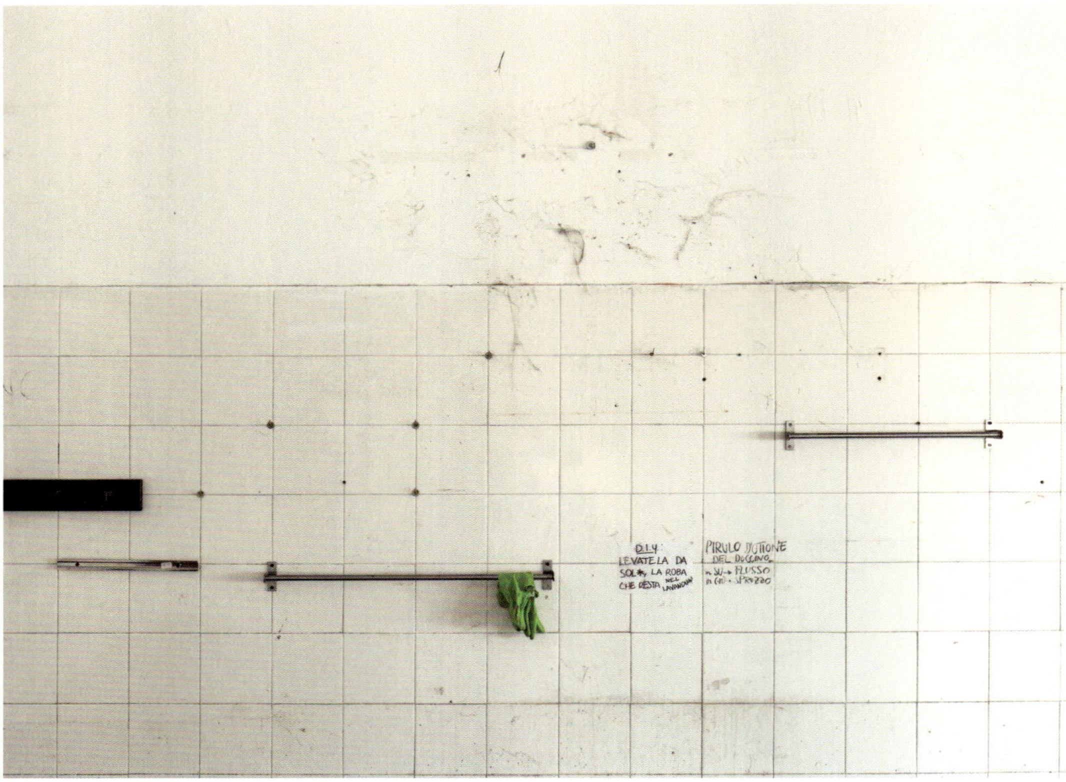
D.I.Y.
LEVATELA DA
LA ROBA
PIRULO
FLUSSO

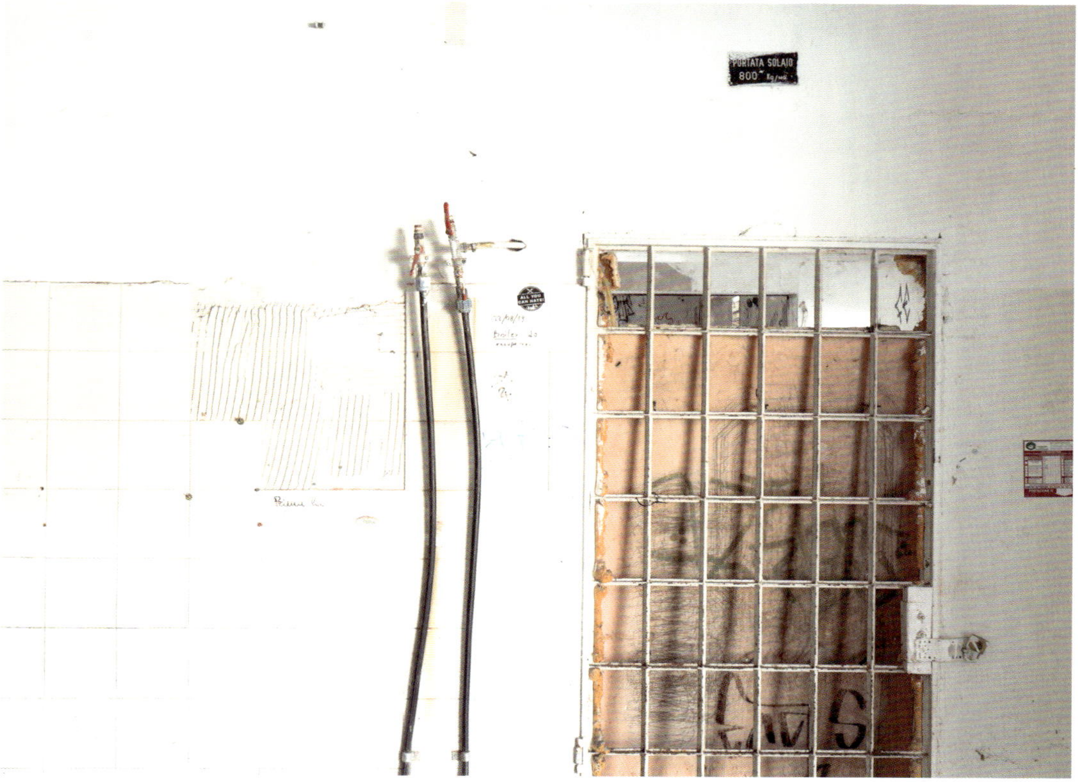
PORTATA SOLAIO
800

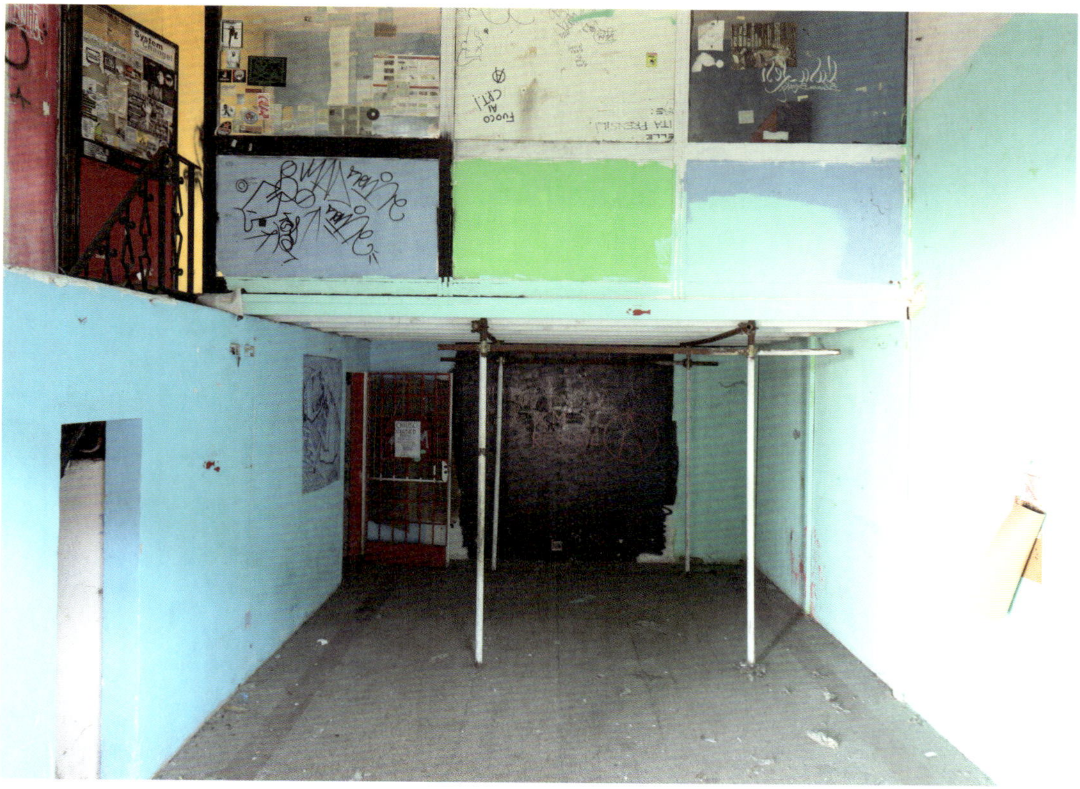

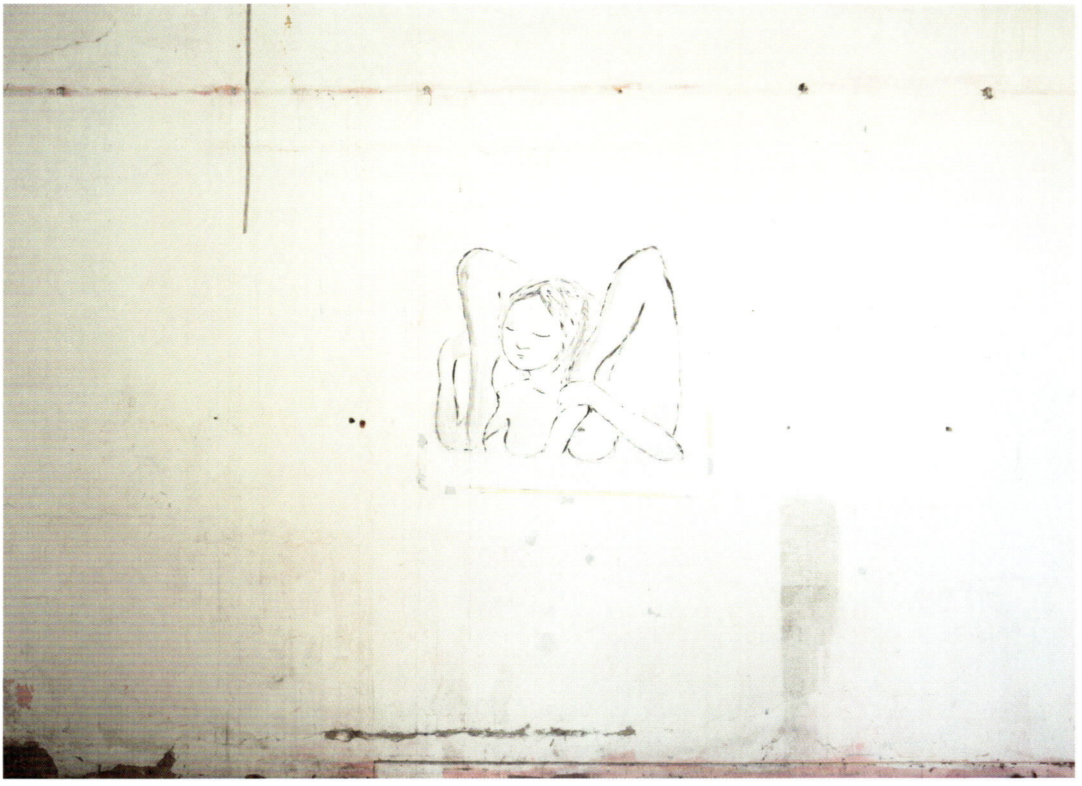

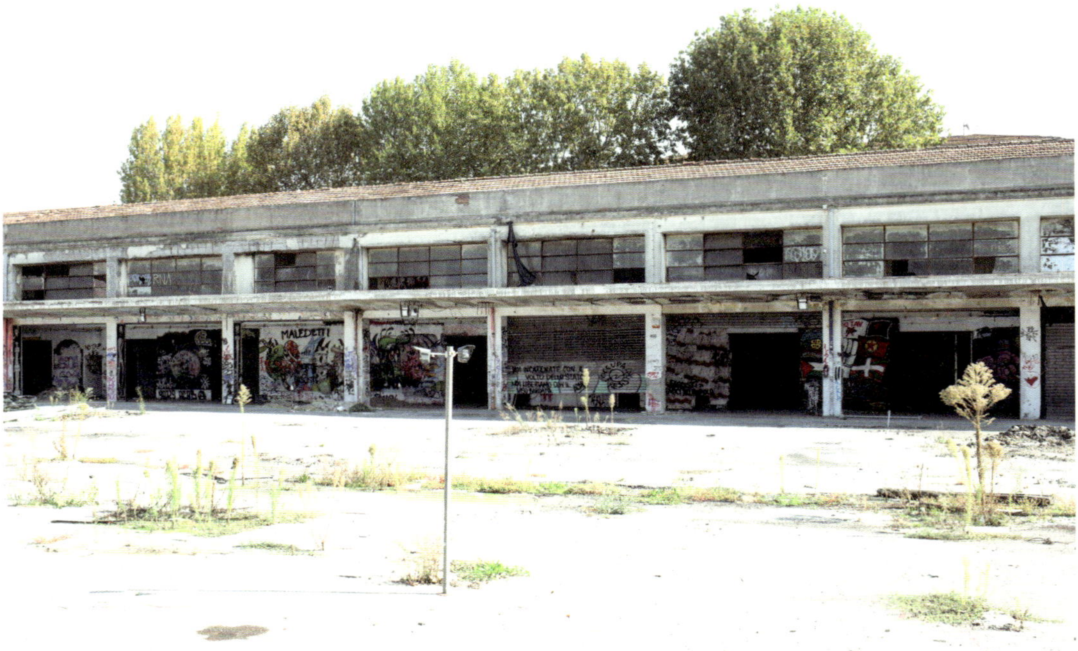
MALEDETTI

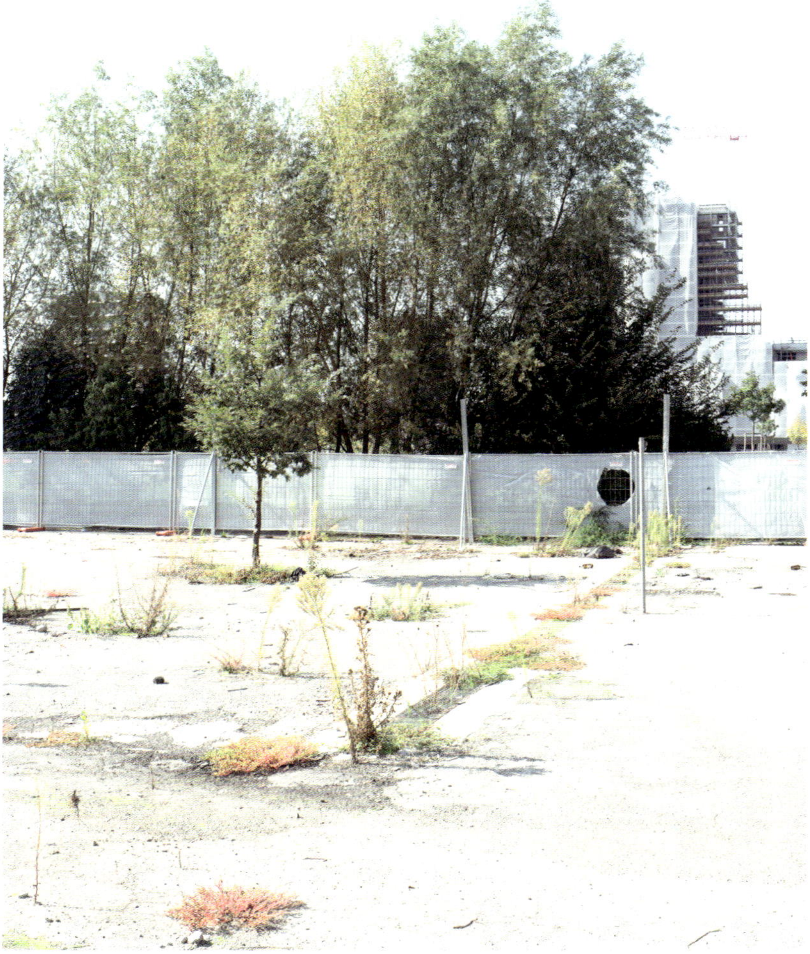

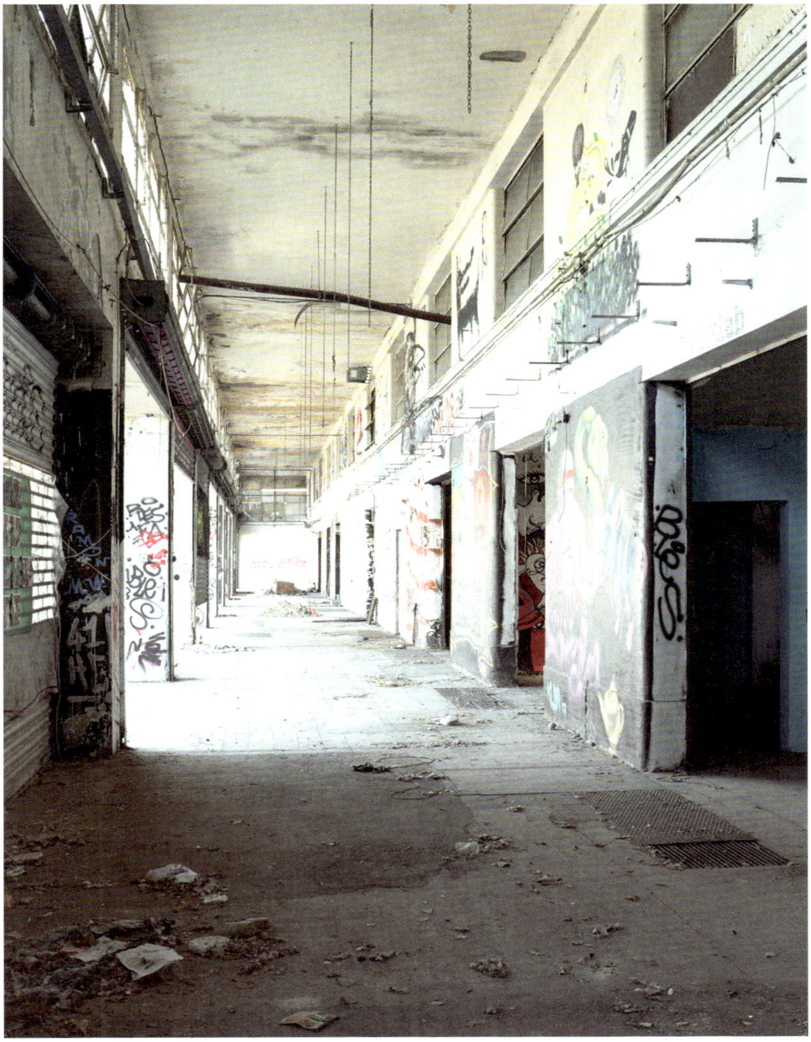

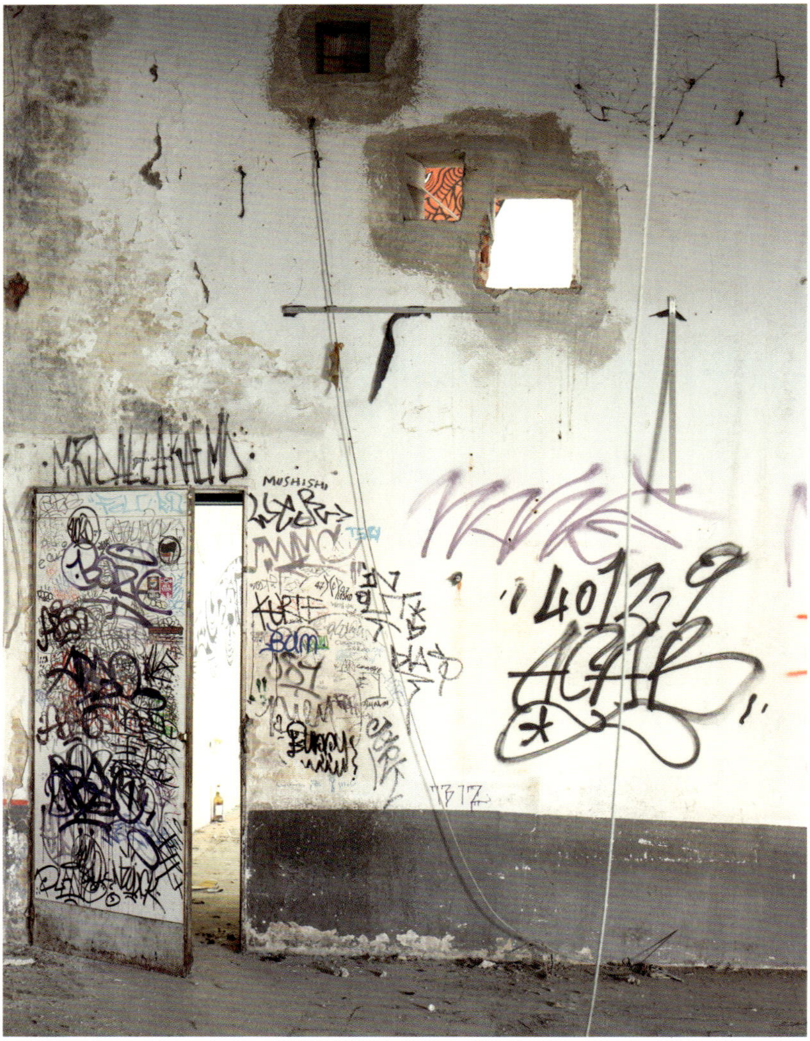
MUSHISHI

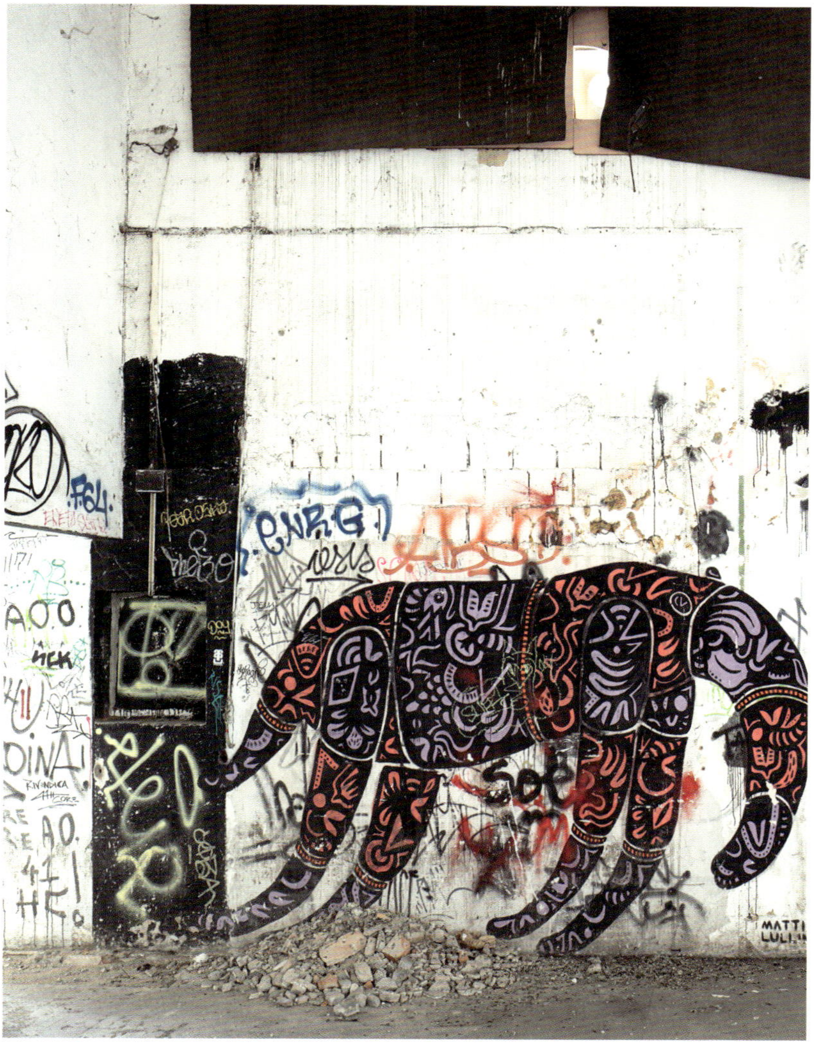

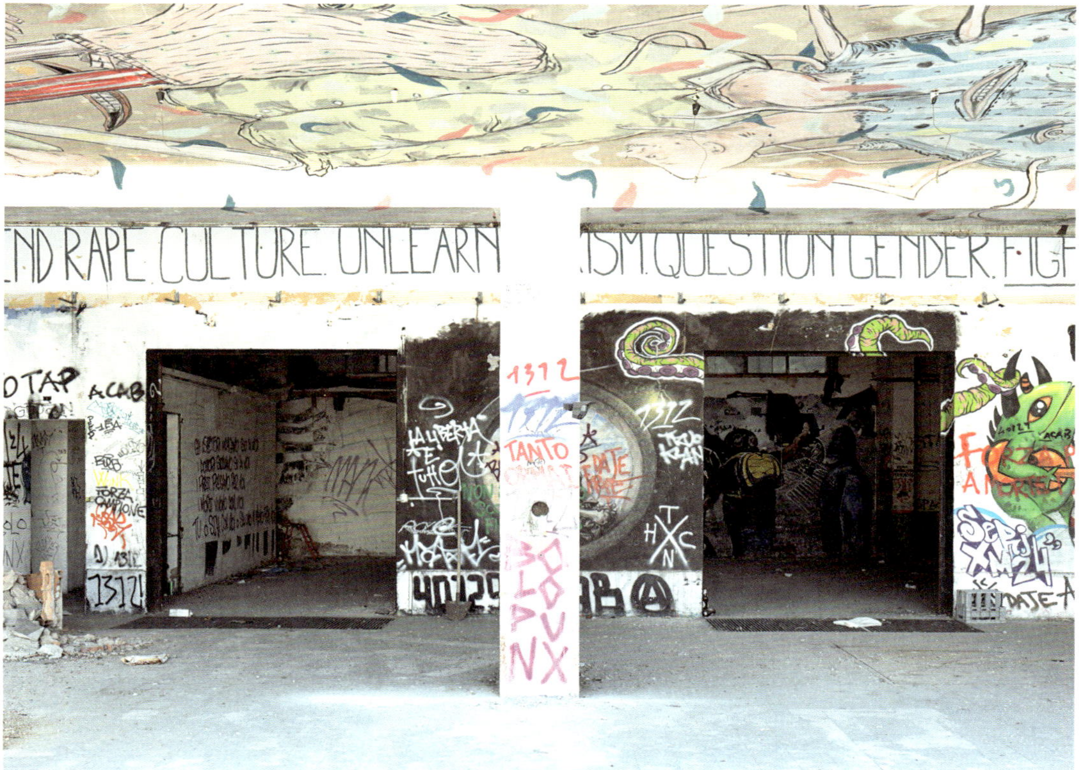
ND RAPE CULTURE. UNLEARN
ISM. QUESTION GENDER. FIG
ACAB
1312
TANTO

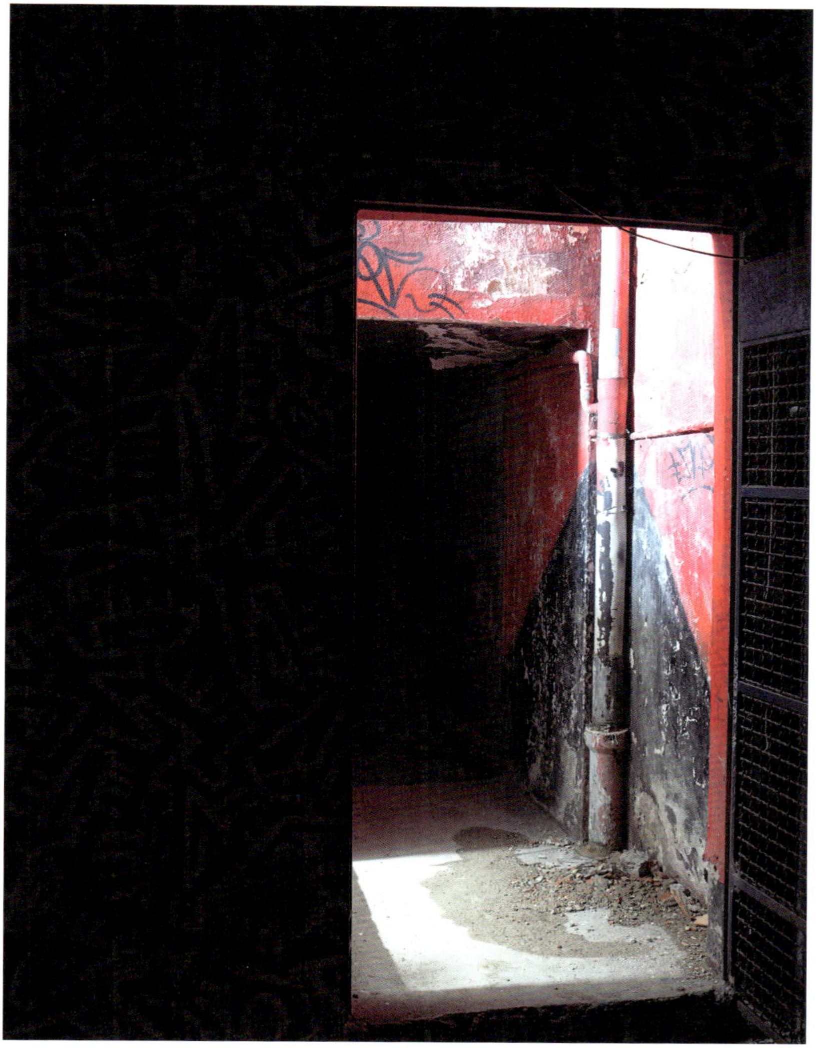

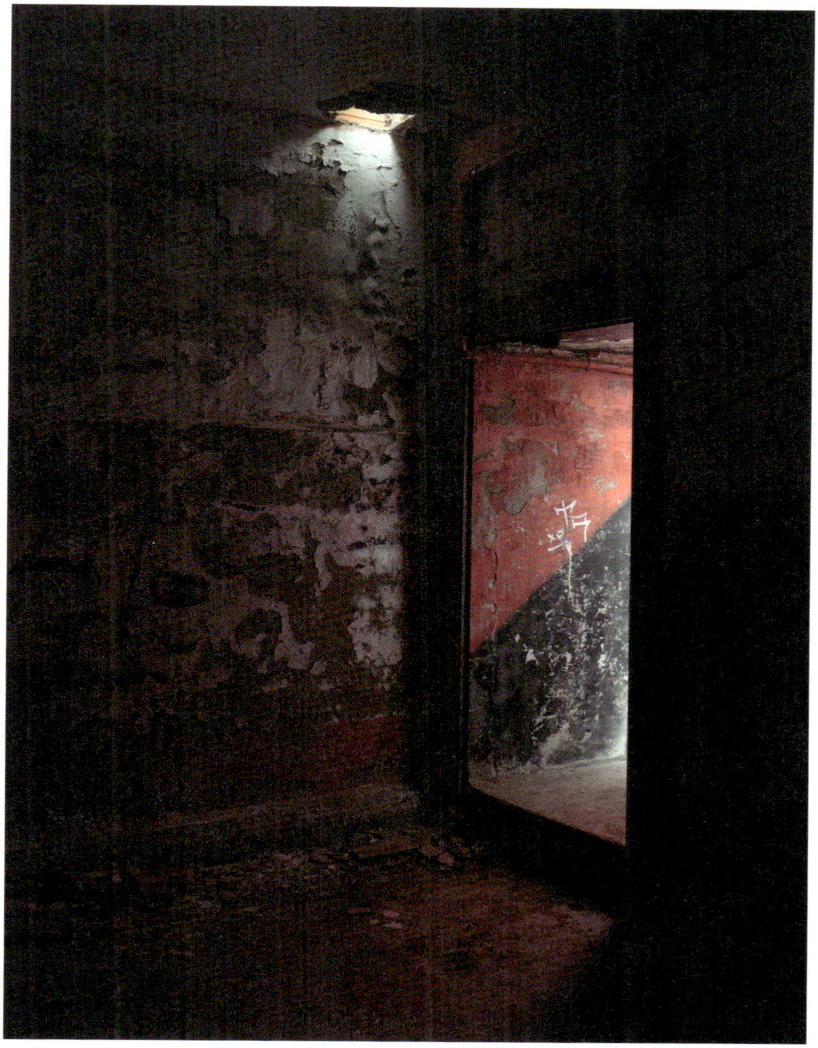

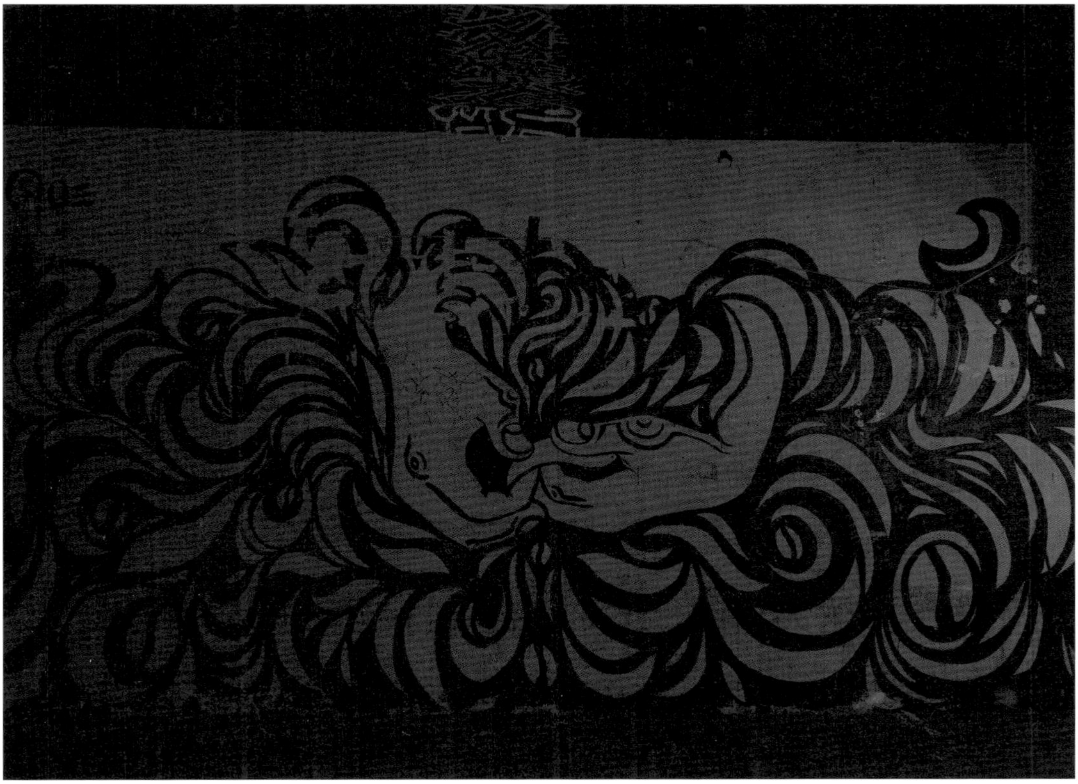

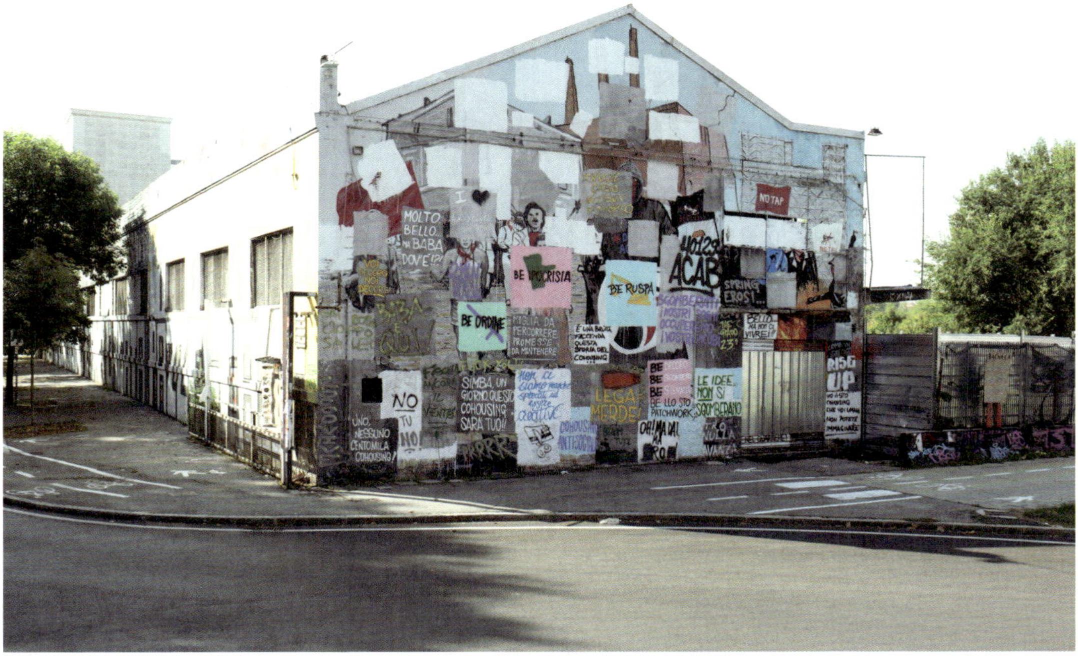

NO TAP
MOLTO BELLO MA BABA DOVE!?!
BE IPOCRISIA
BE RUSPA
40123 ACAB
SPRING EROS!...
BE ORDINE
MIGLIA DA PERCORRERE PROMESSE DA MANTENERE
È UNA BRUTTA FACCENDA QUESTA STORIA DEL COHOUSING...
BELLO MA NON CI VIVREI!?
SIMBA, UN GIORNO QUESTO COHOUSING SARÀ TUO!!
NO TU NO!
UNO, NESSUNO CENTOMILA COHOUSING!
LEGA MERDE!
BE LLO STO PATCHWORK
LE IDEE NON SI SGOMBERANO
RISE UP
OH! MA DAI MA ROI

Fabio Mantovani

01_architettura

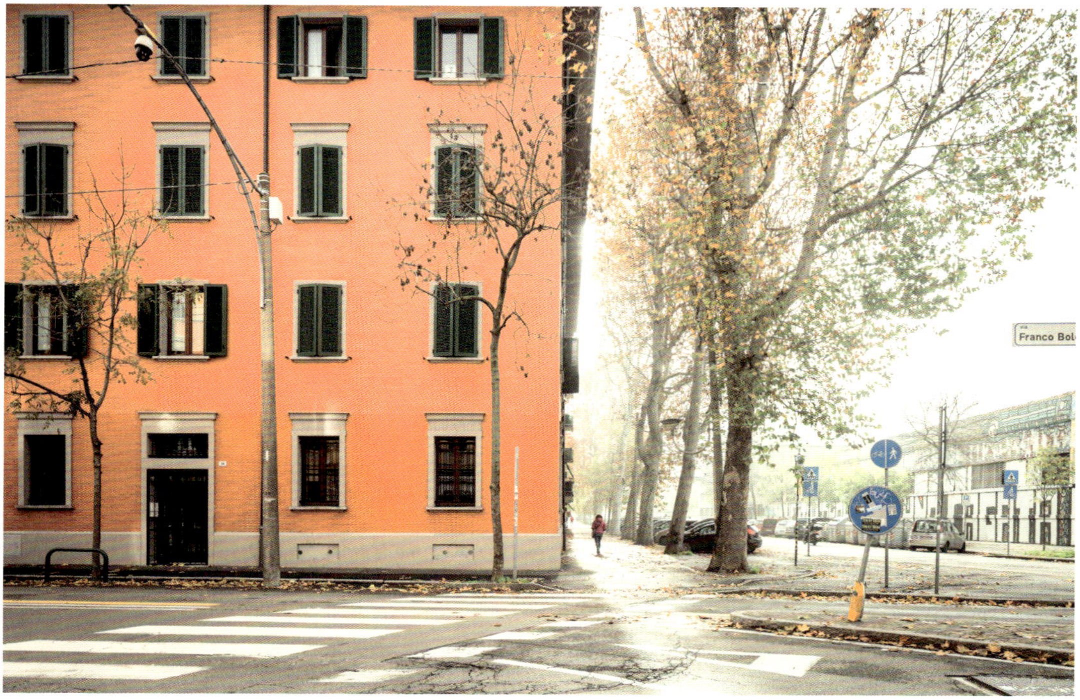
Franco Bol

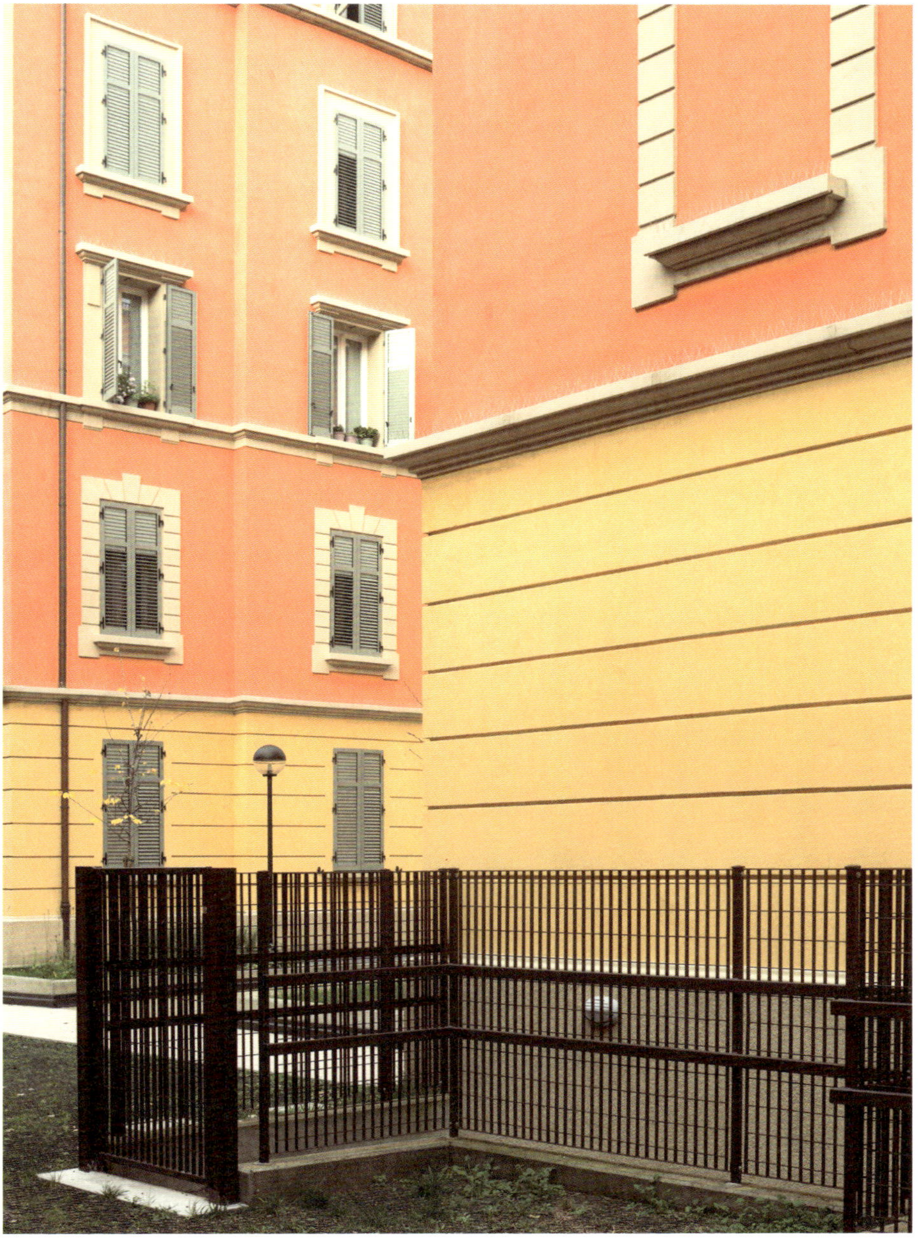

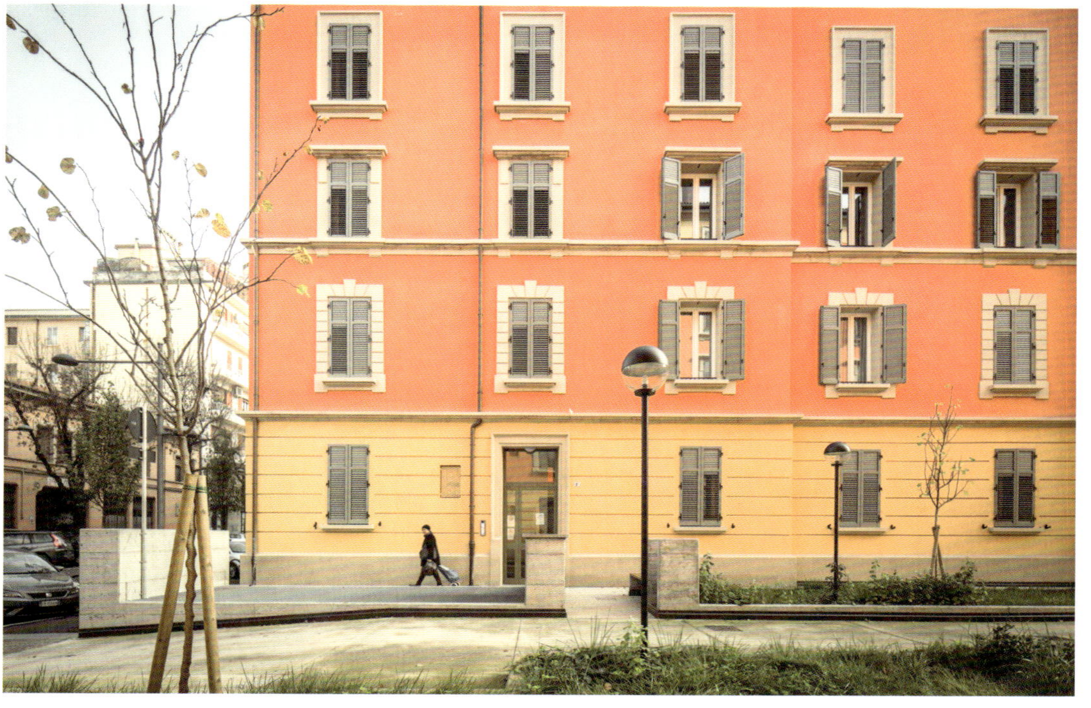

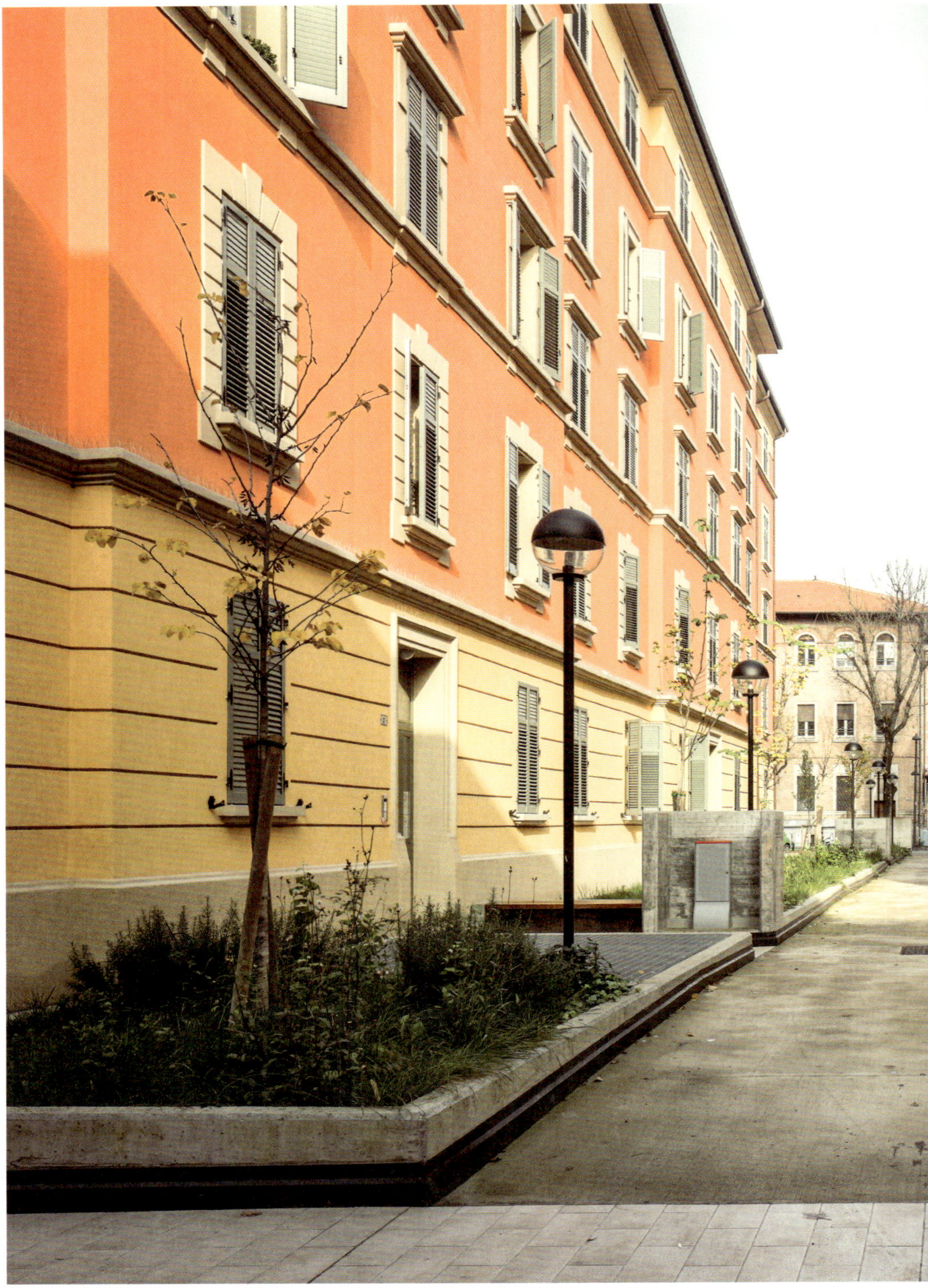

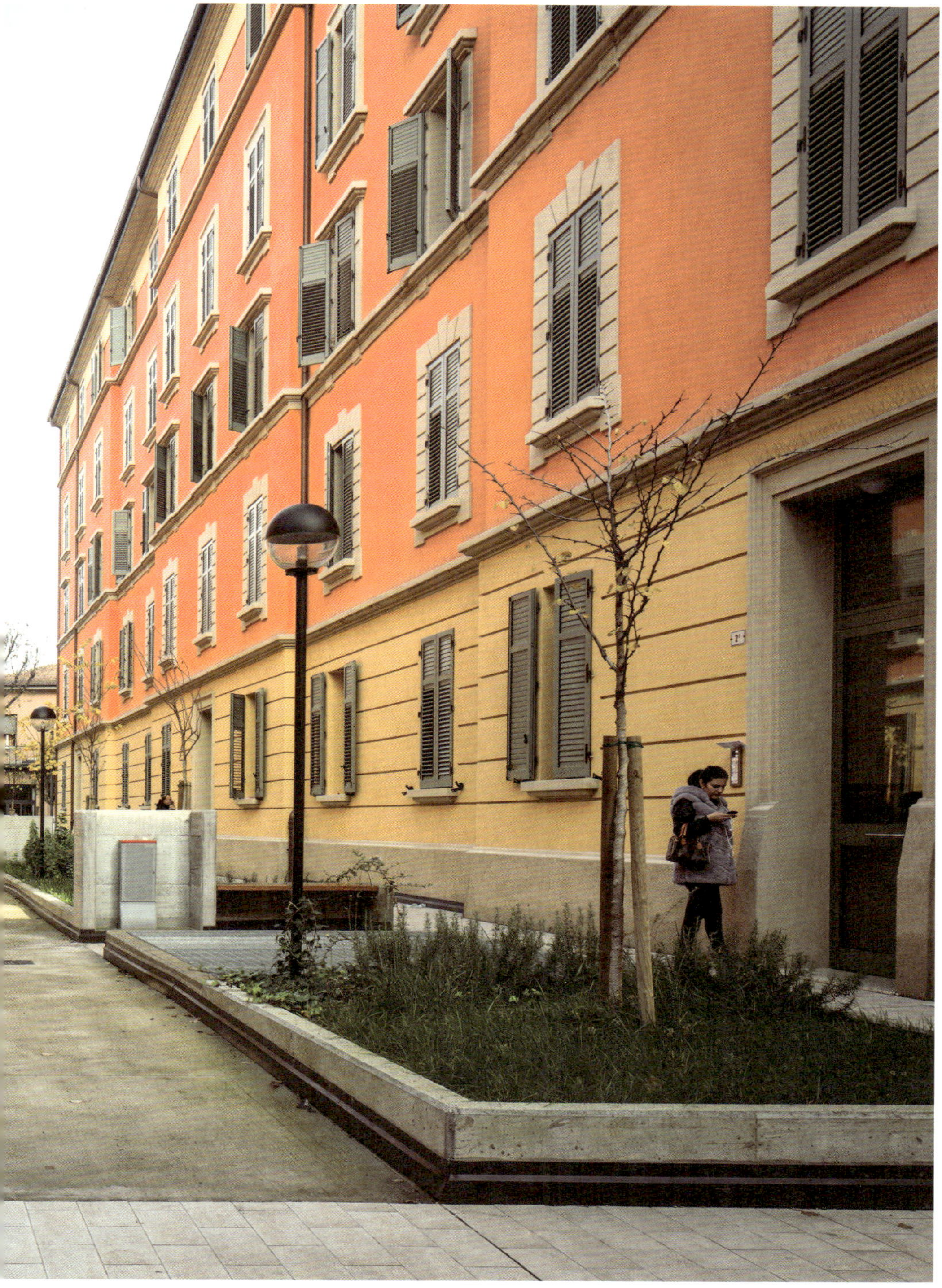

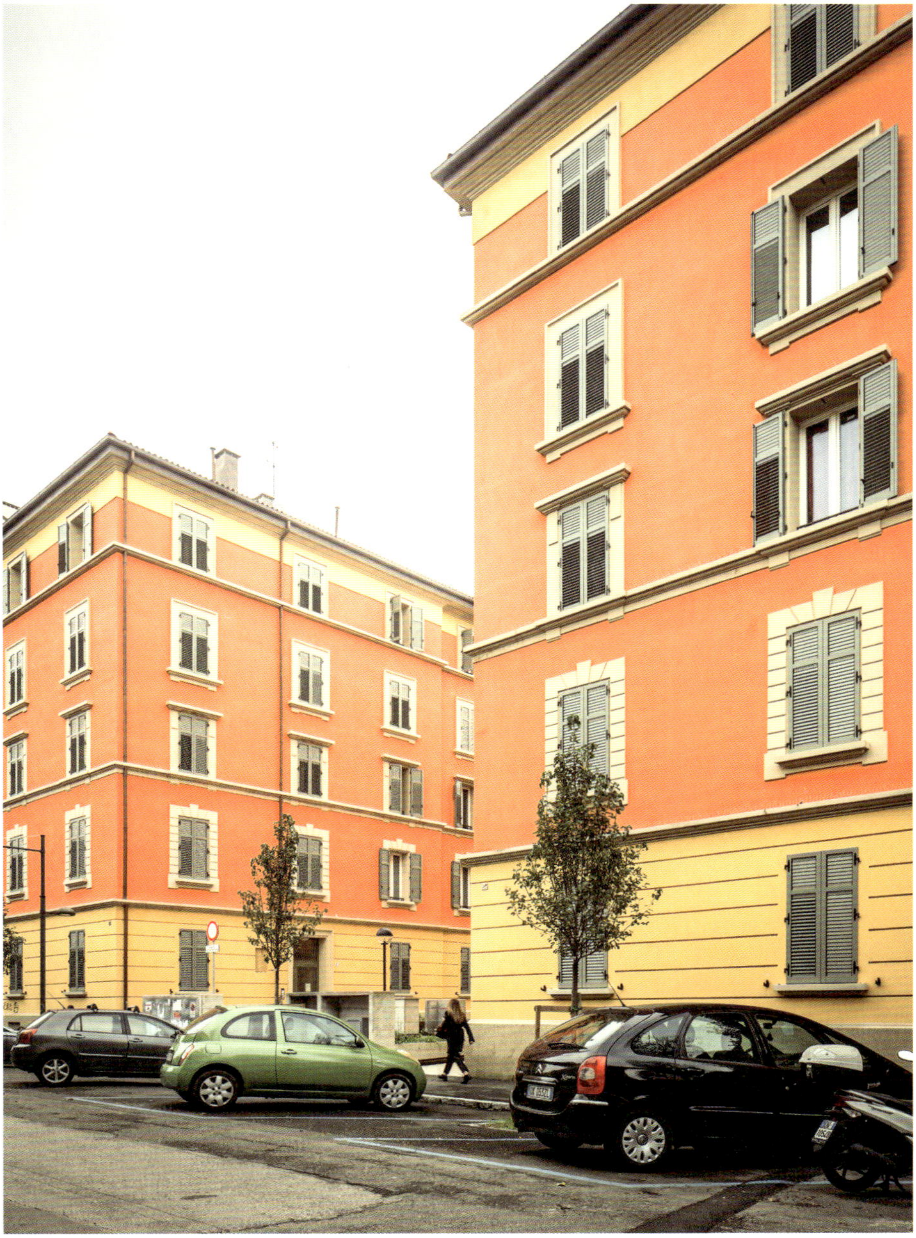

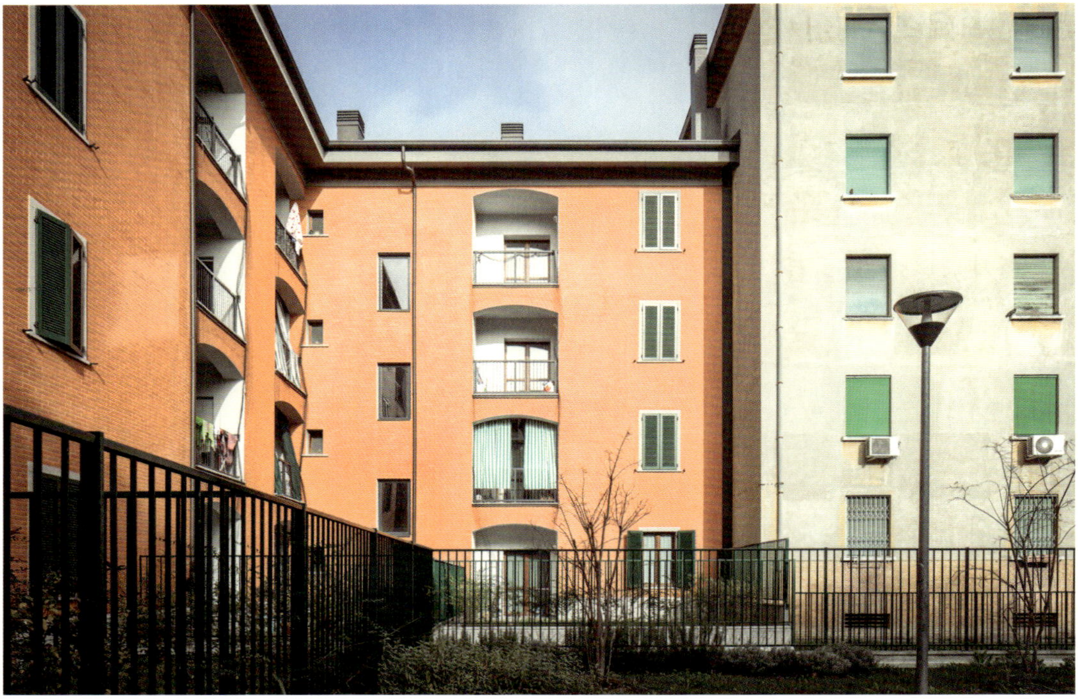

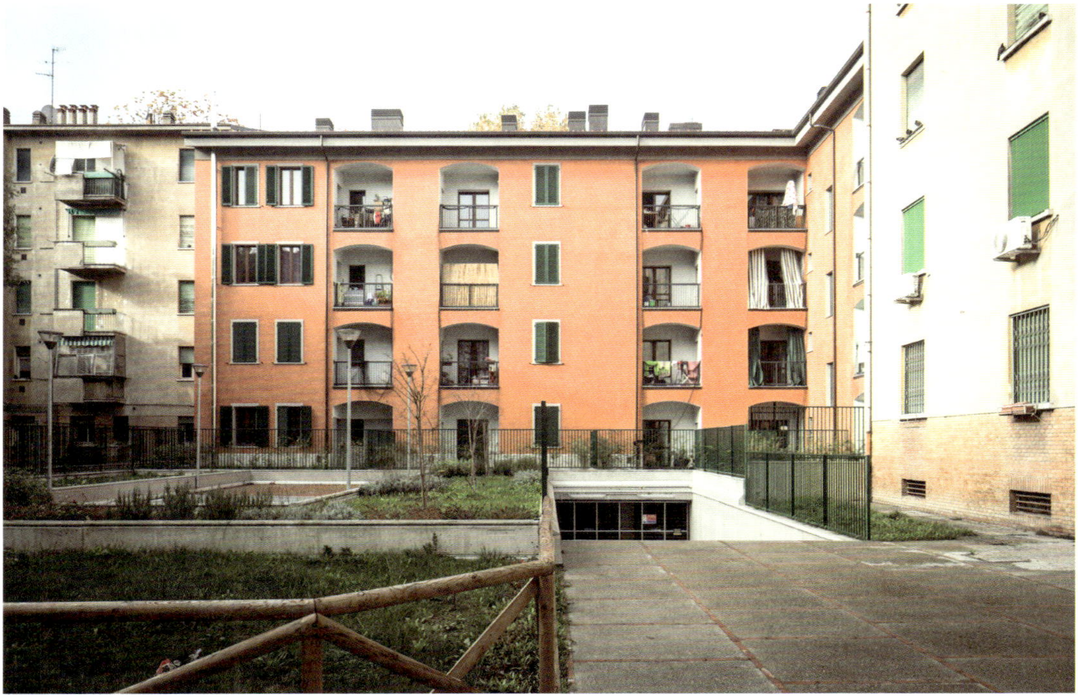

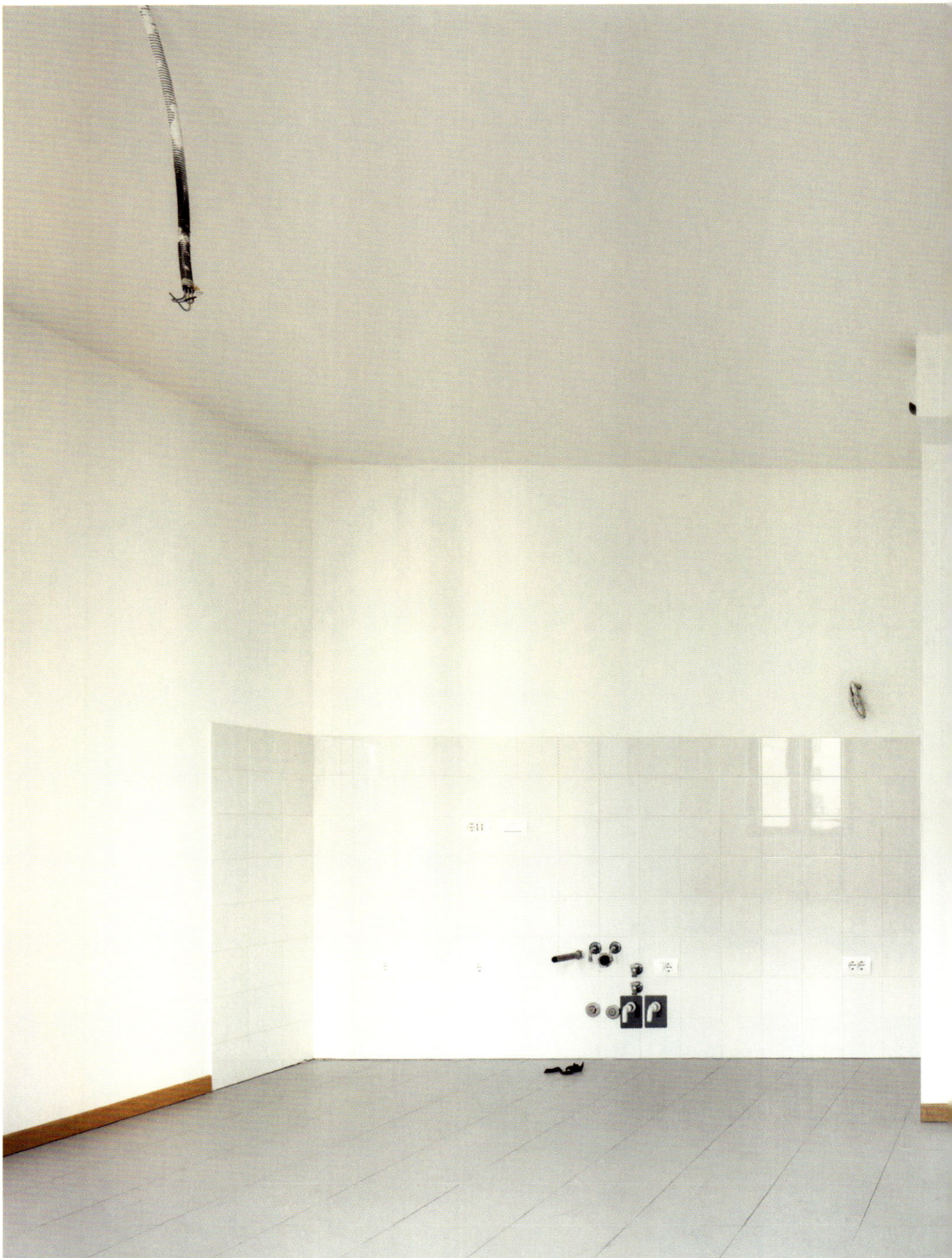

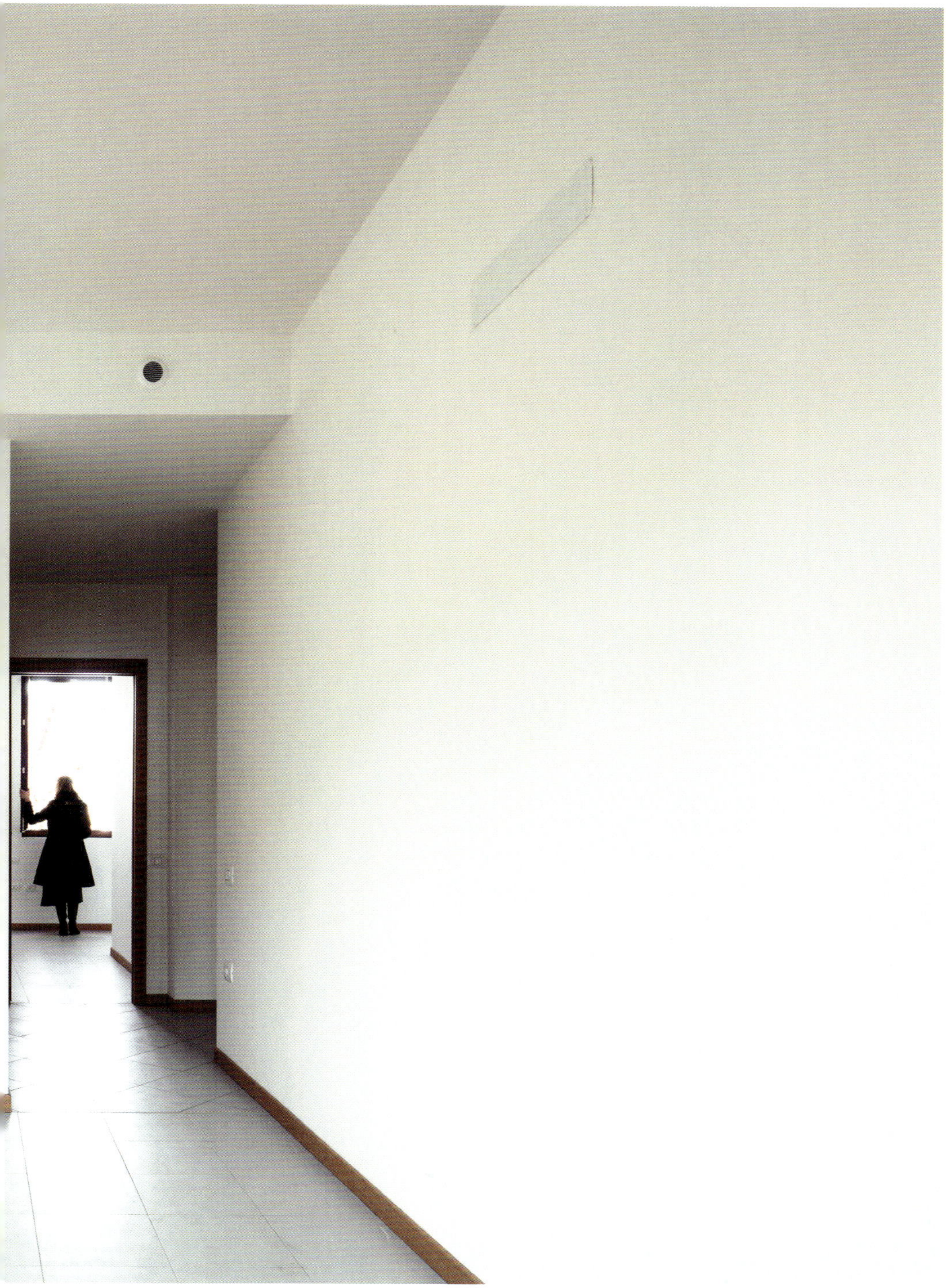

02_spazi comuni

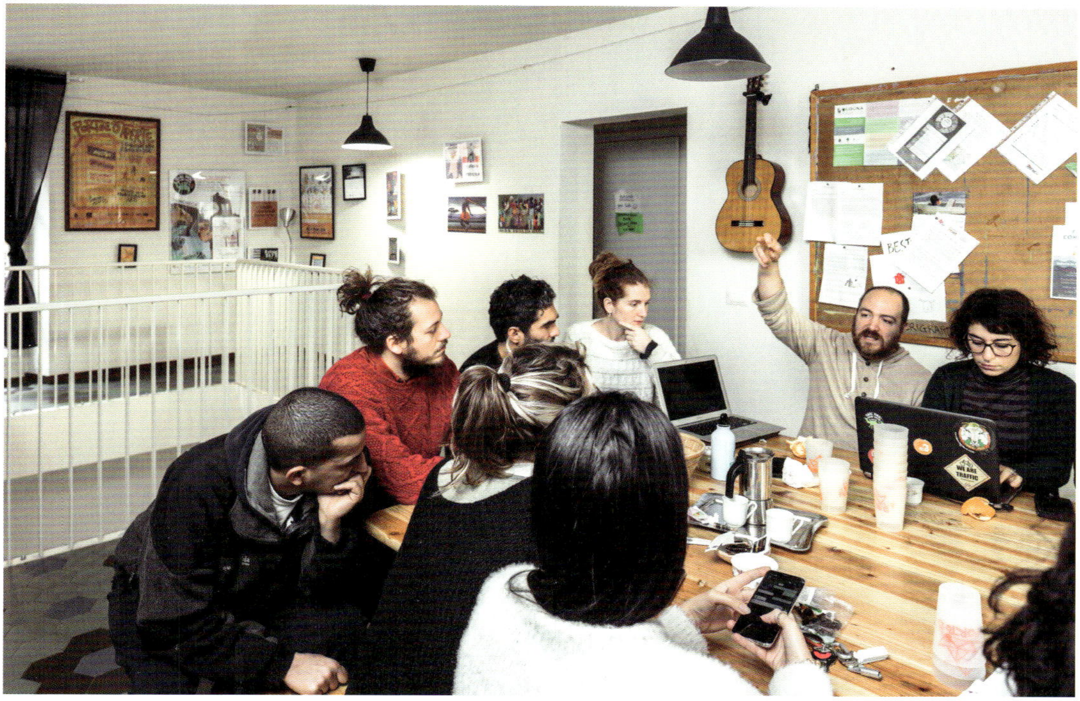
WE ARE
TRAFIC

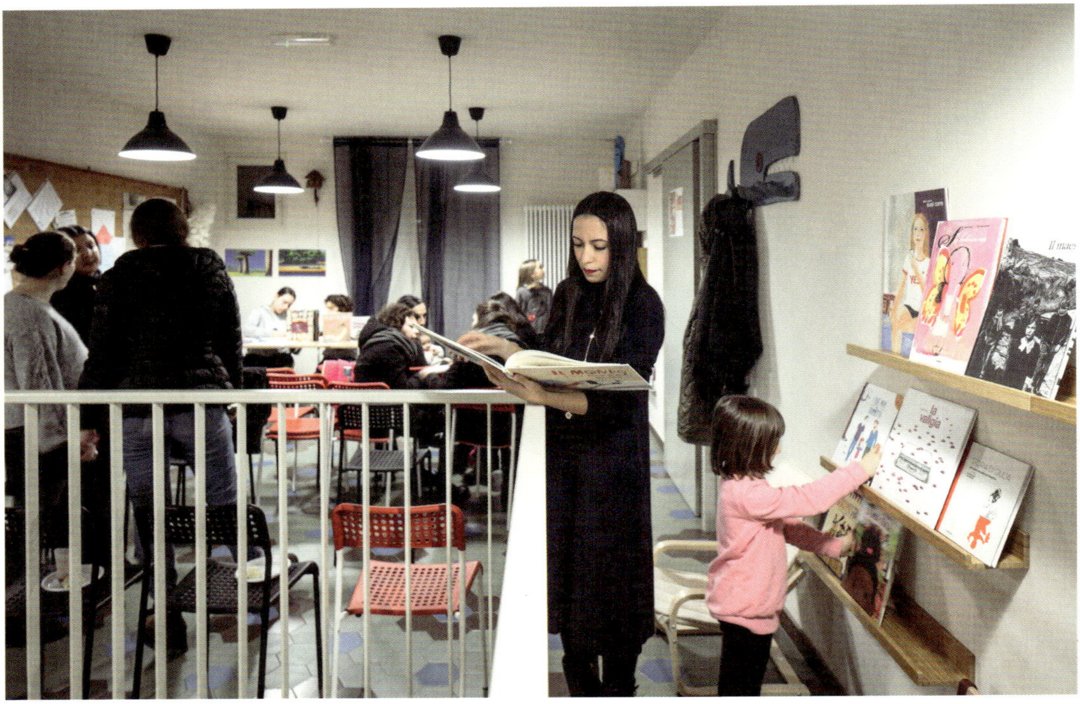
la valigia

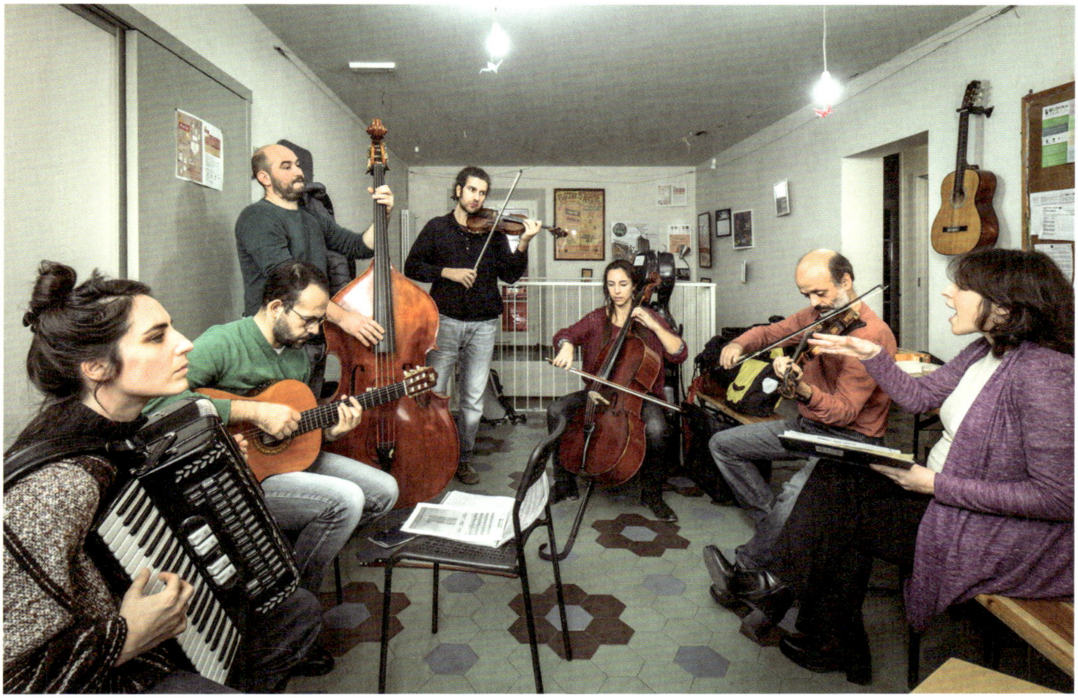

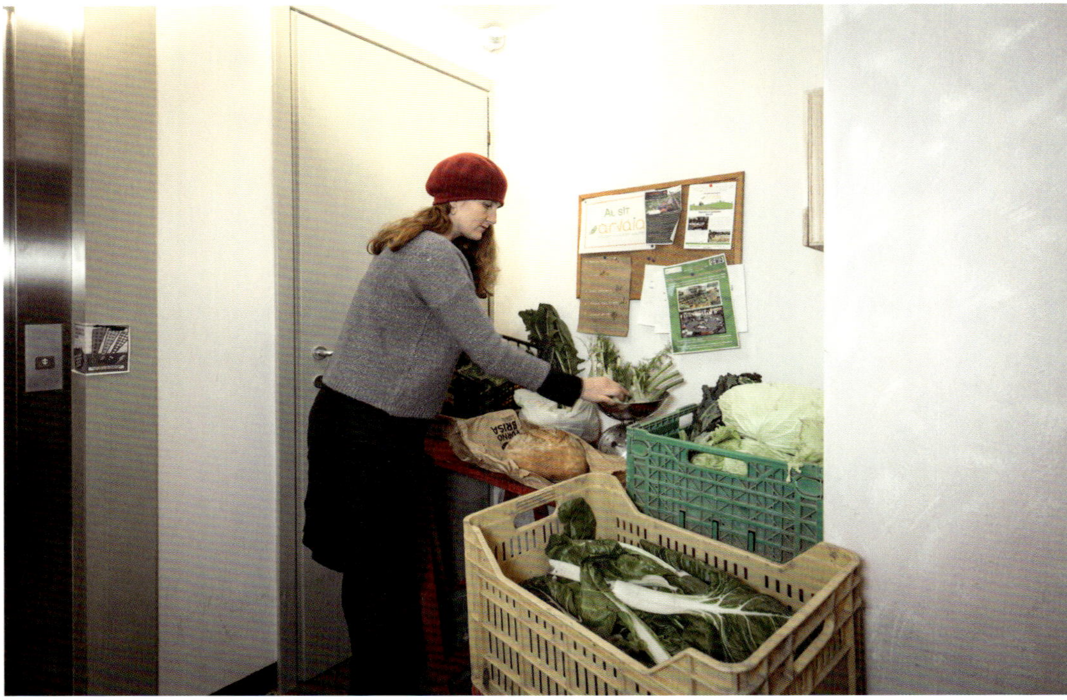

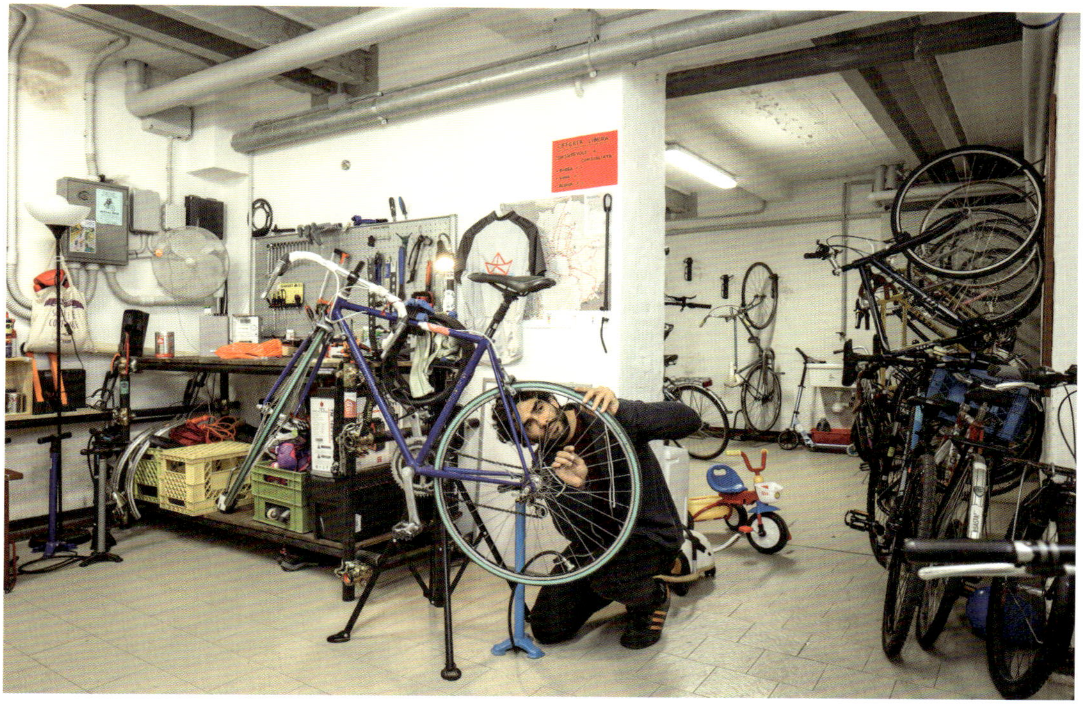

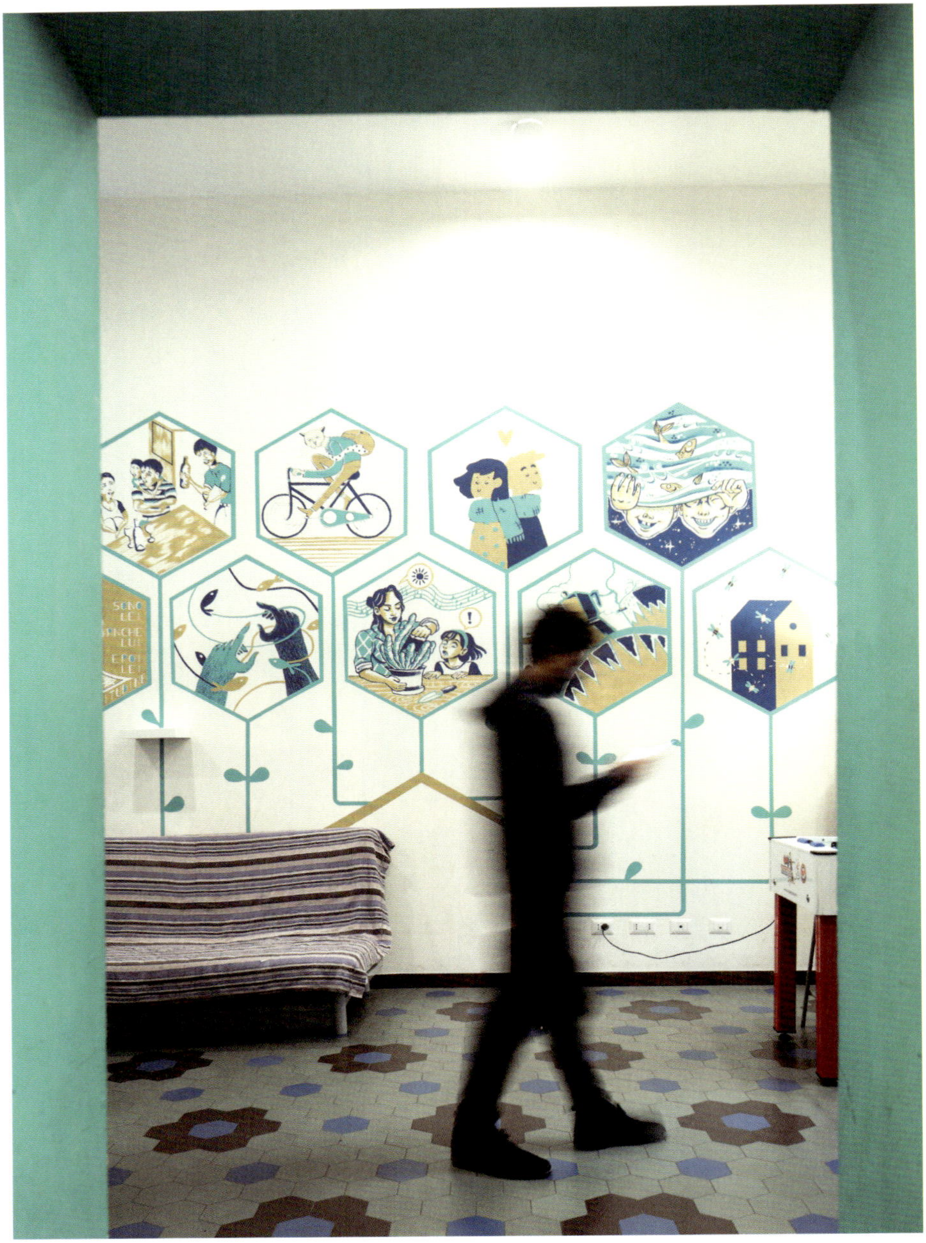
SONO

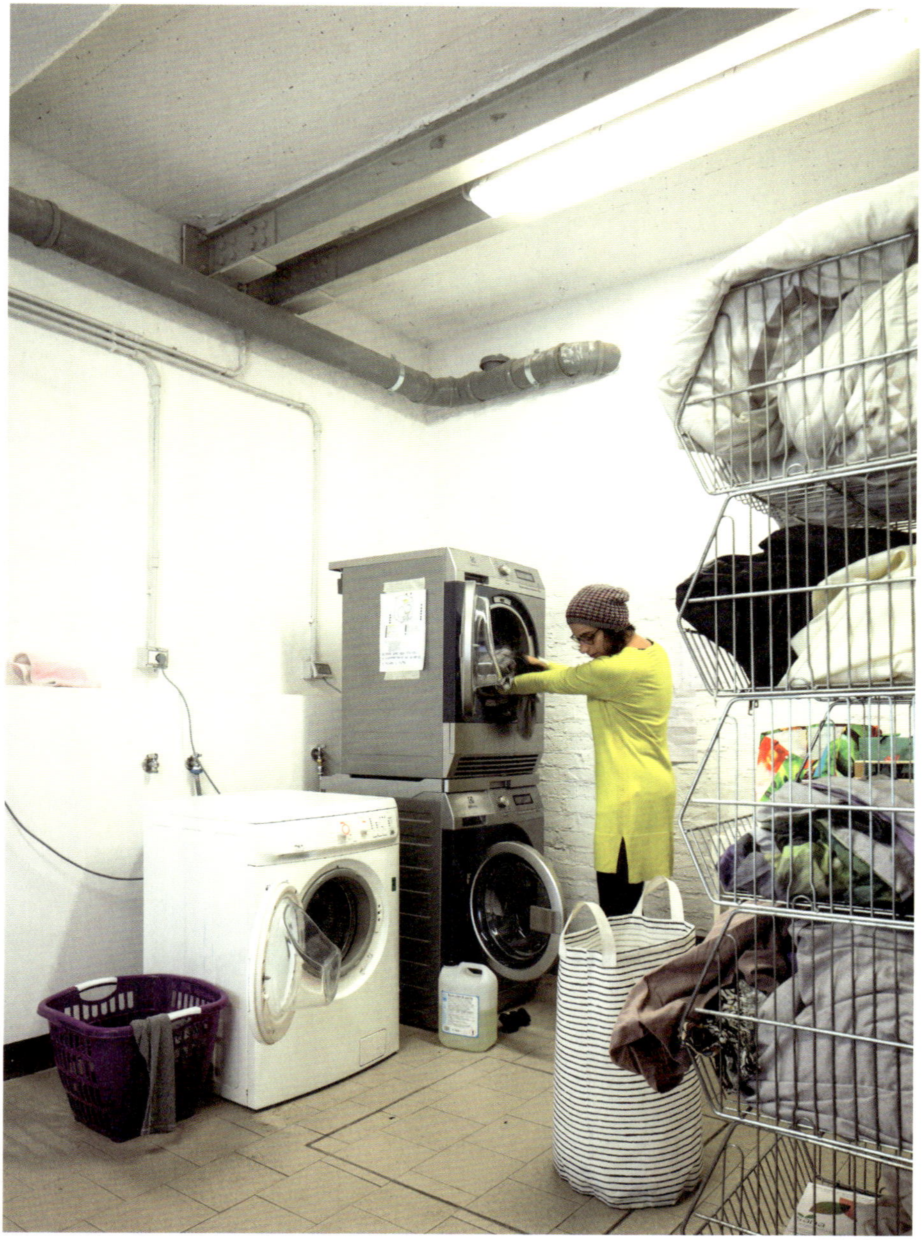

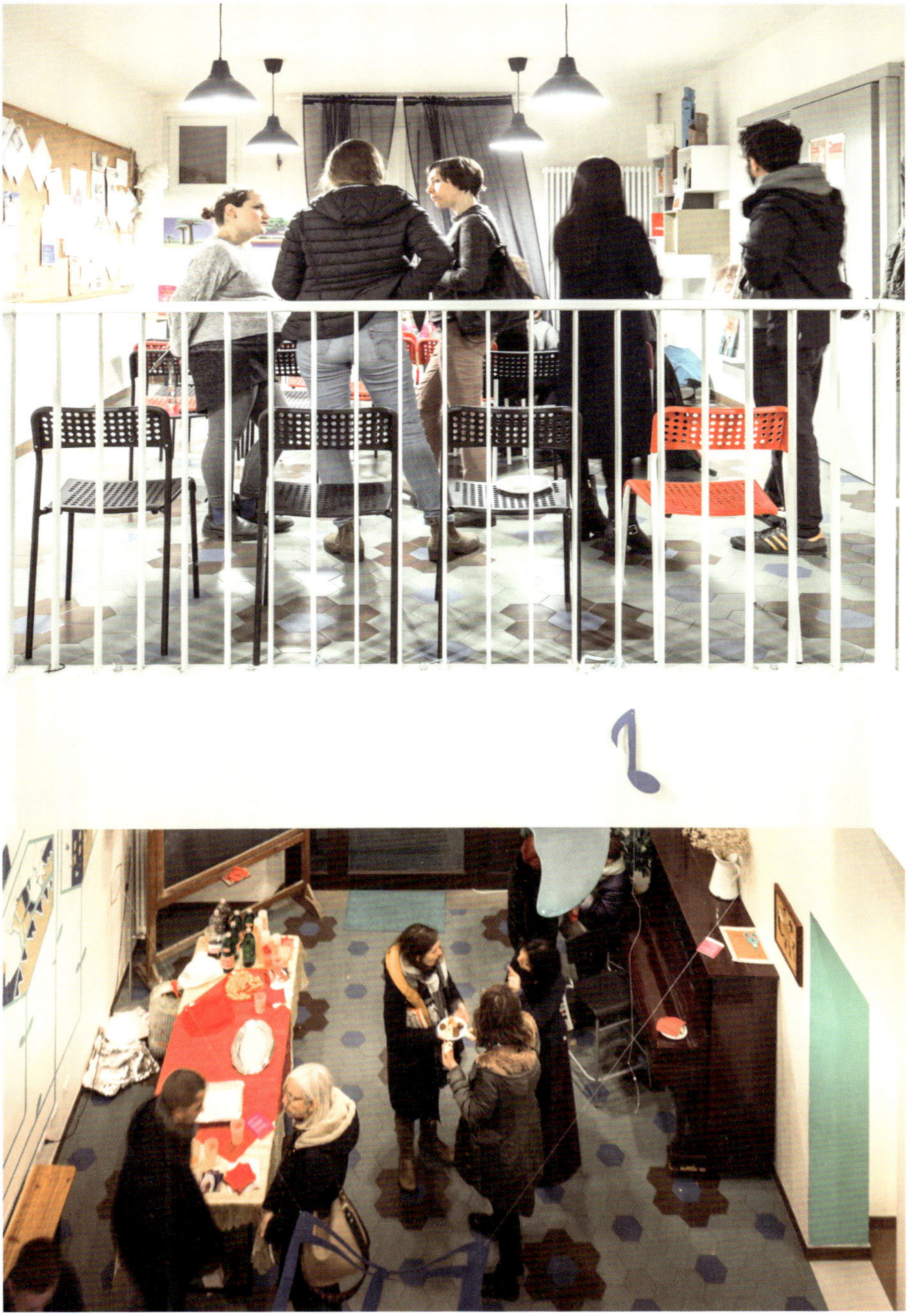

03_interni

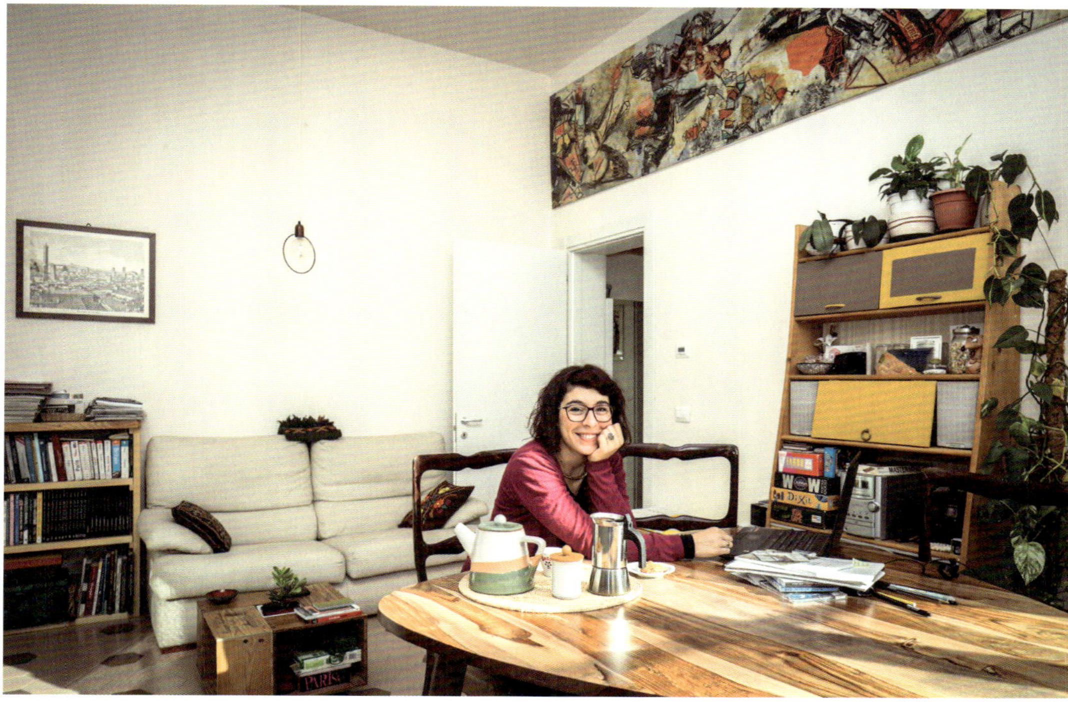

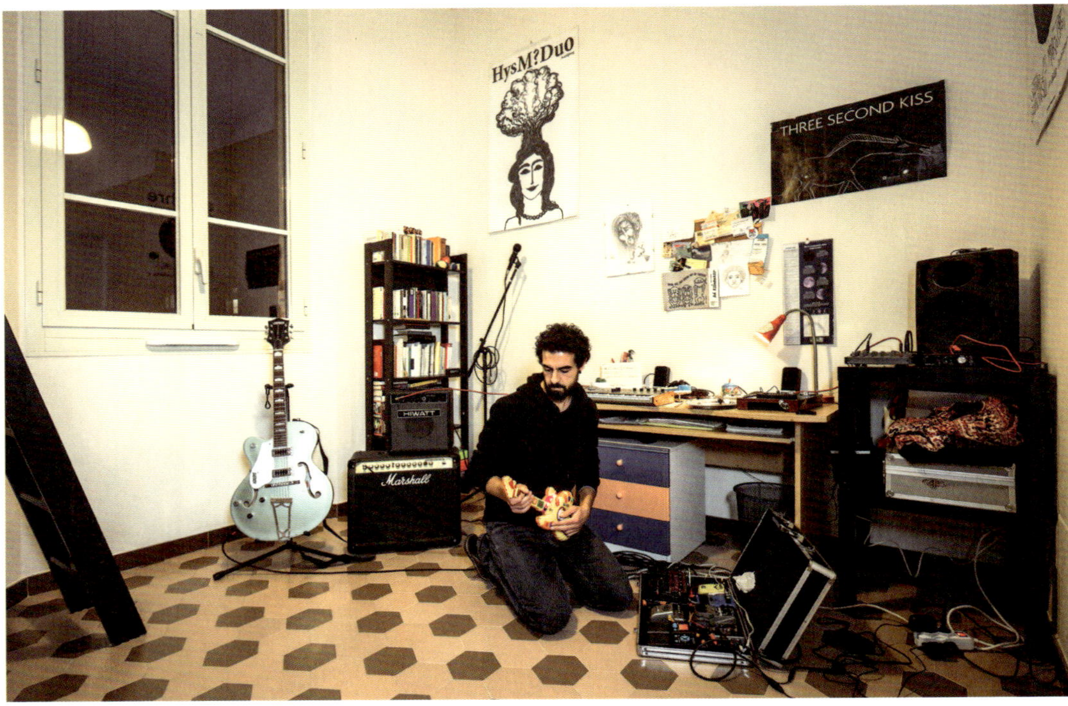
HysM?DuO
THREE SECOND KISS
HIWATT
Marshall

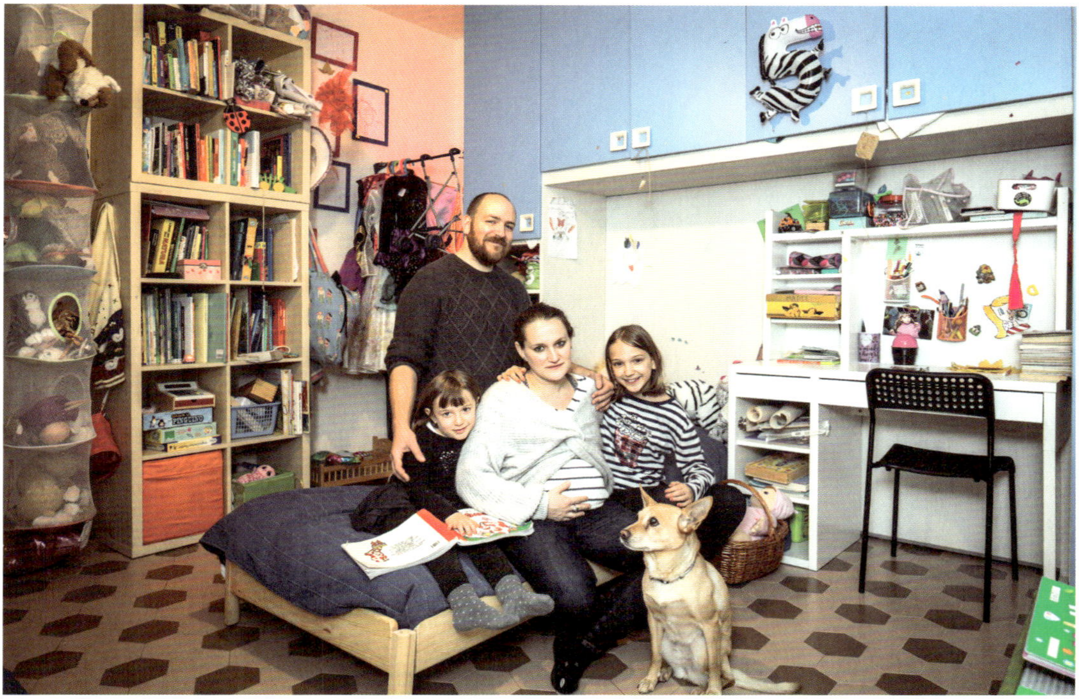

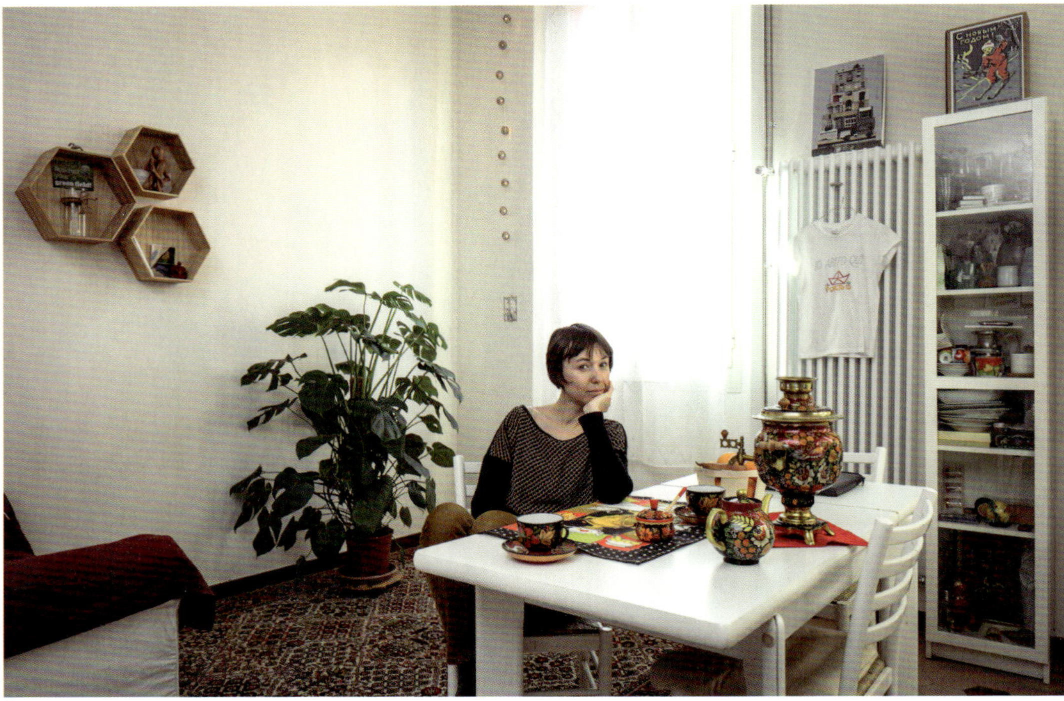
С новым годом!
green field

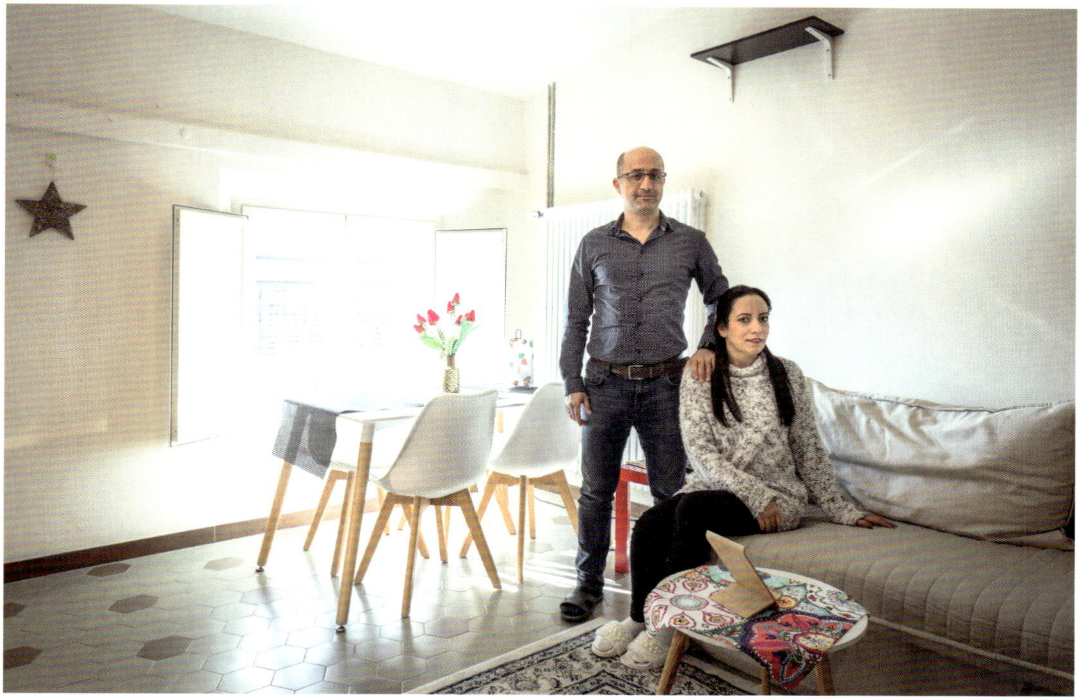

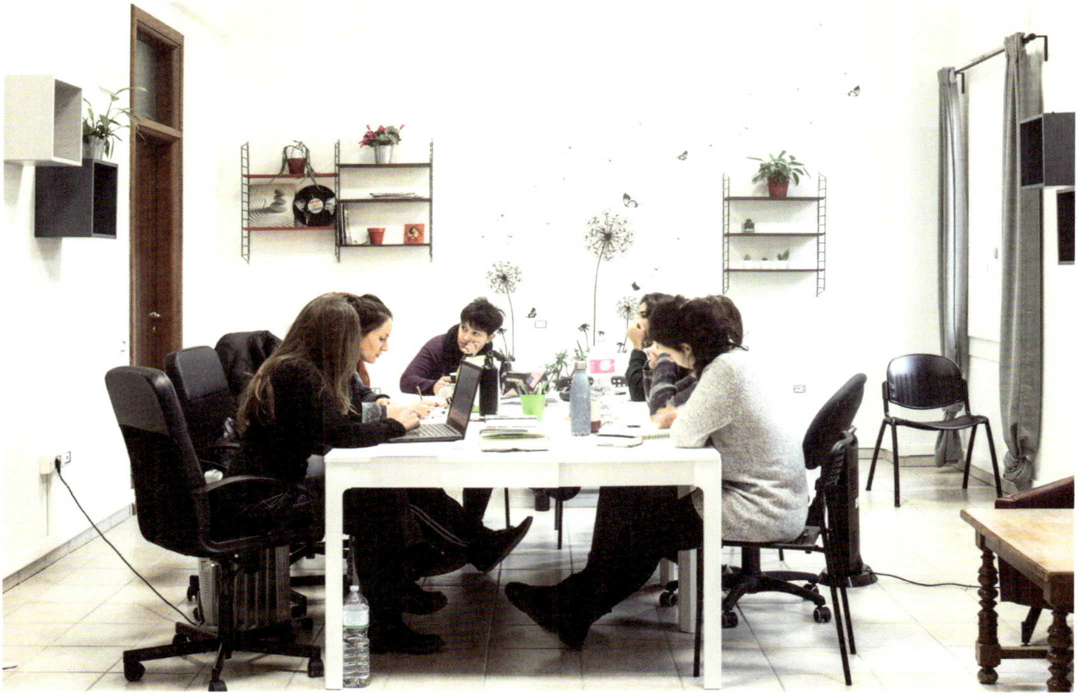

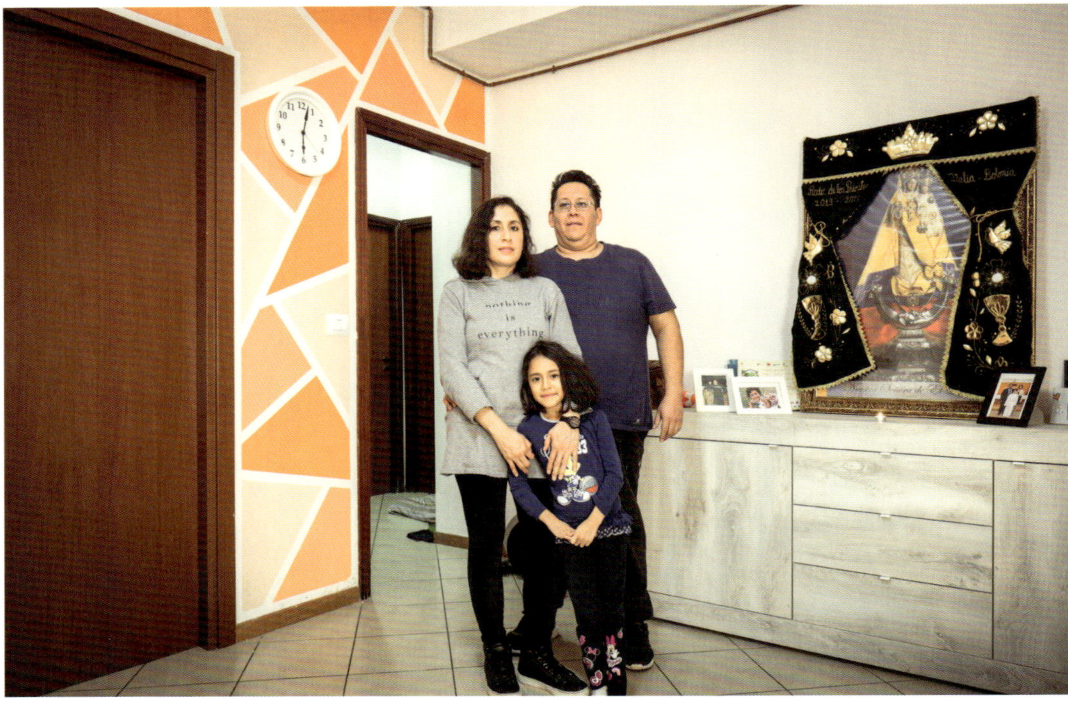
nothing
is
everything

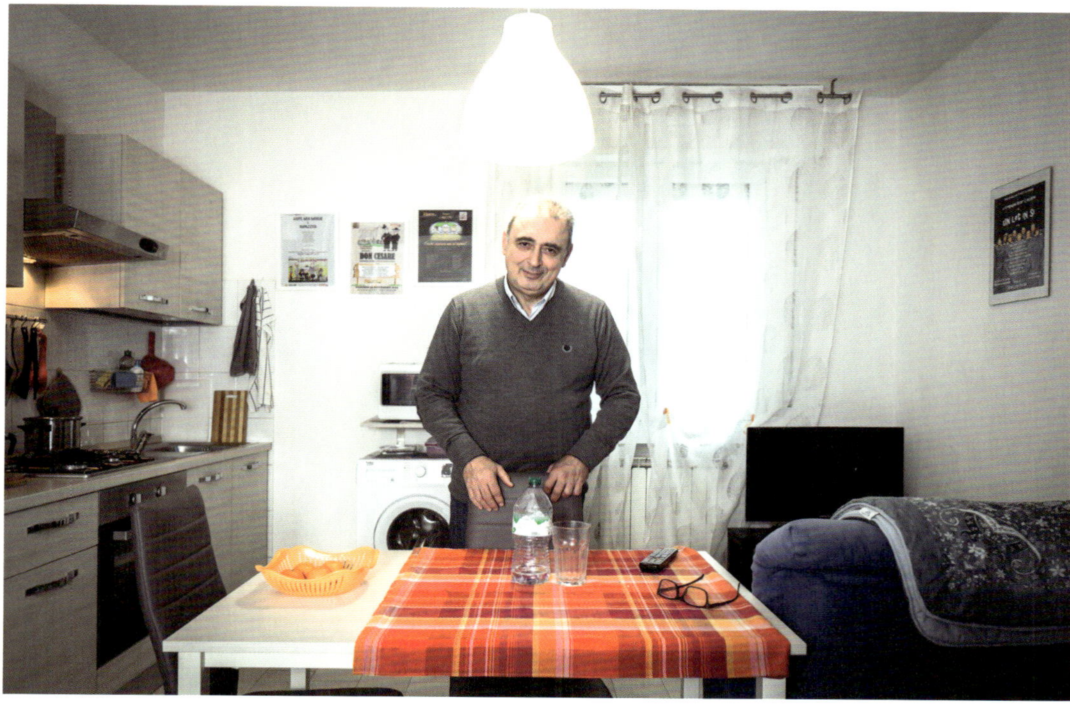
DON CESARE

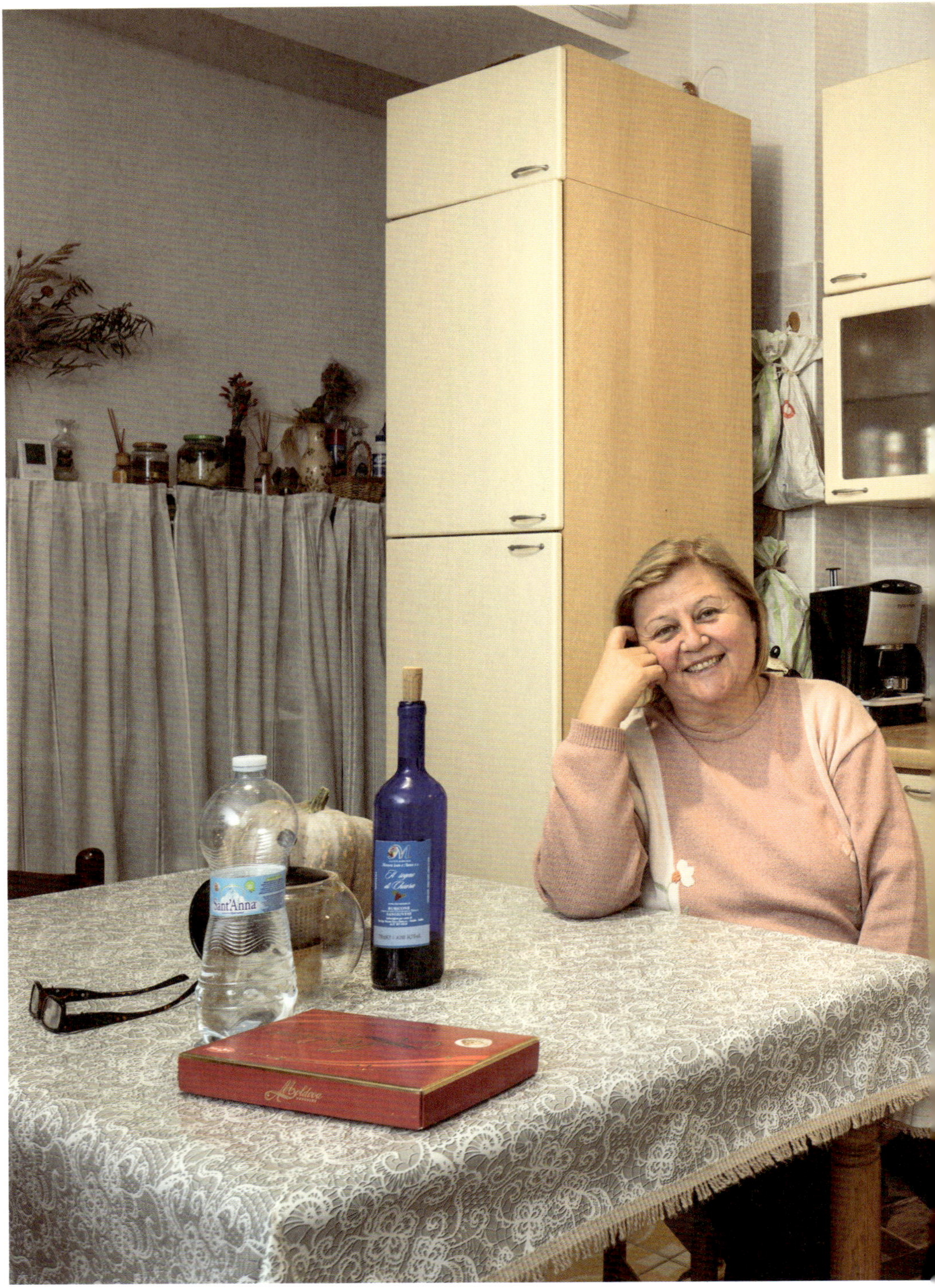
Sant'Anna

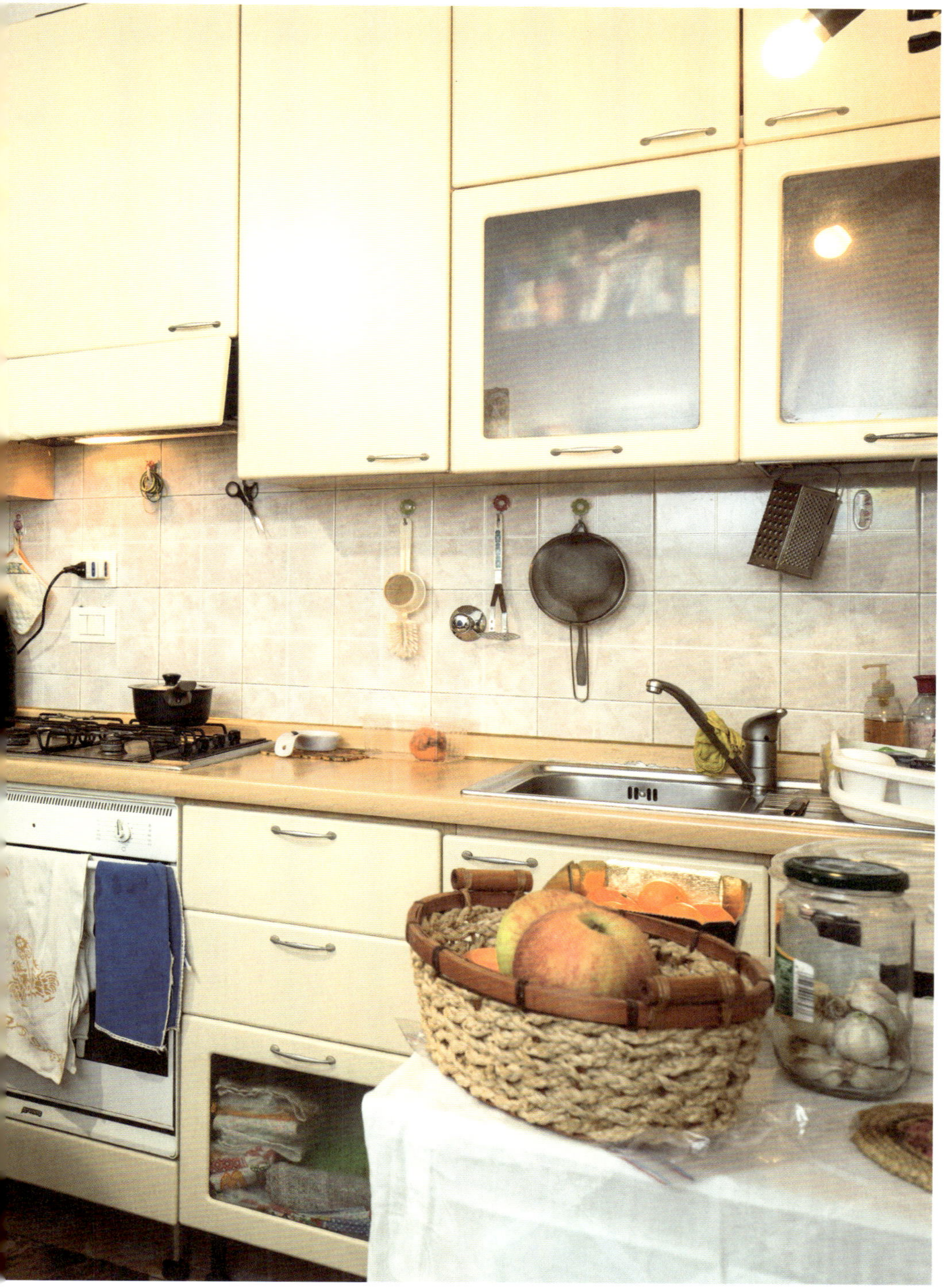

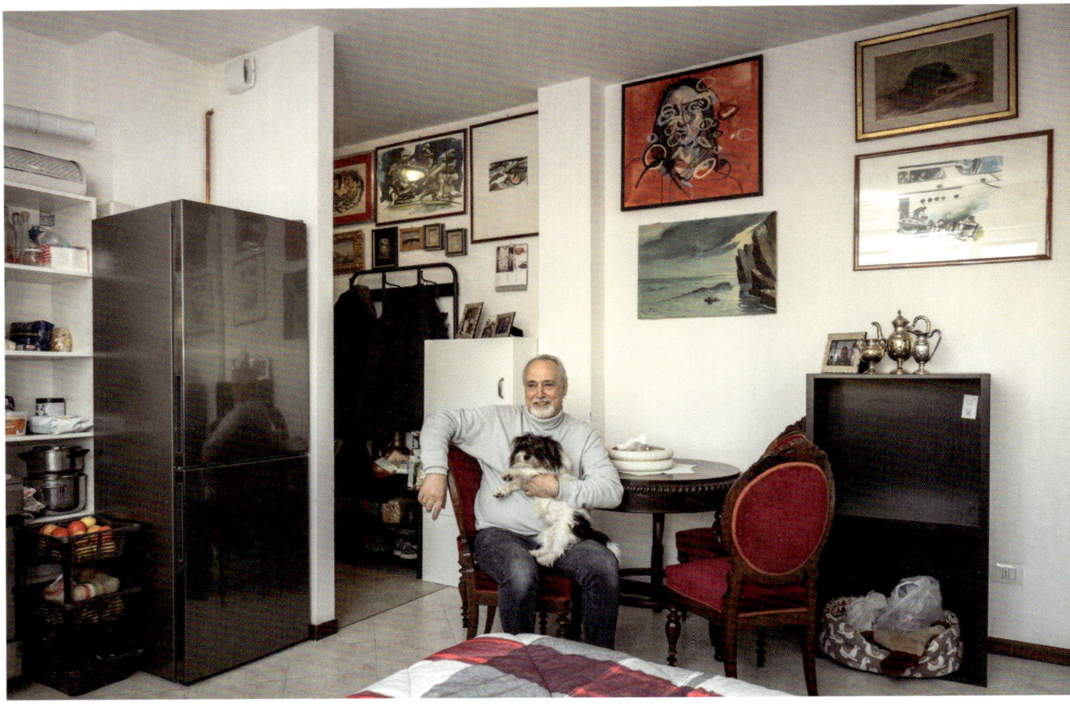

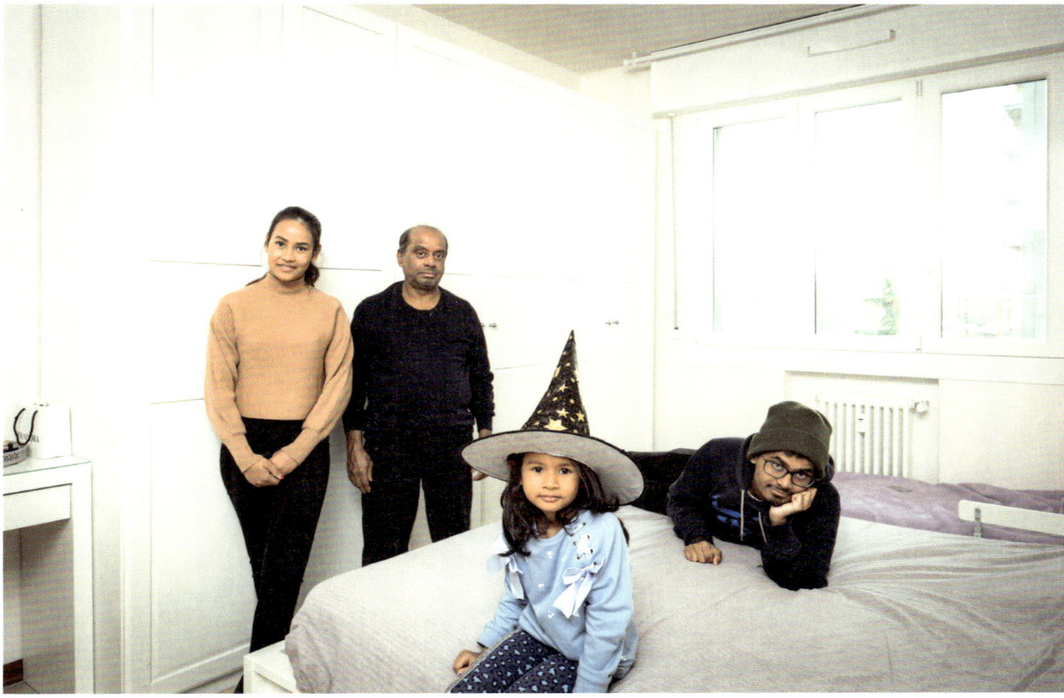

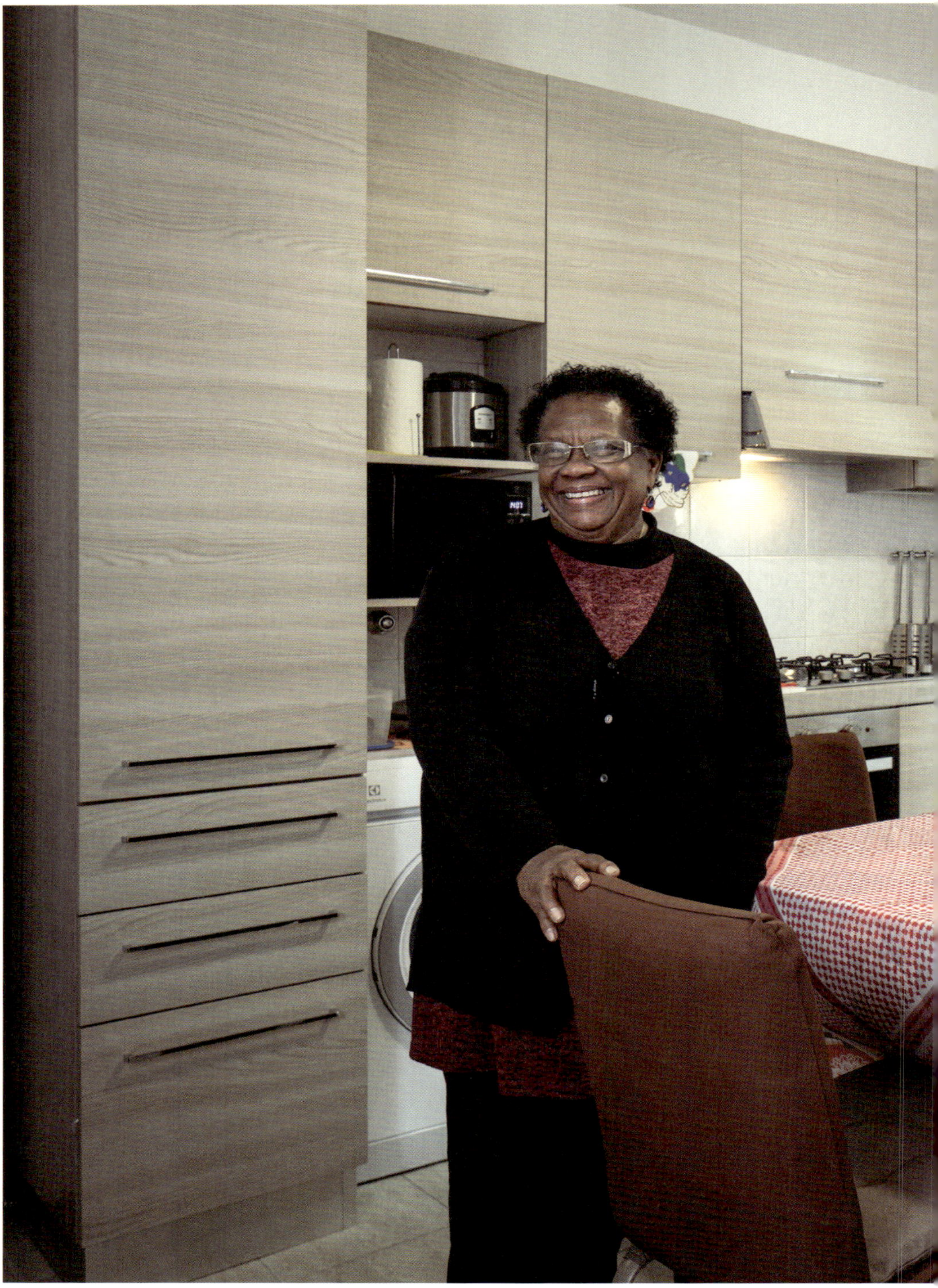

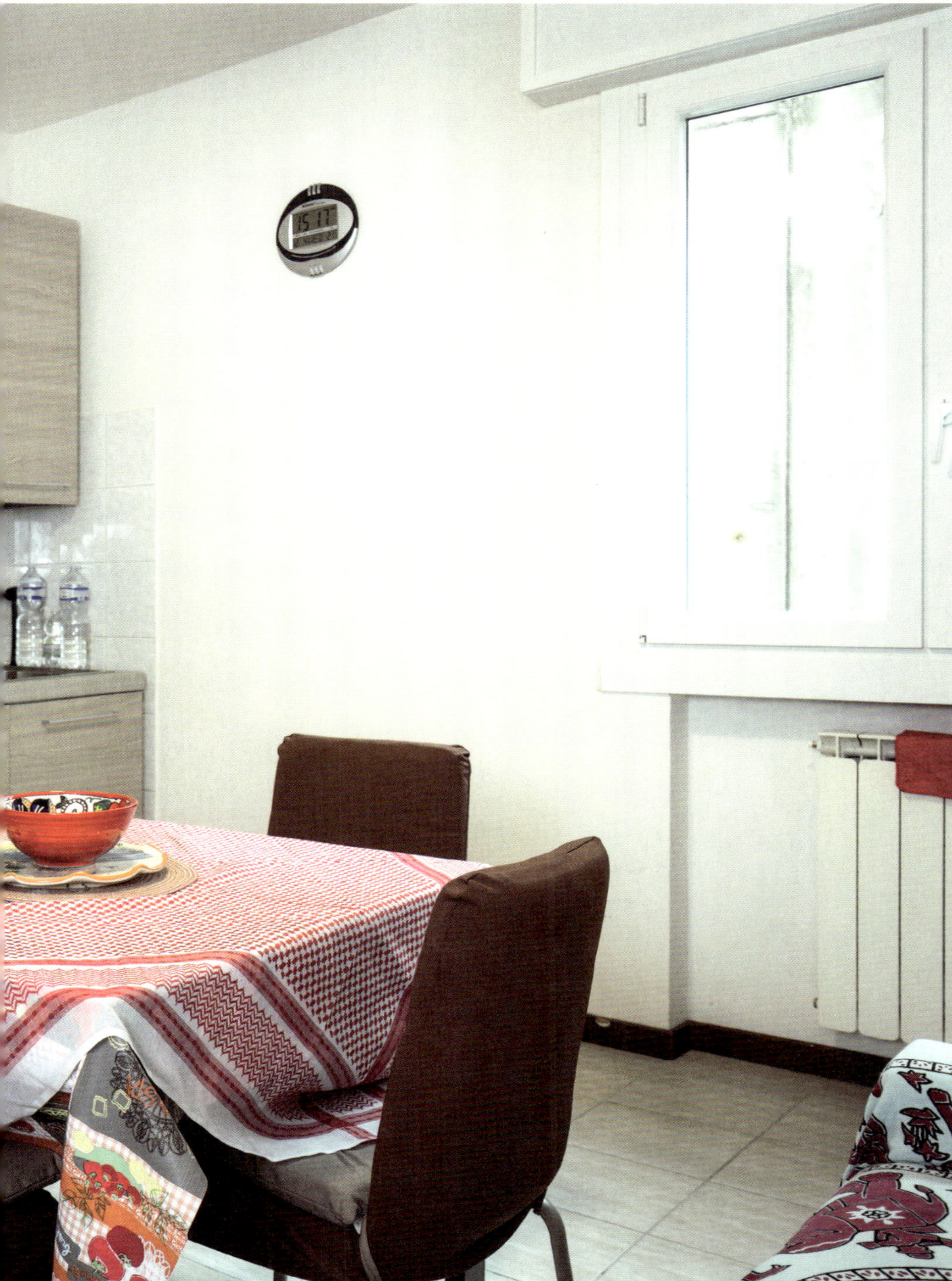

Allegra Martin

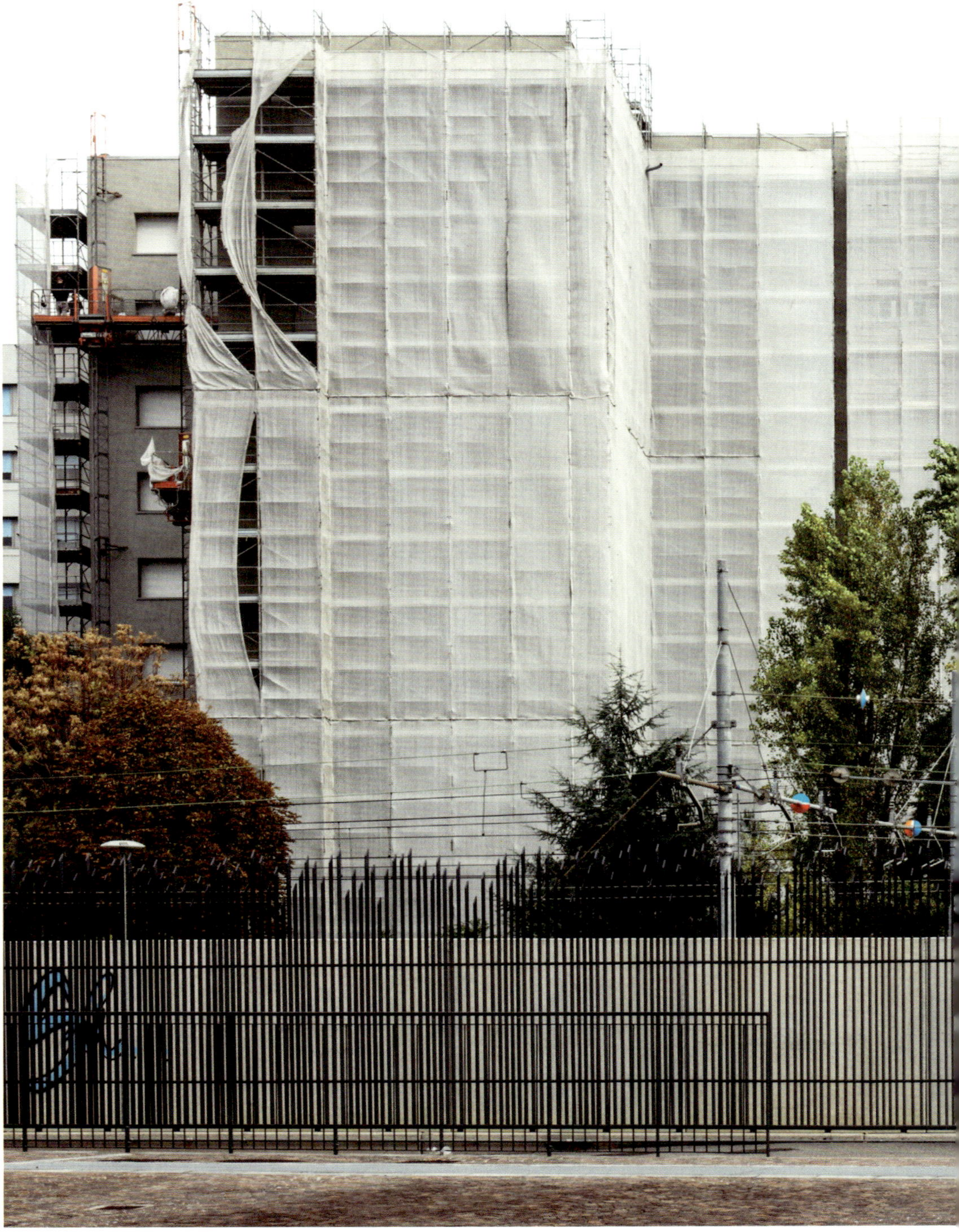

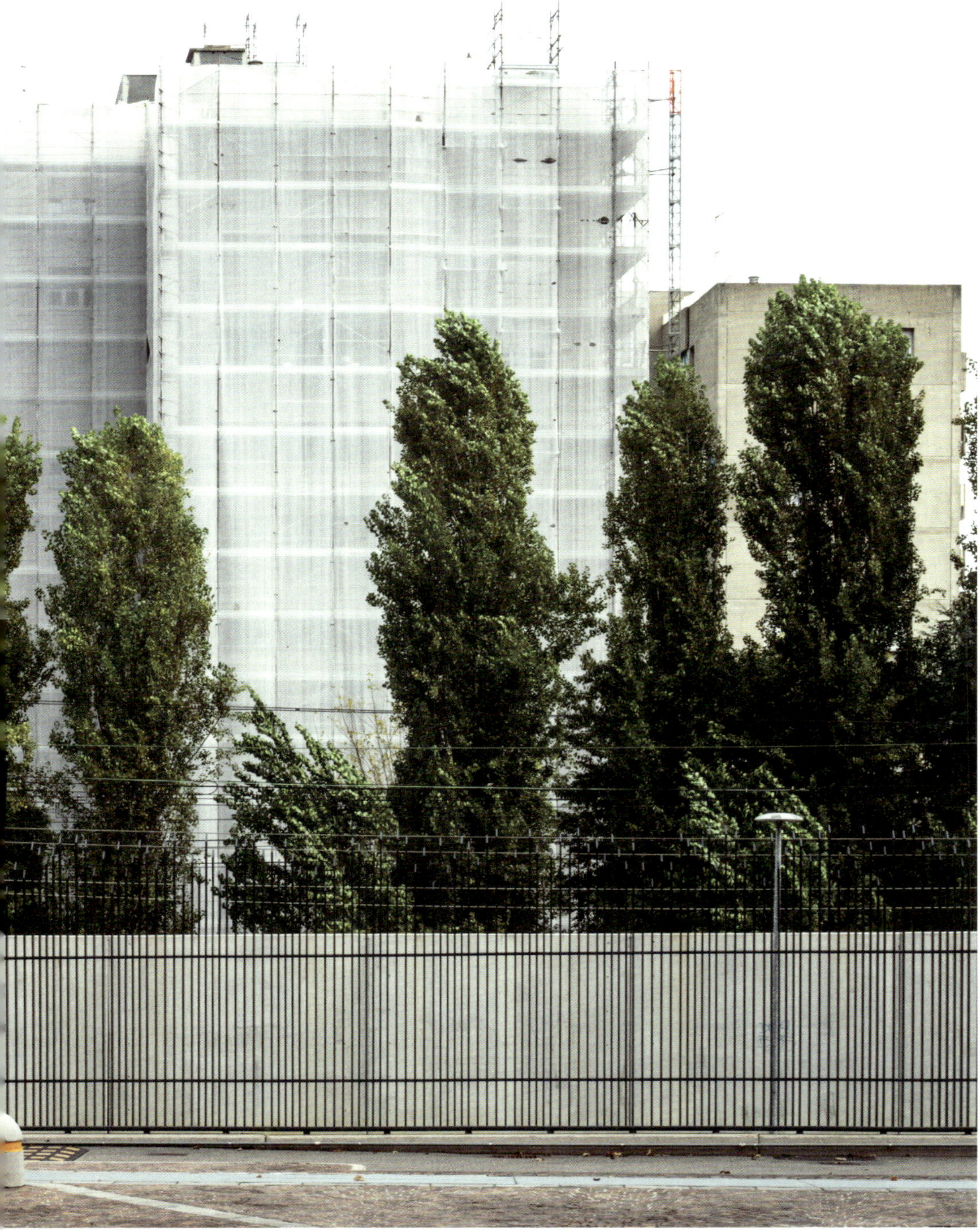

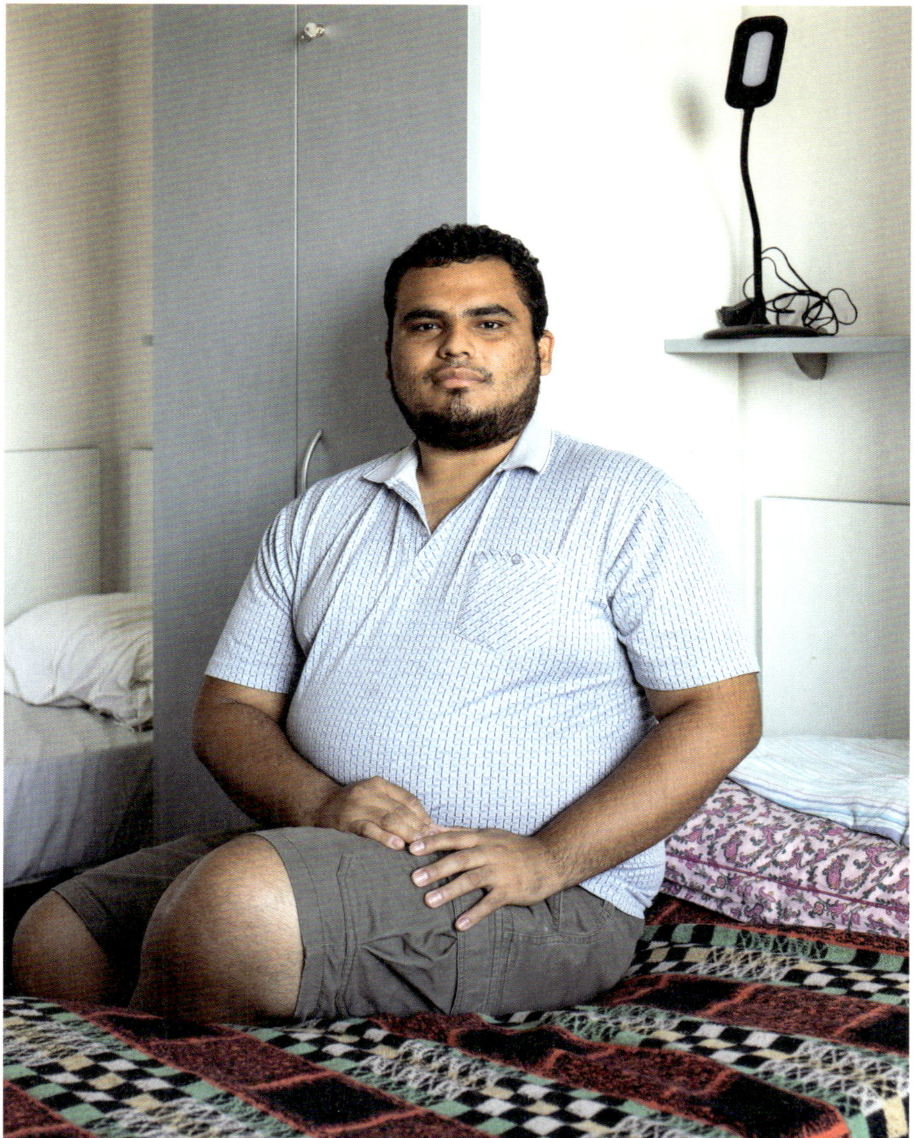

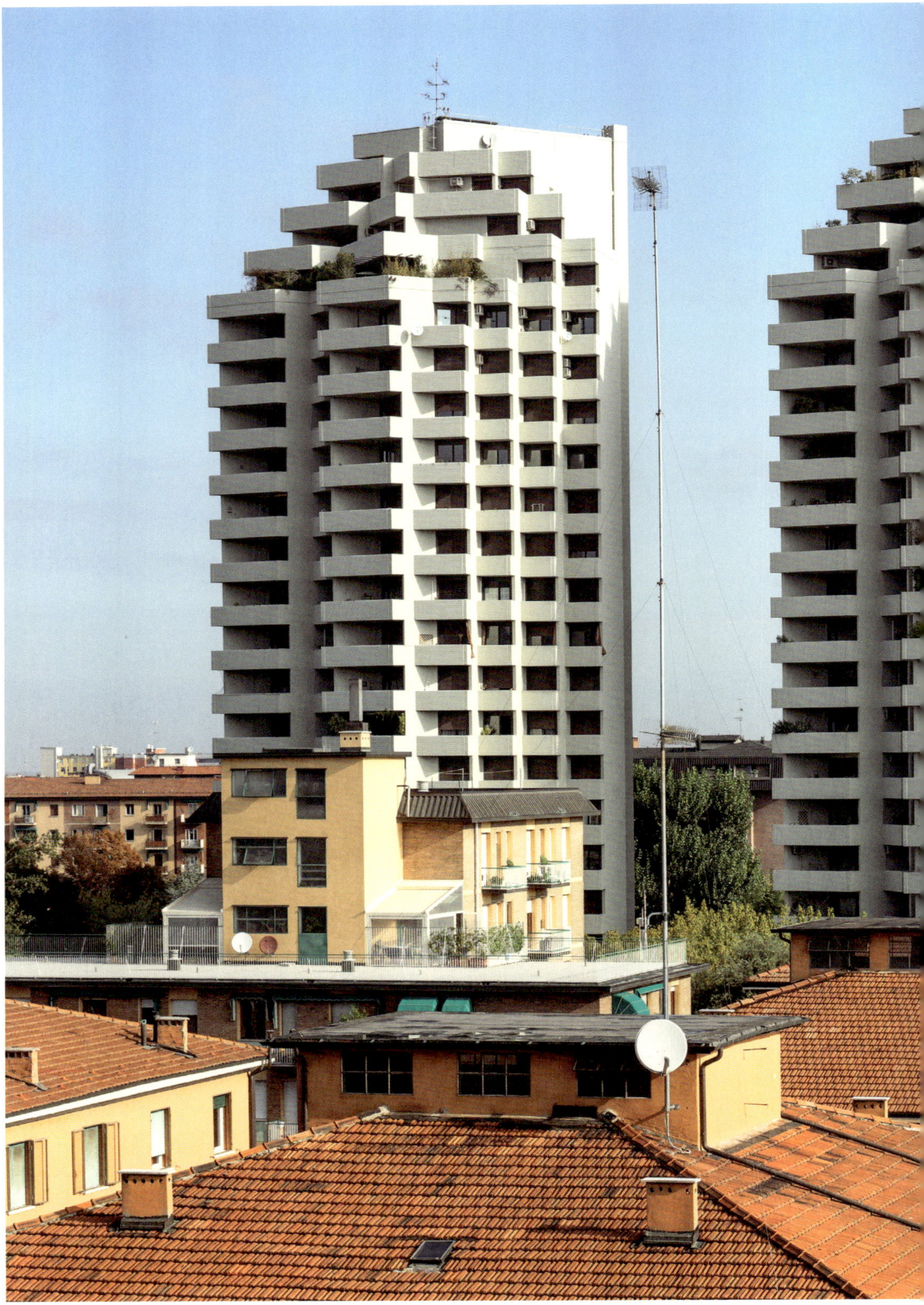

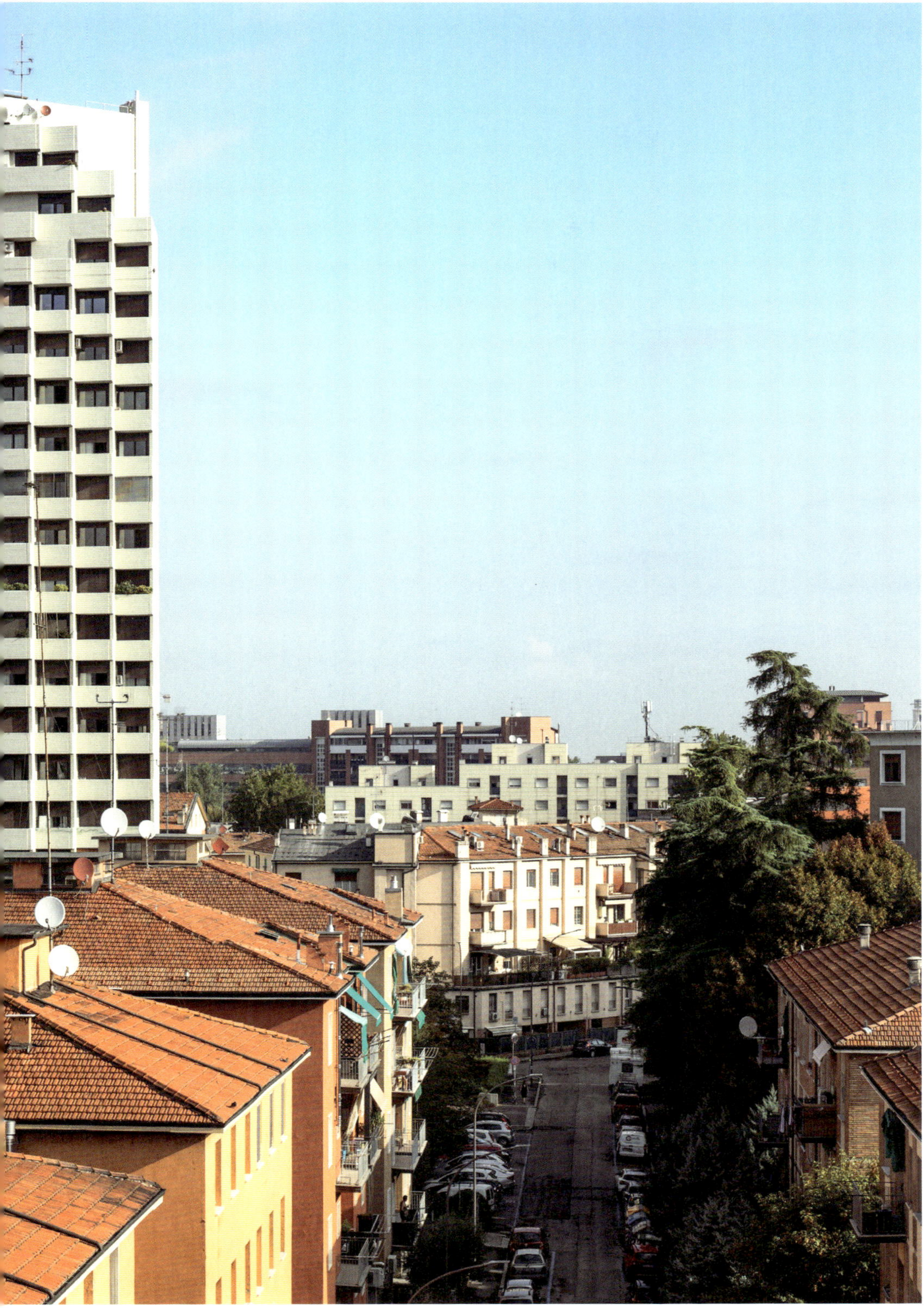

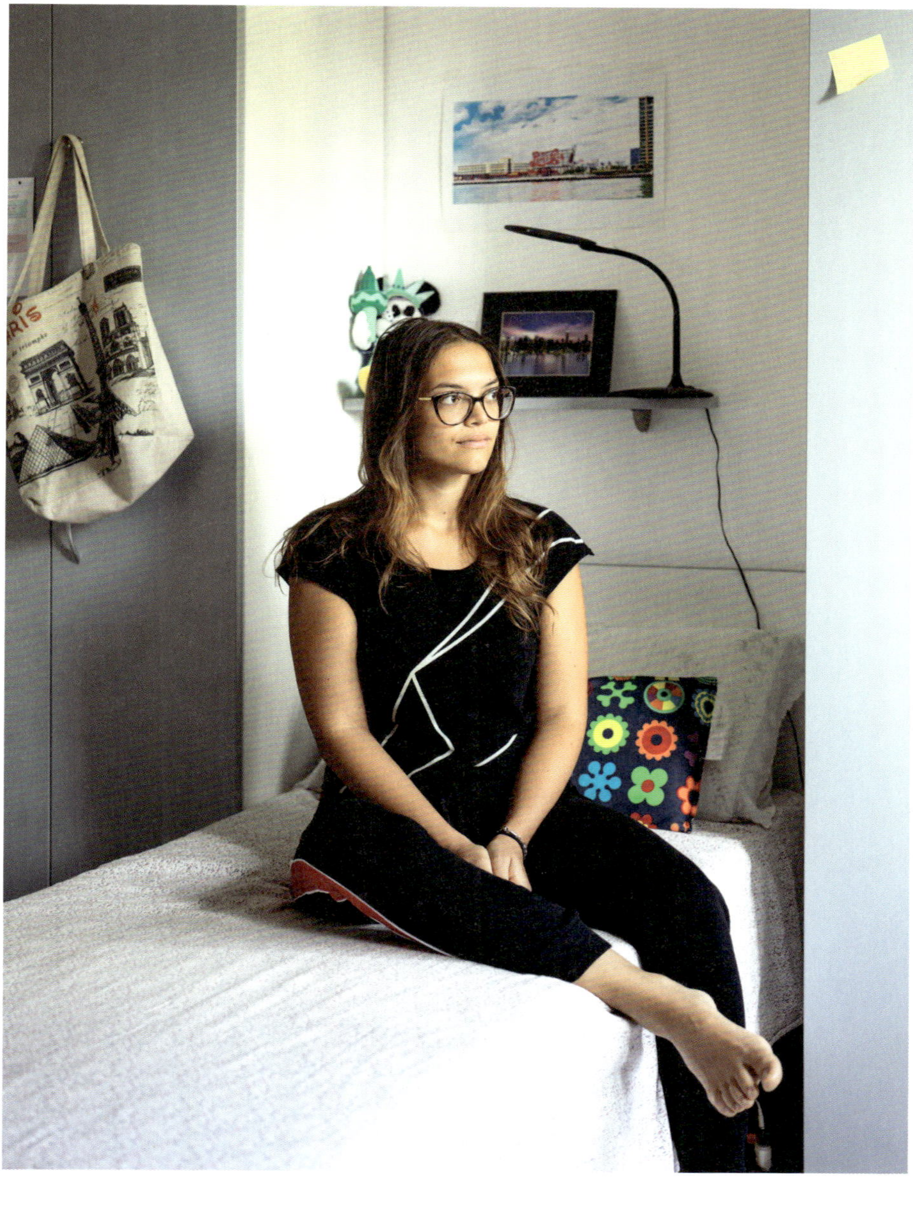

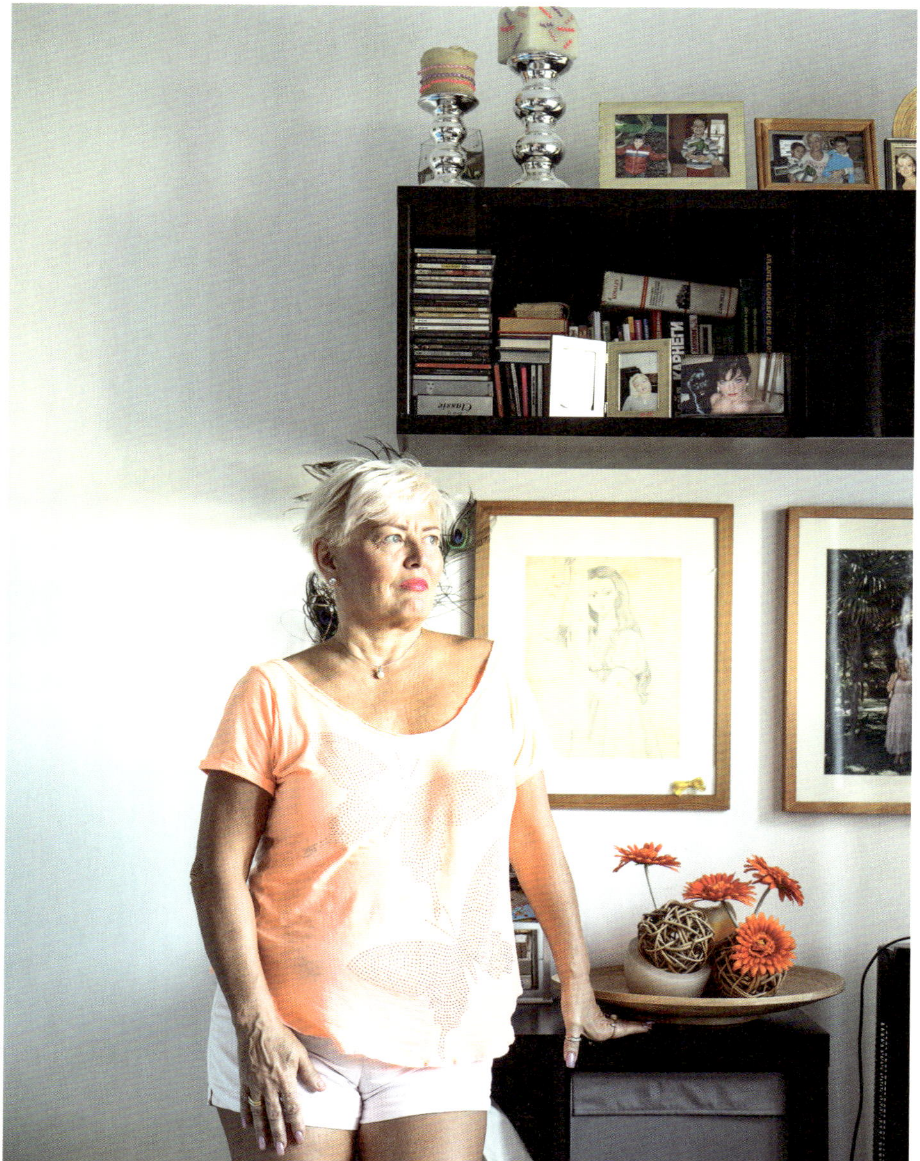
КАРНЕГИ

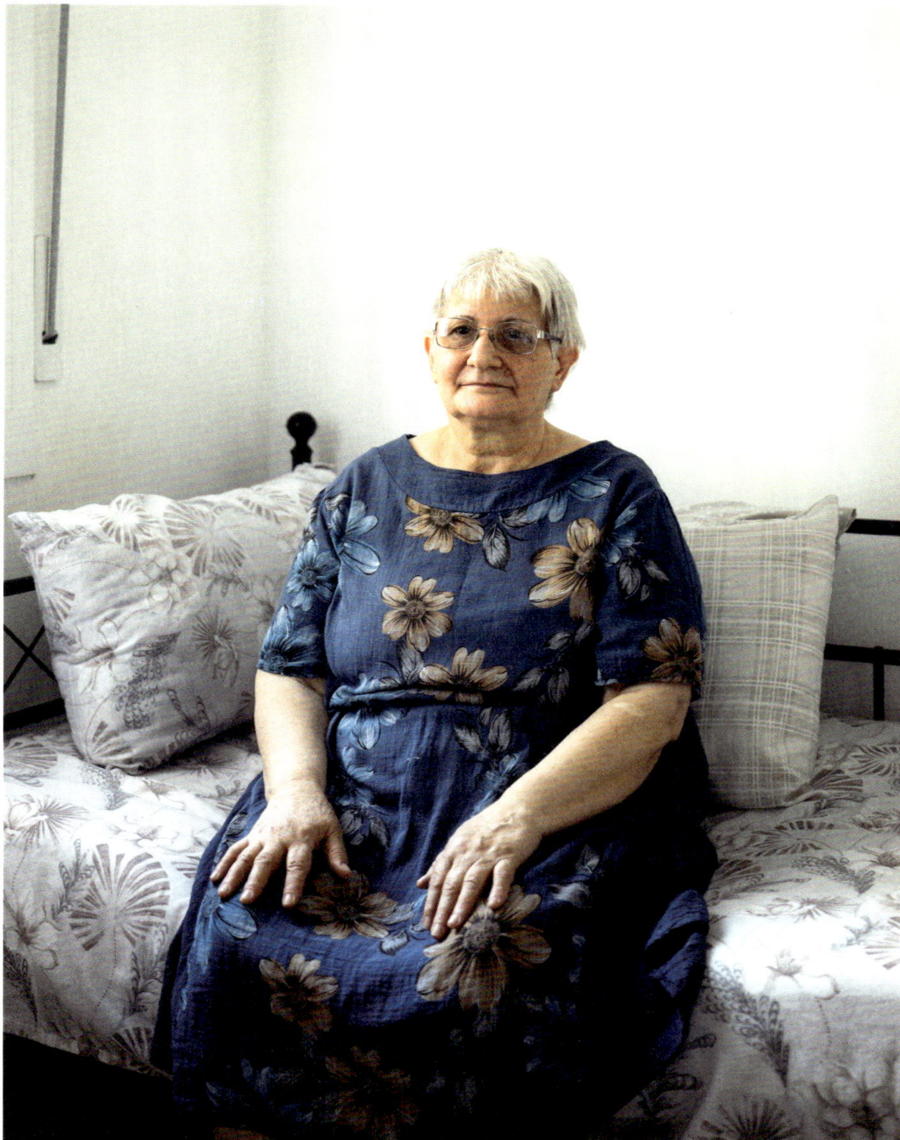

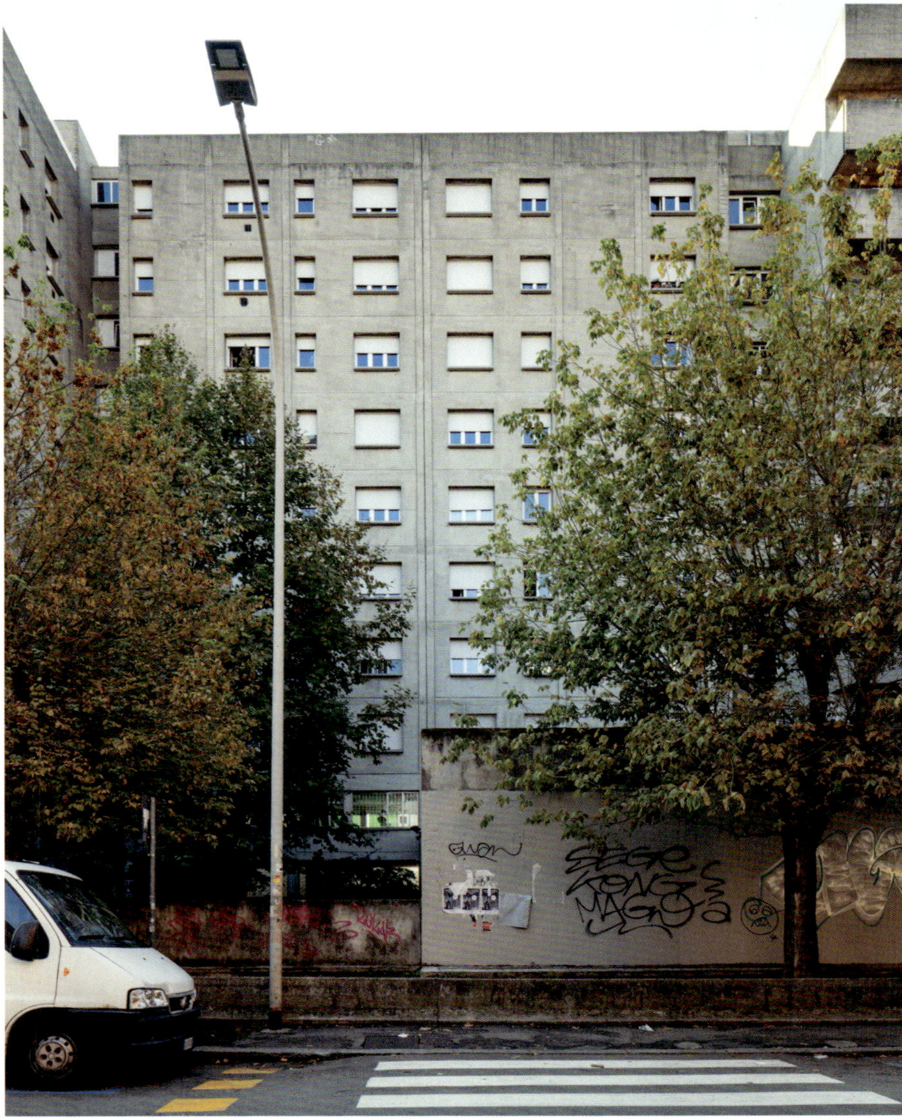

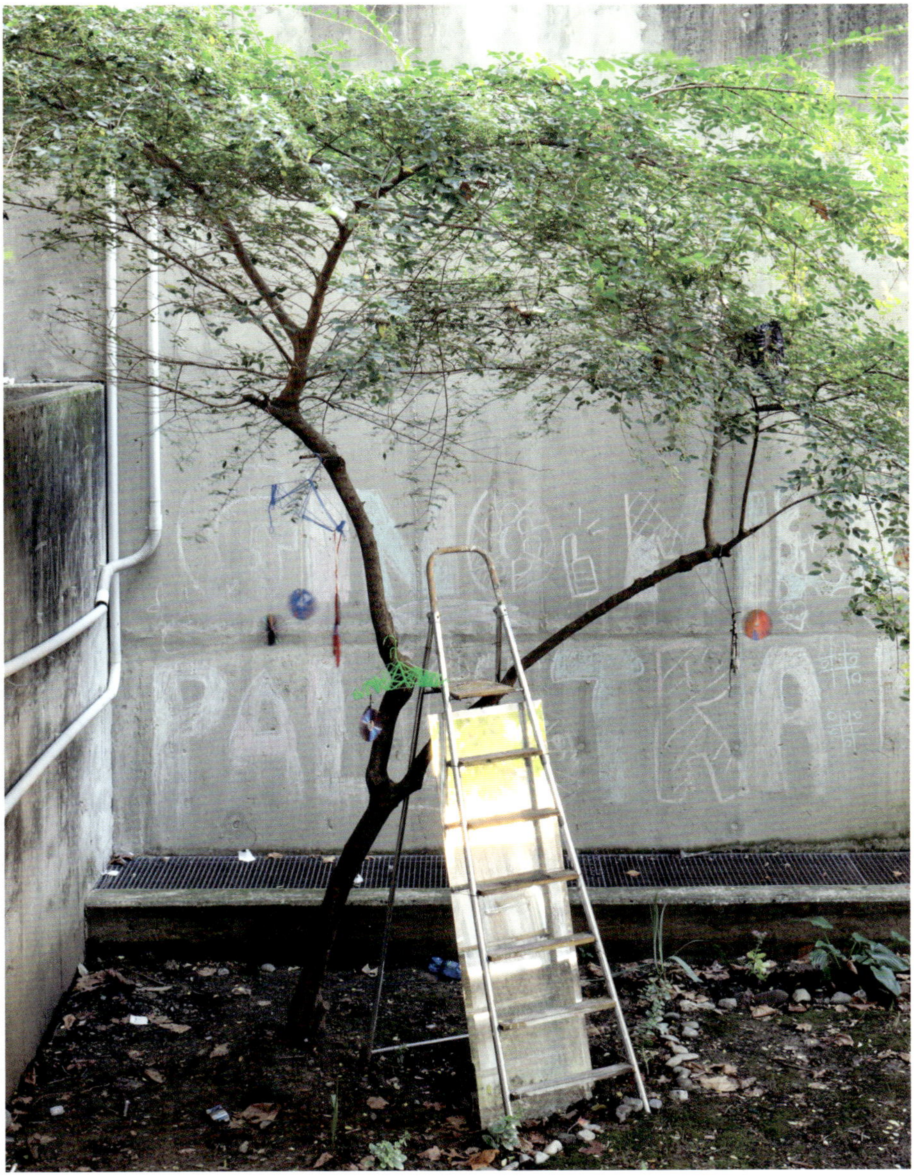

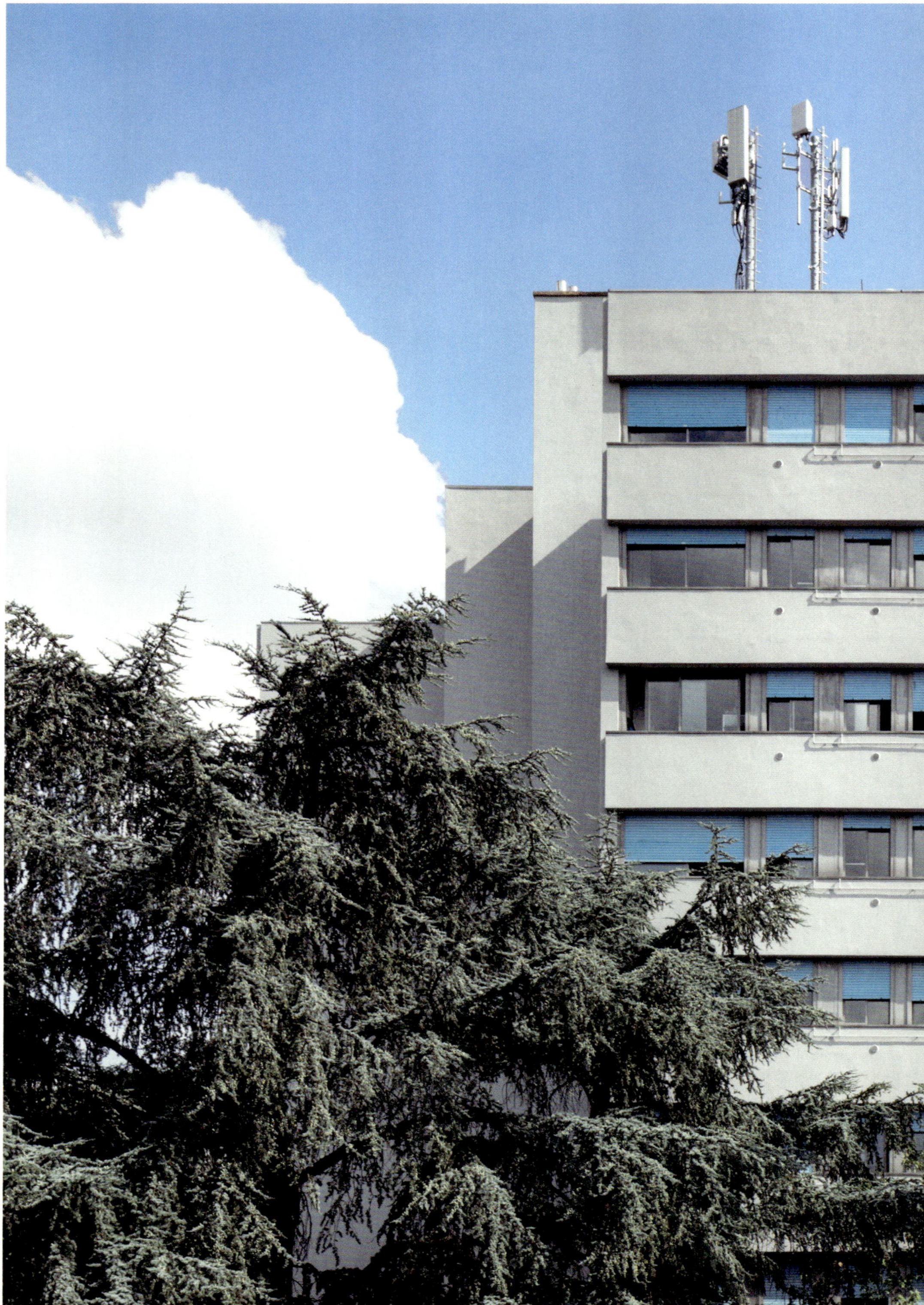

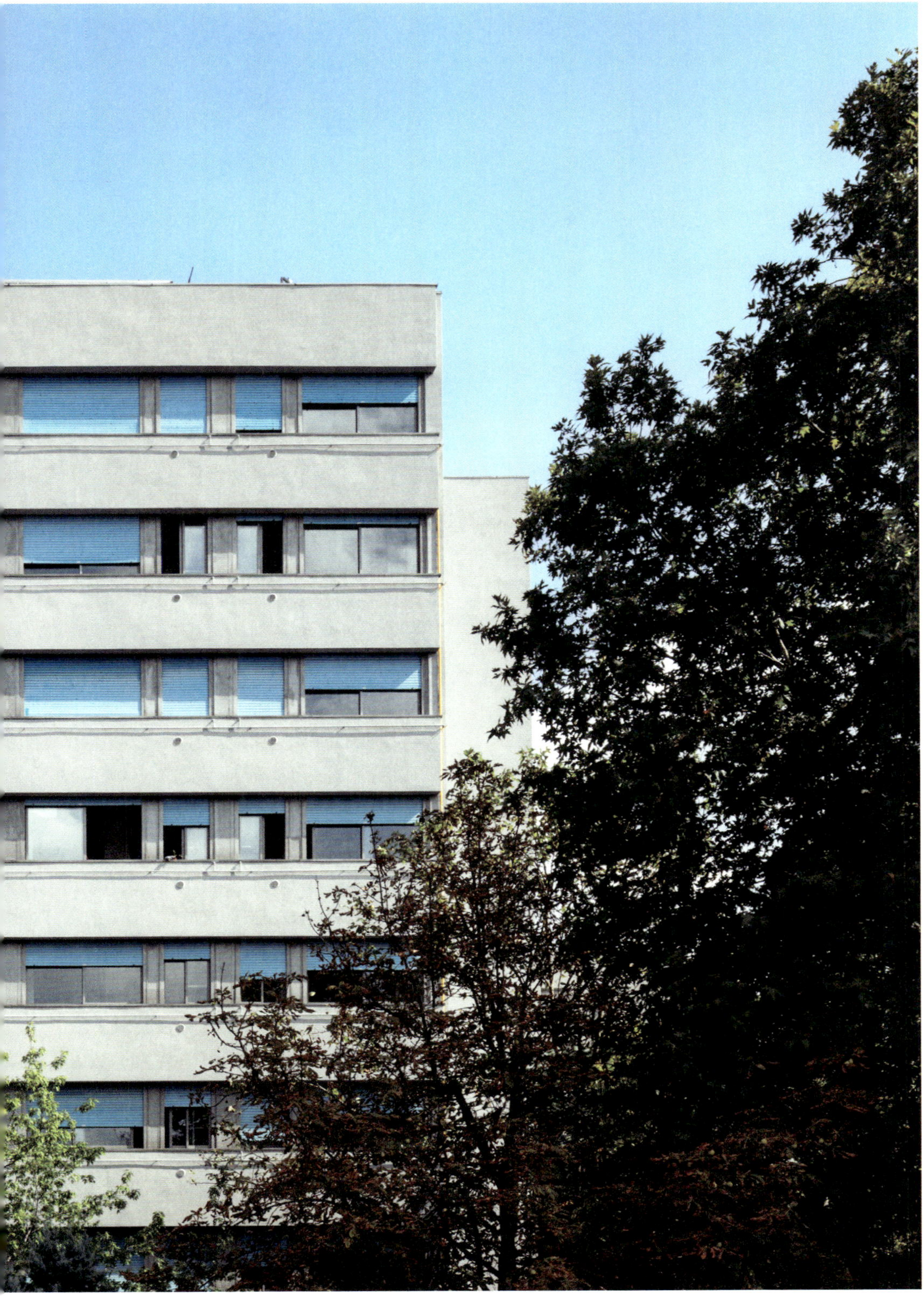

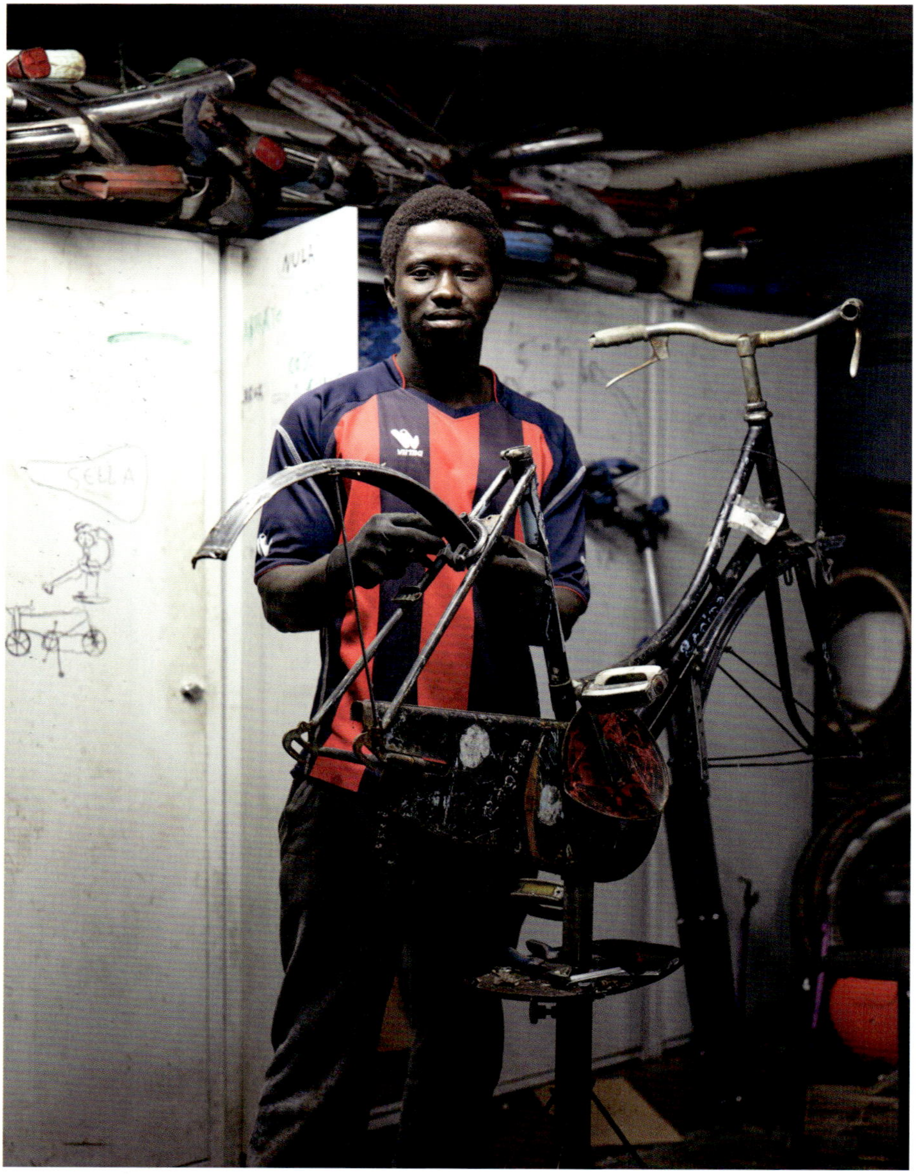

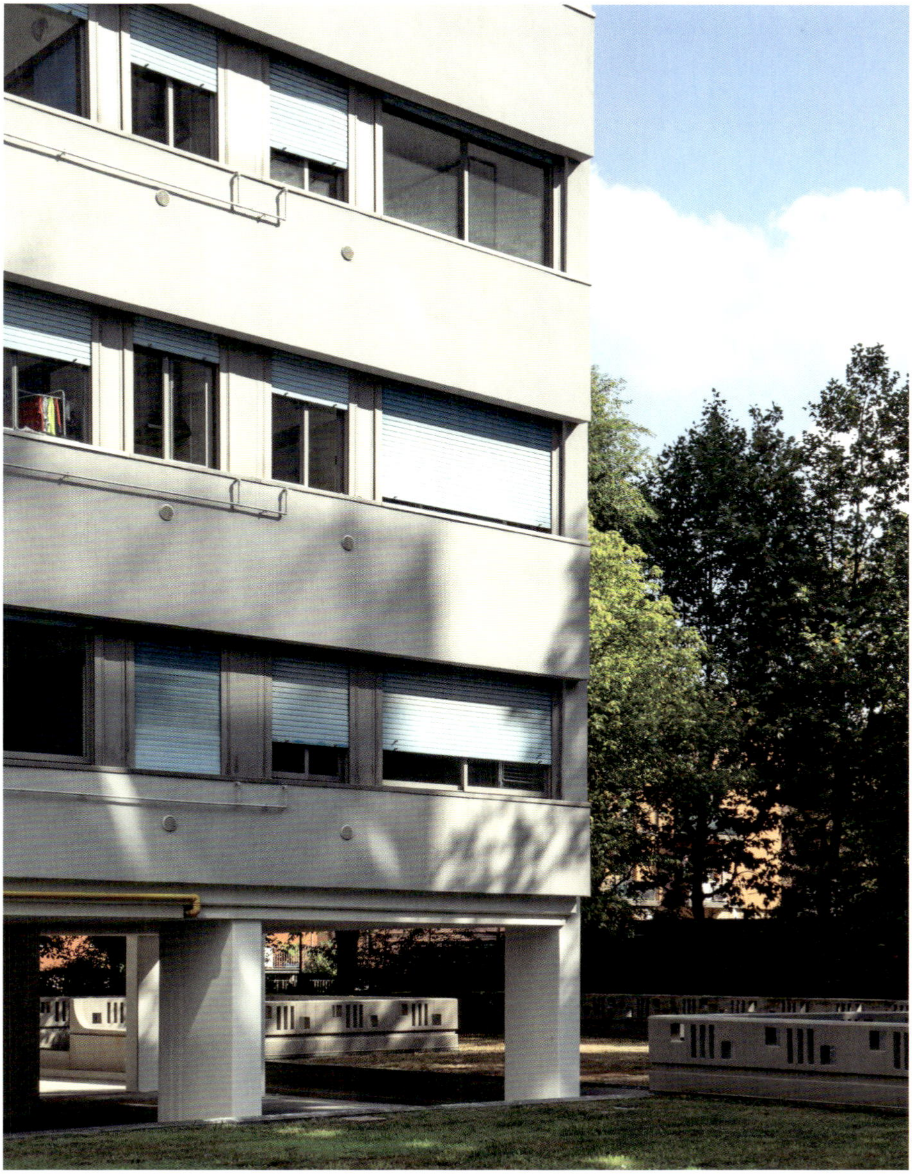

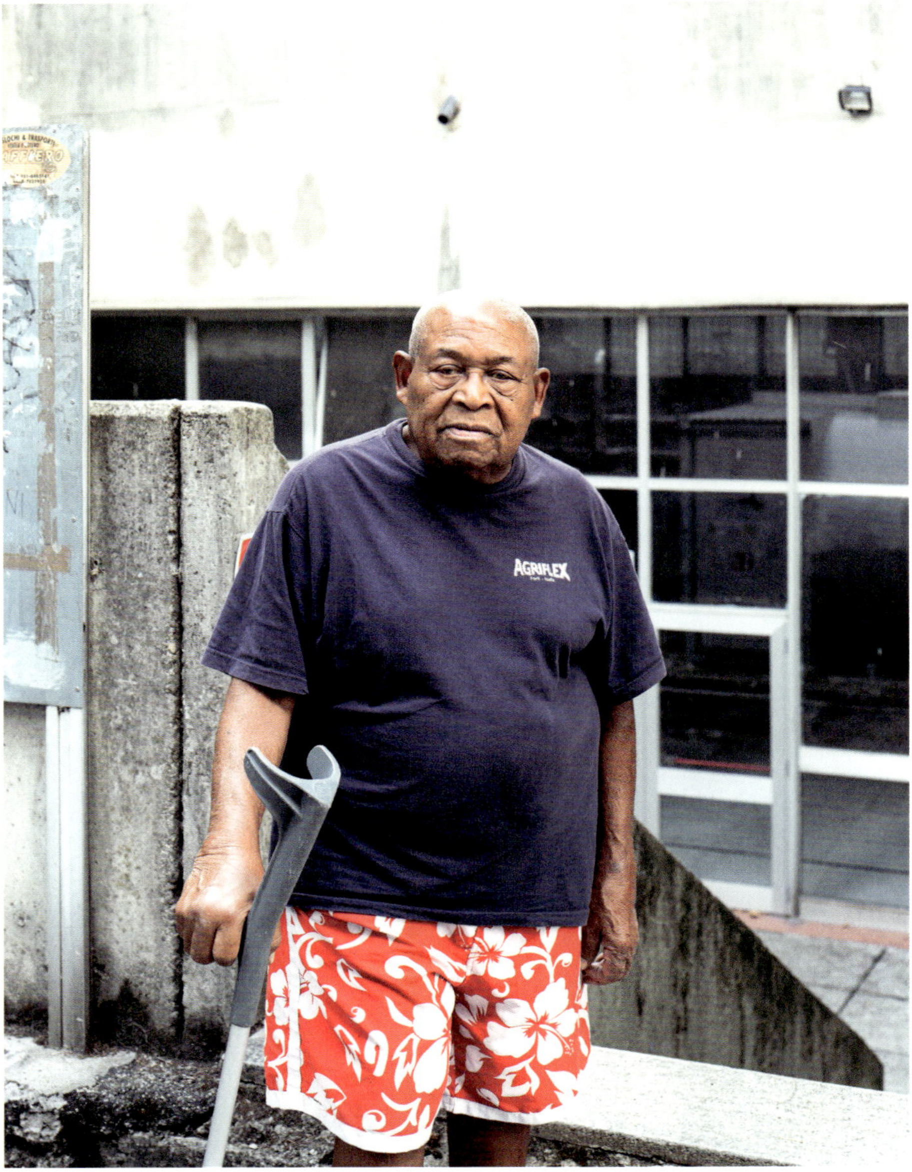
AGRIFLEX

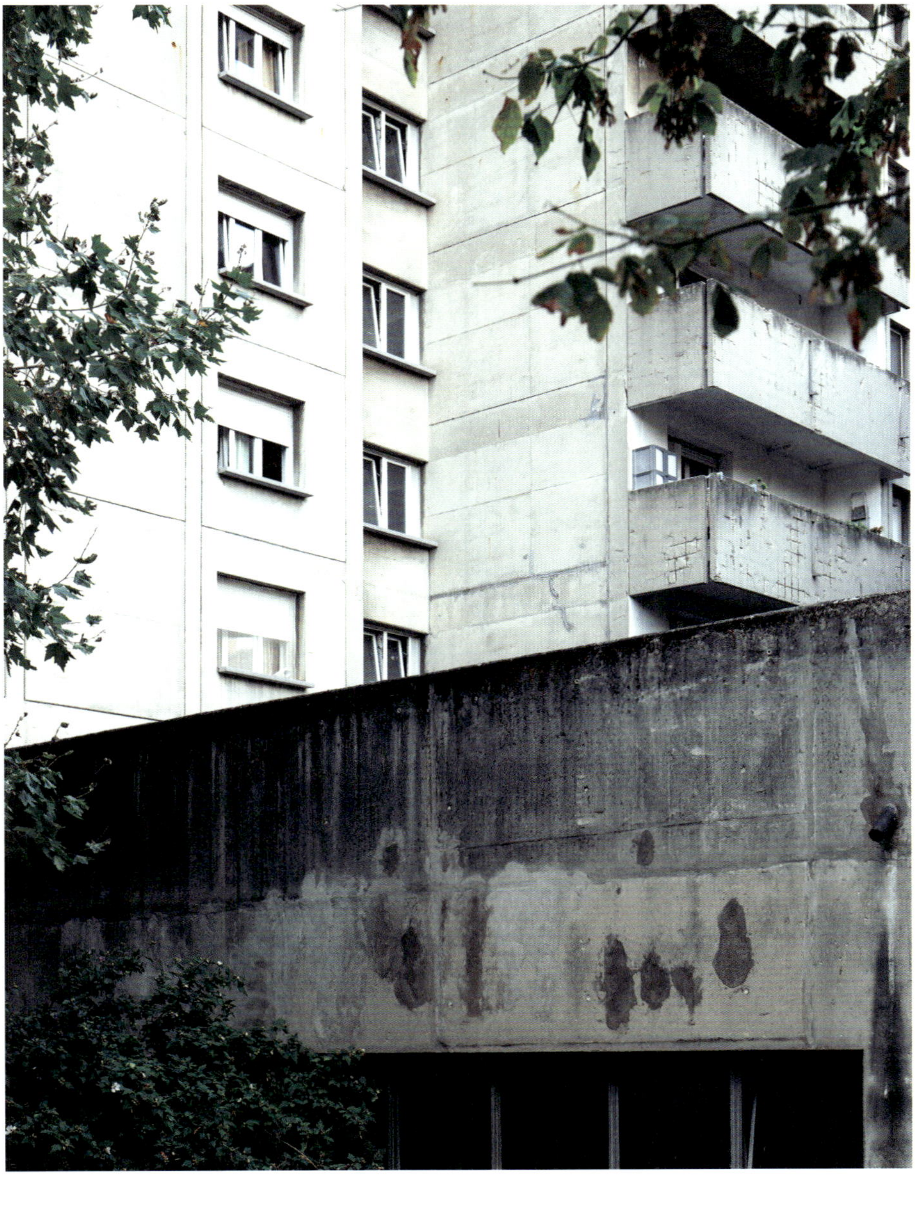

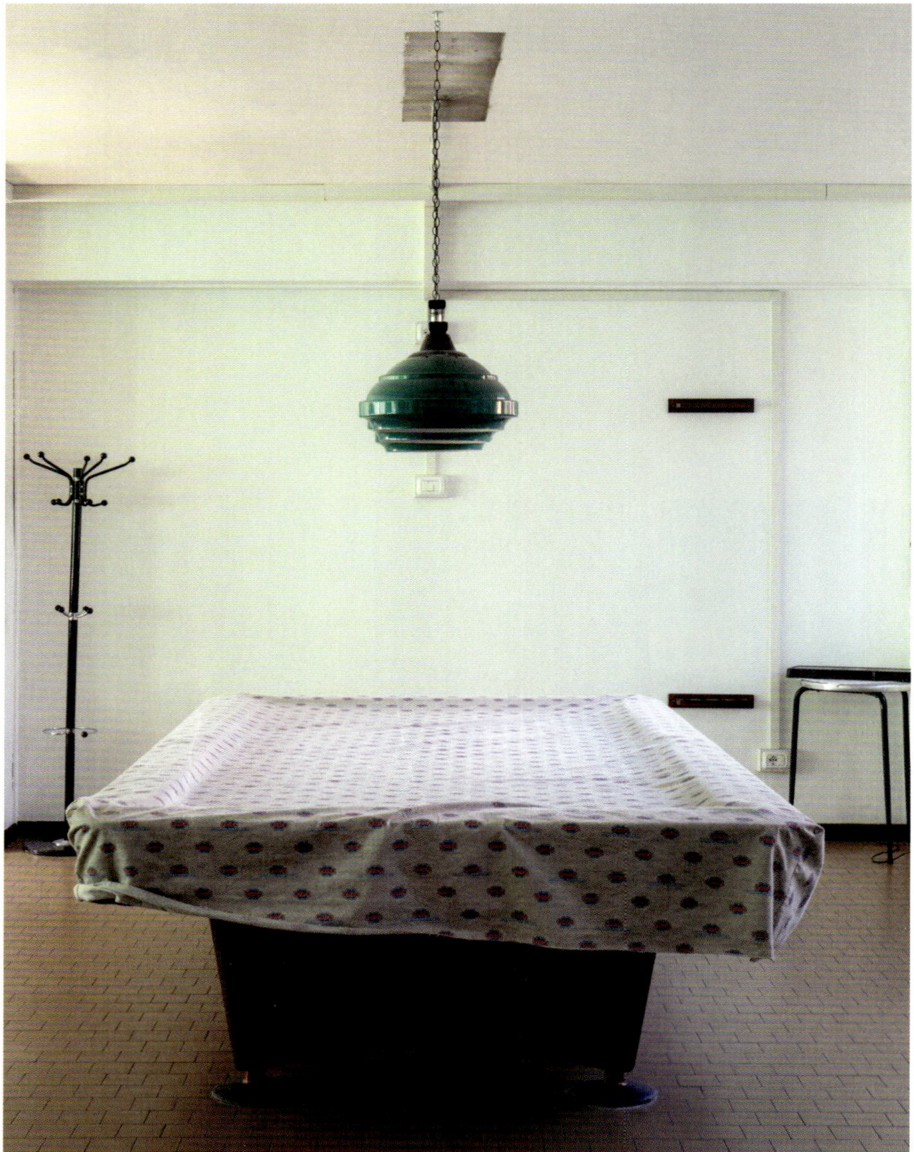

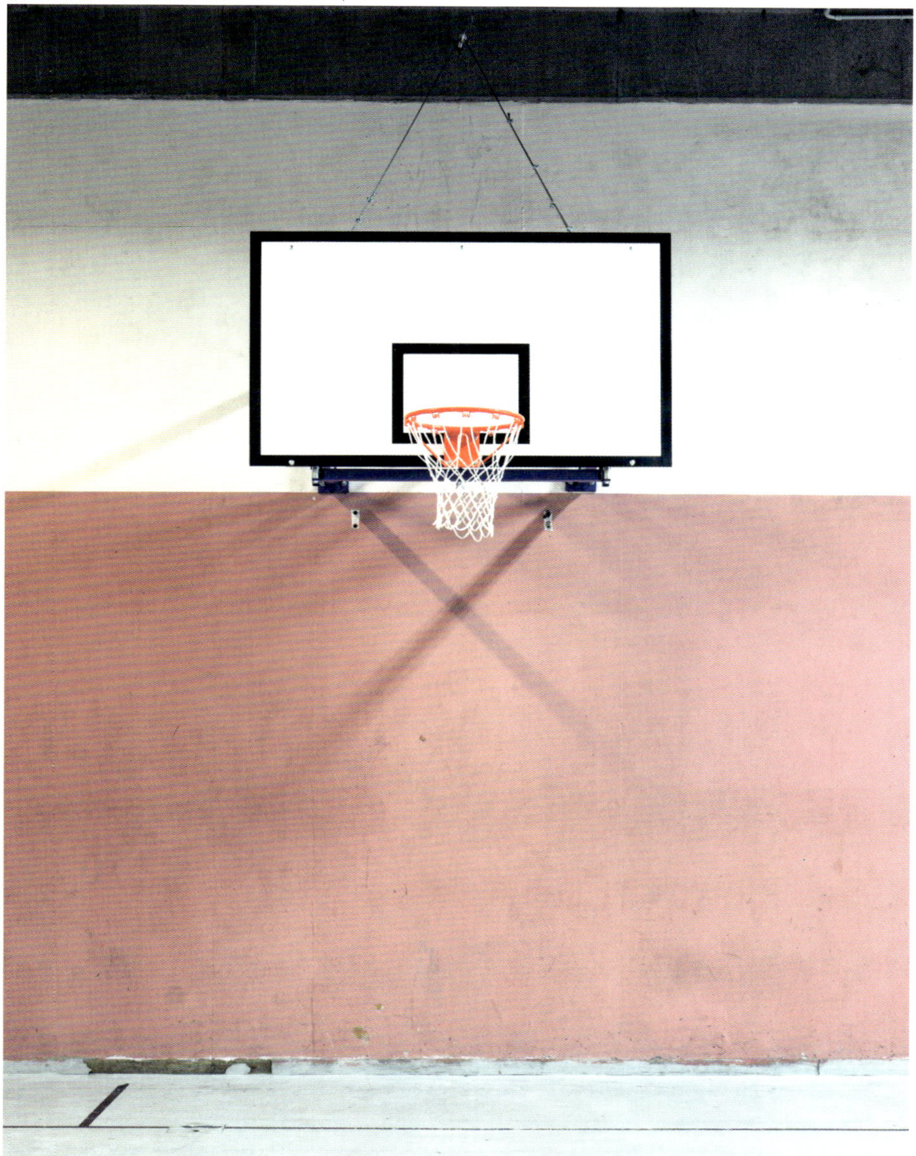

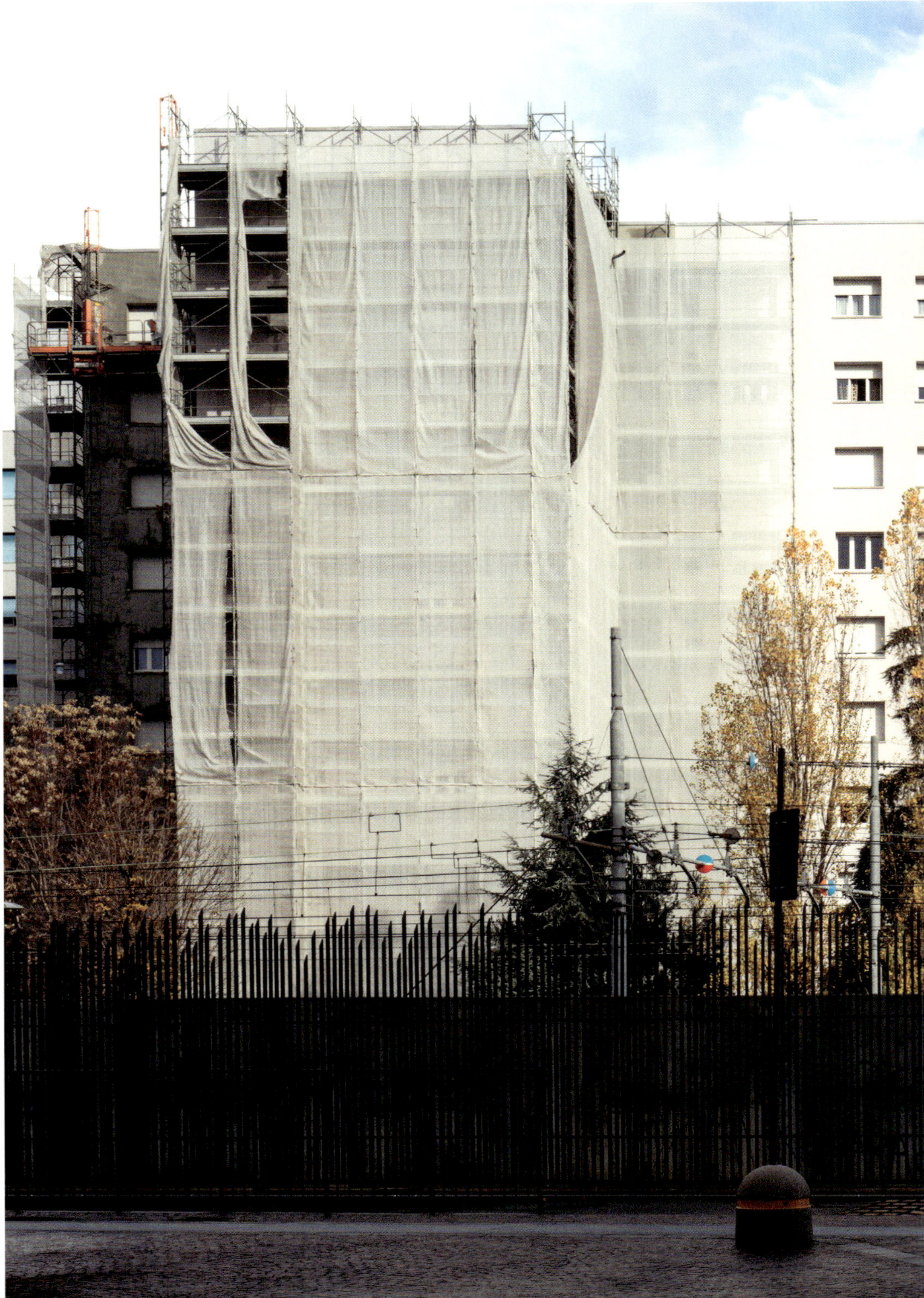

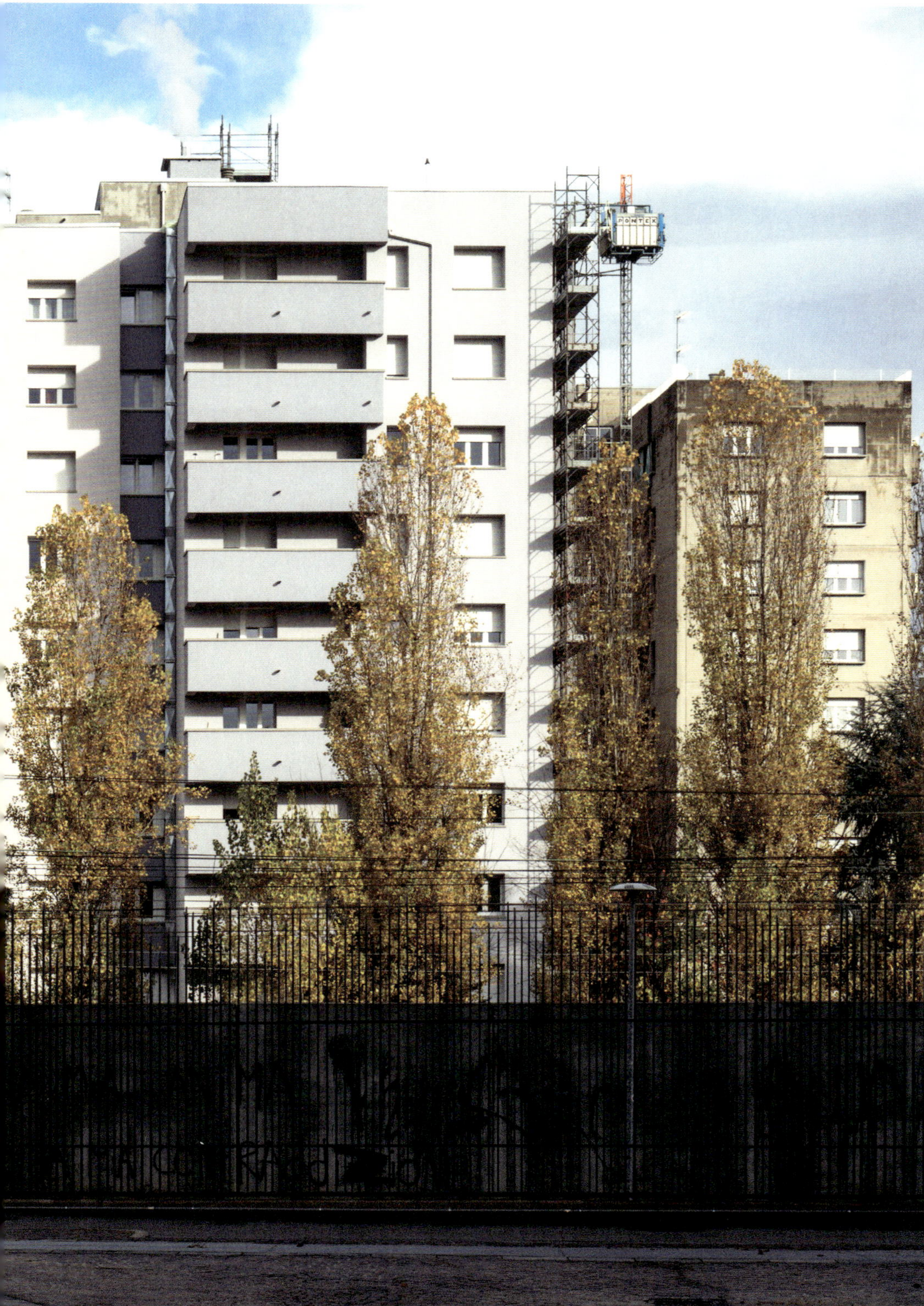

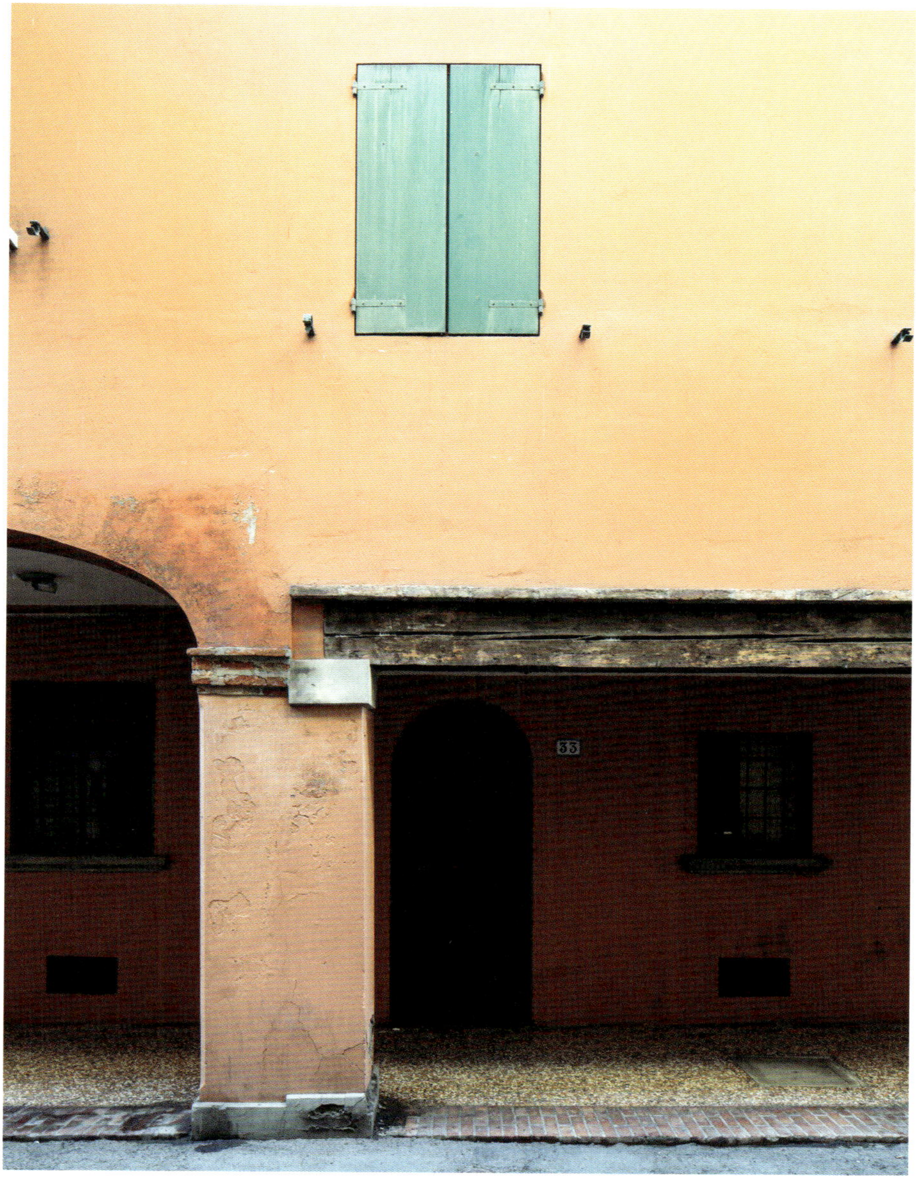

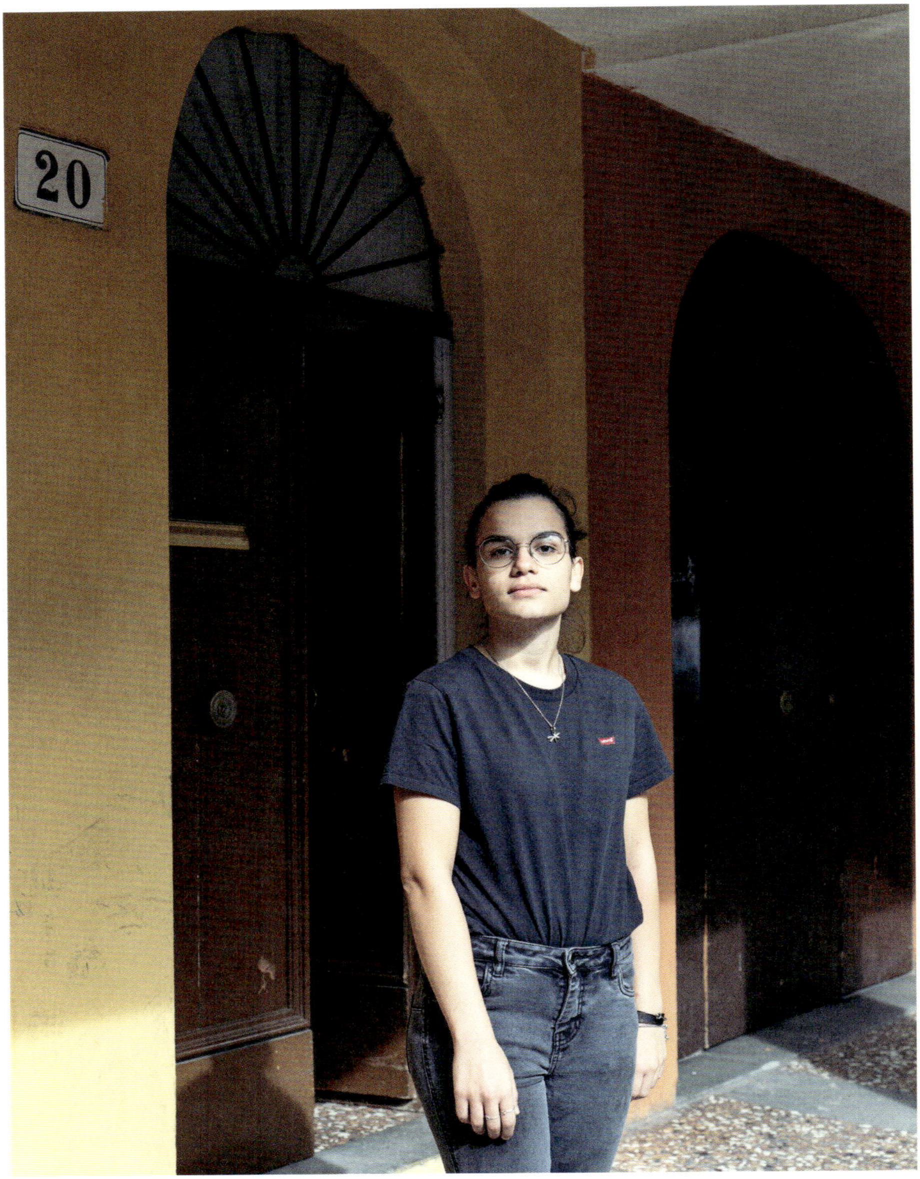
20

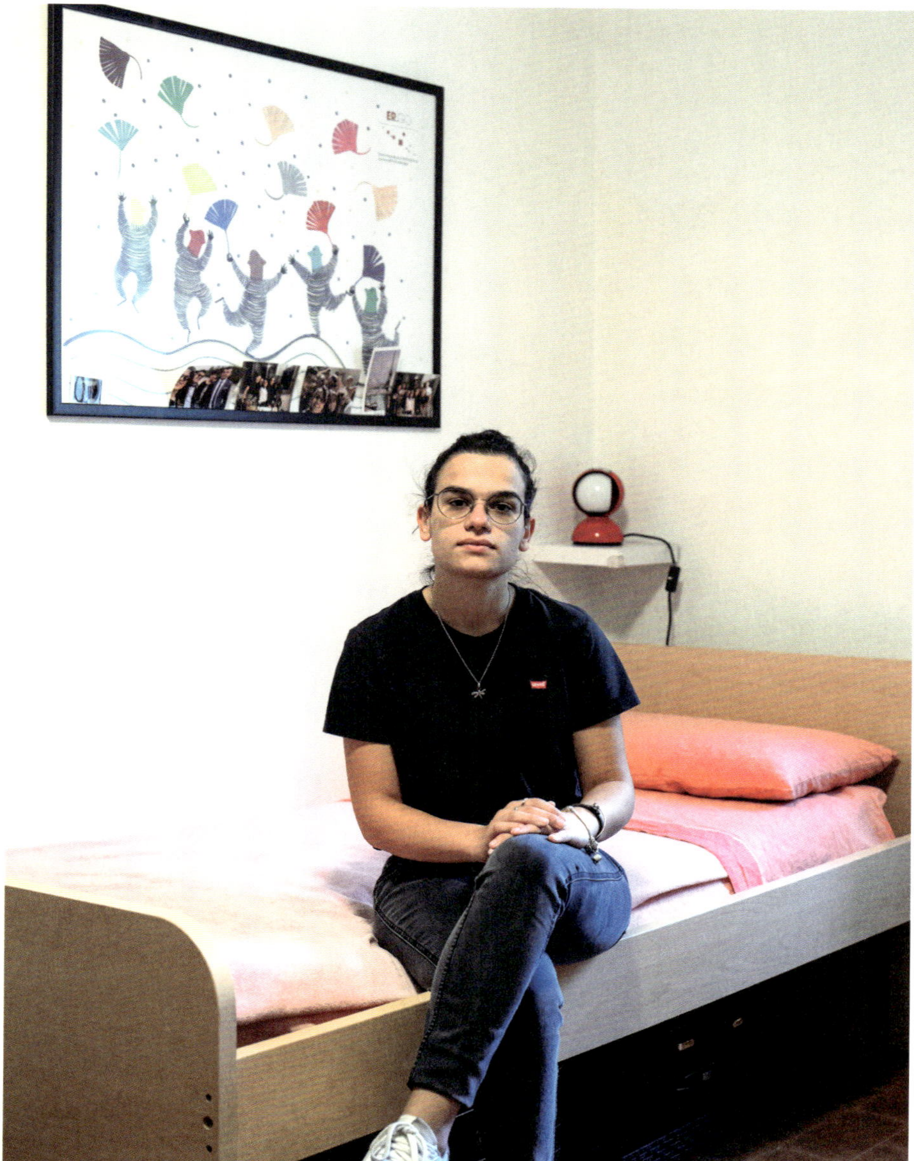

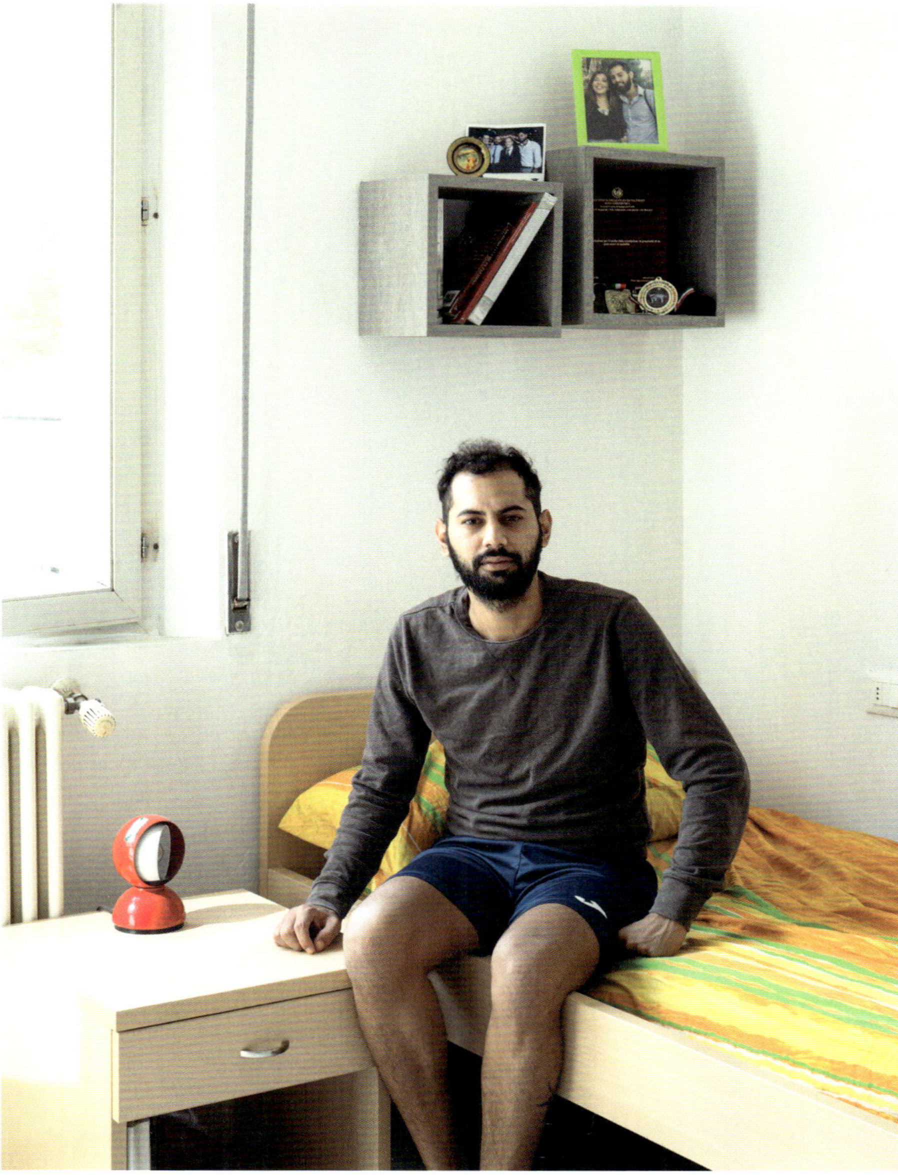

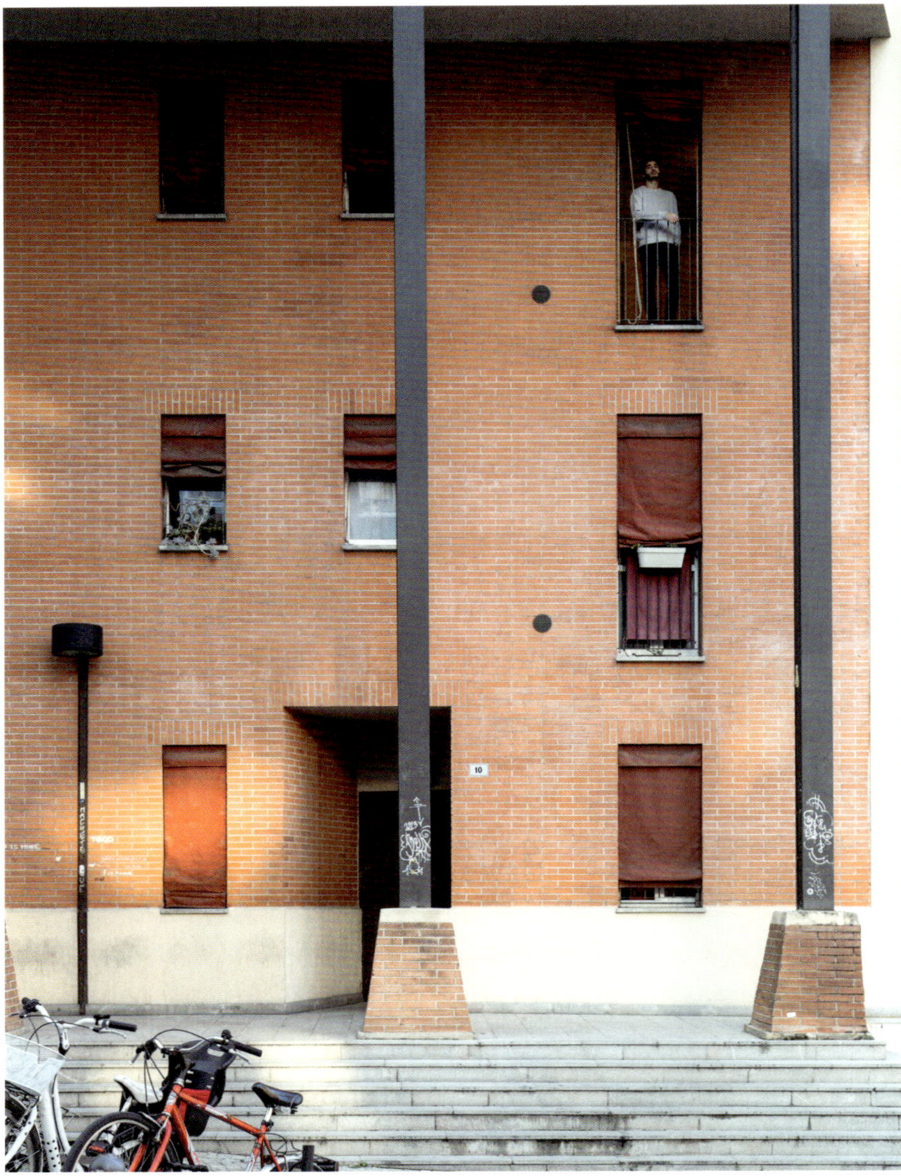

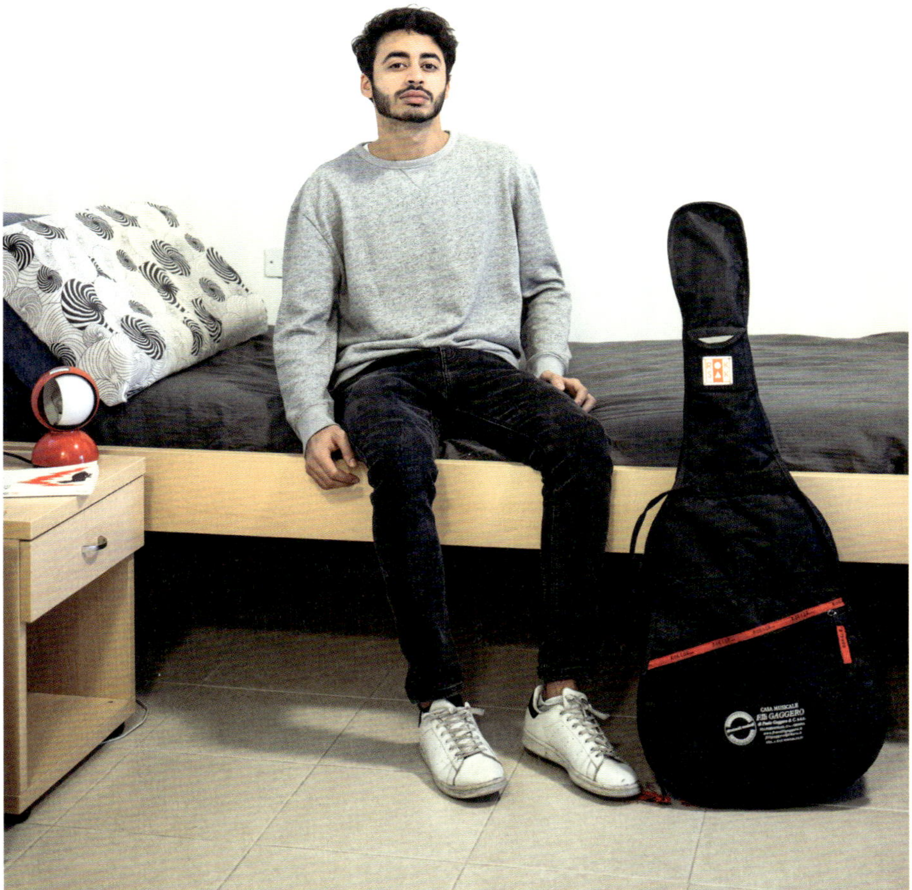
CASA MUSICALE

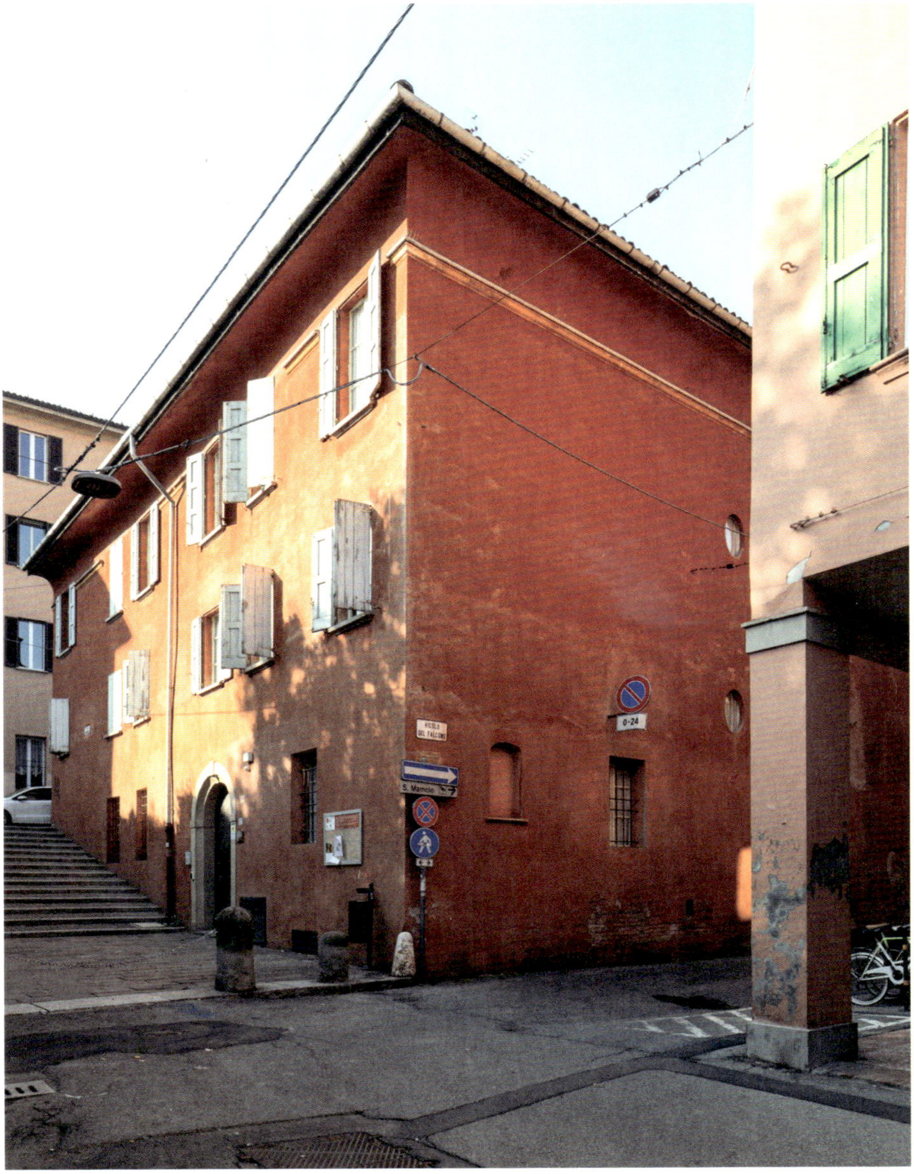
S. Mamolo
0-24

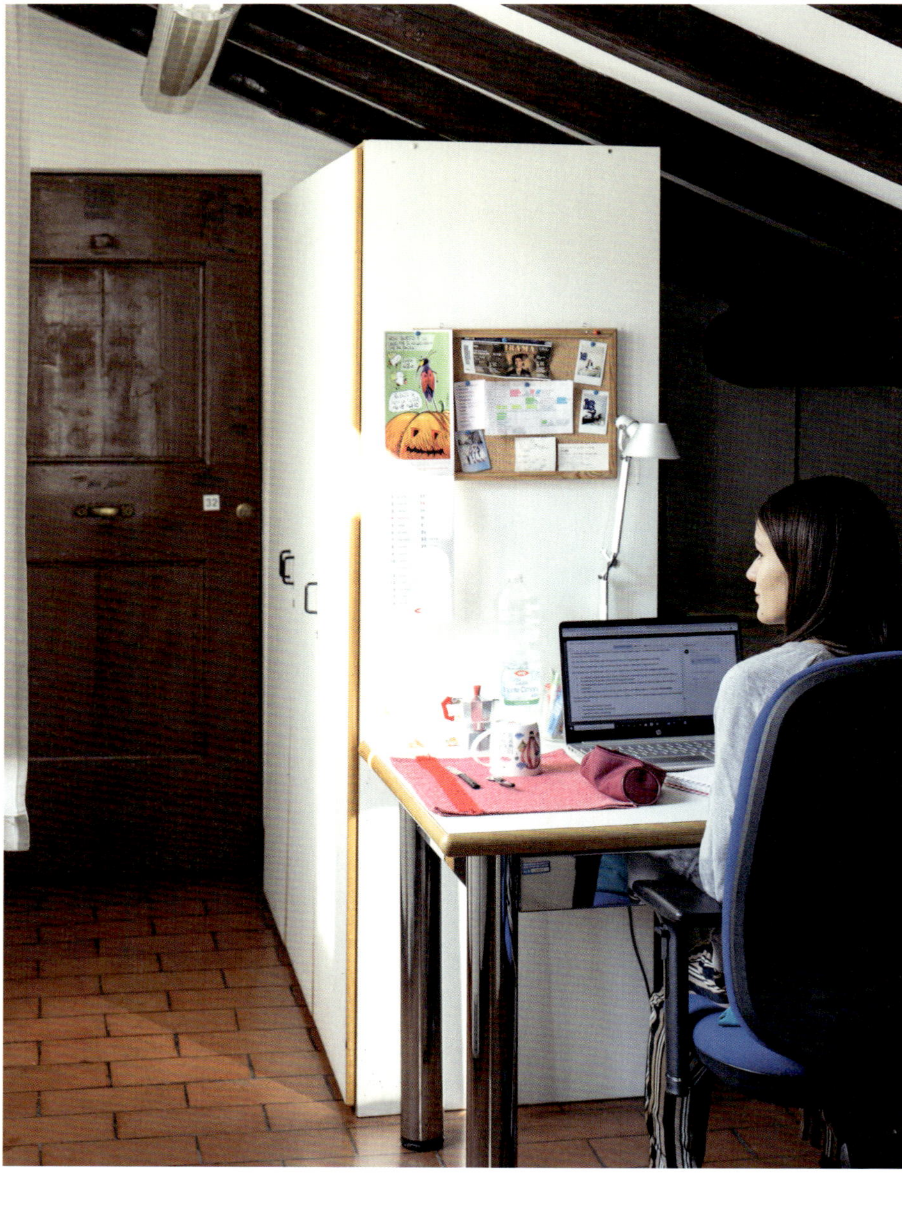

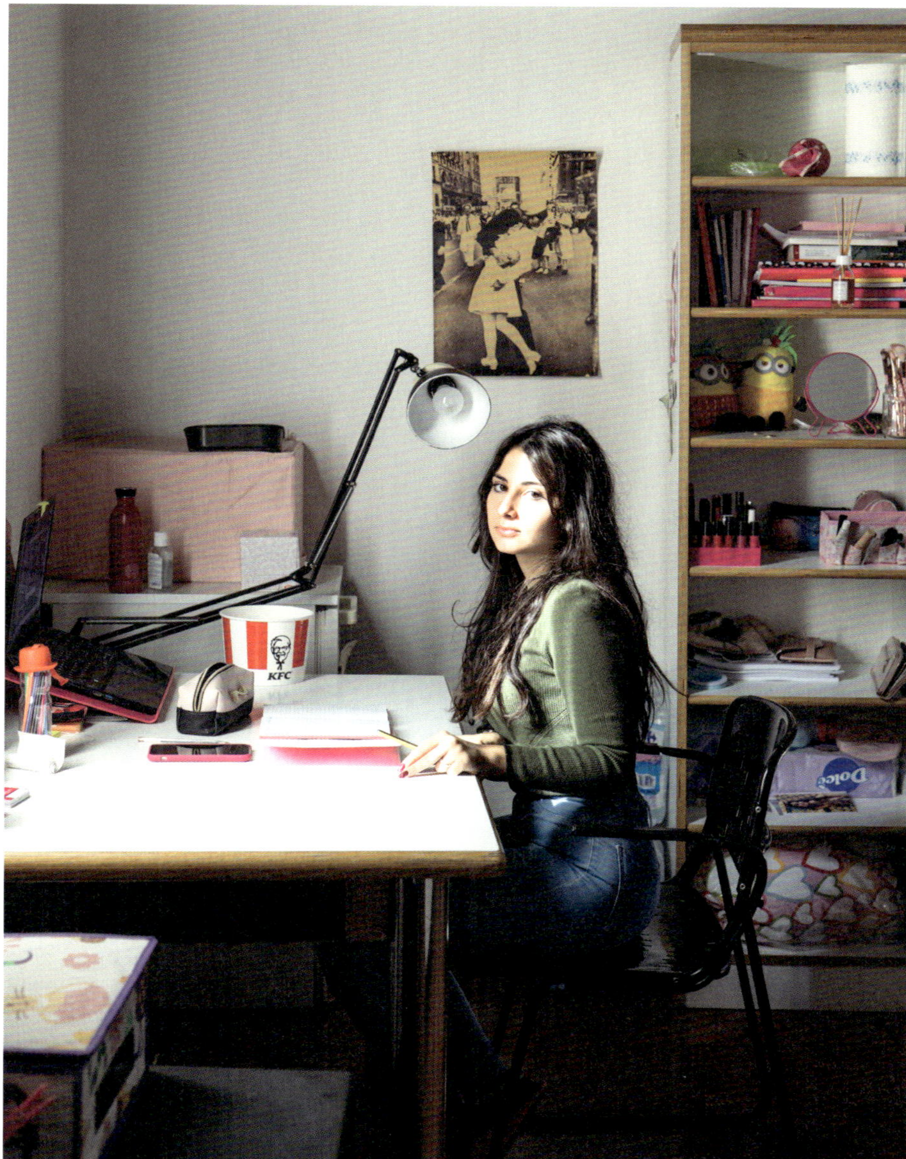
KFC
Dolce

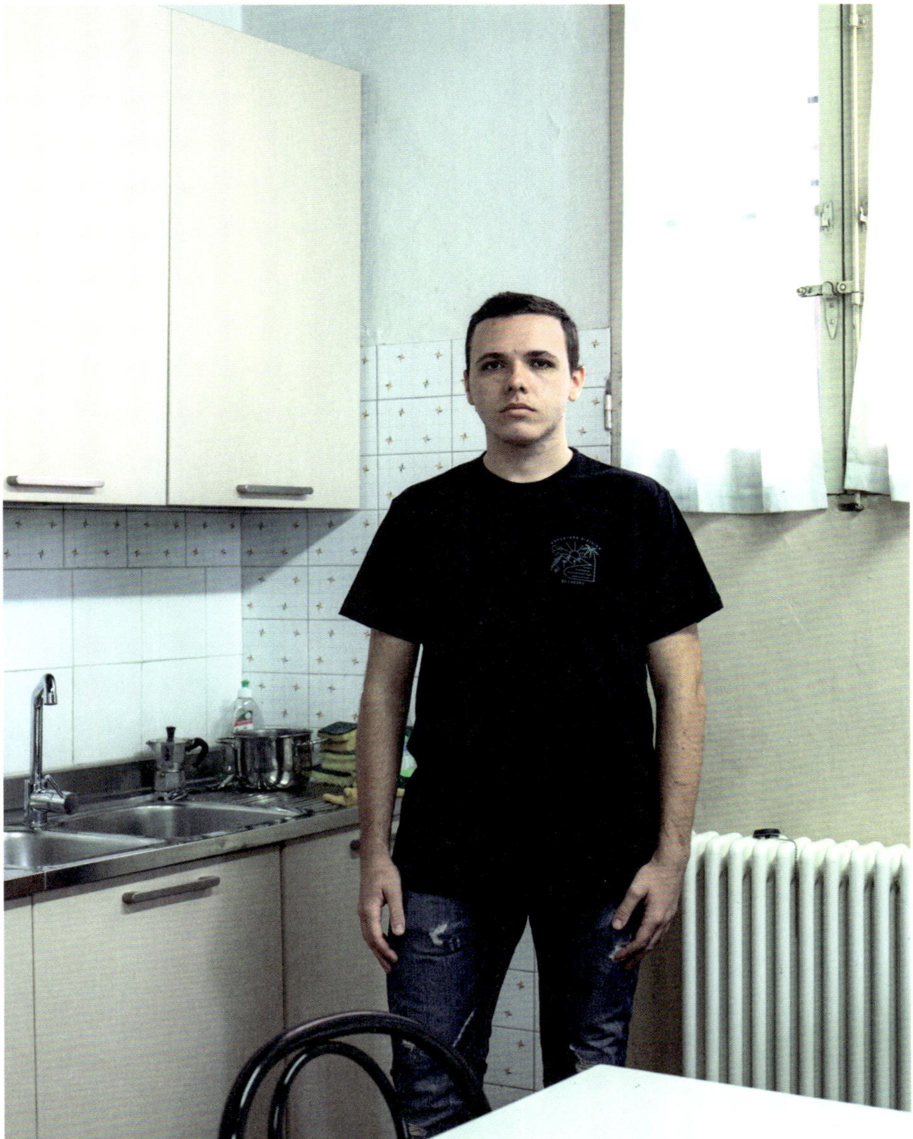

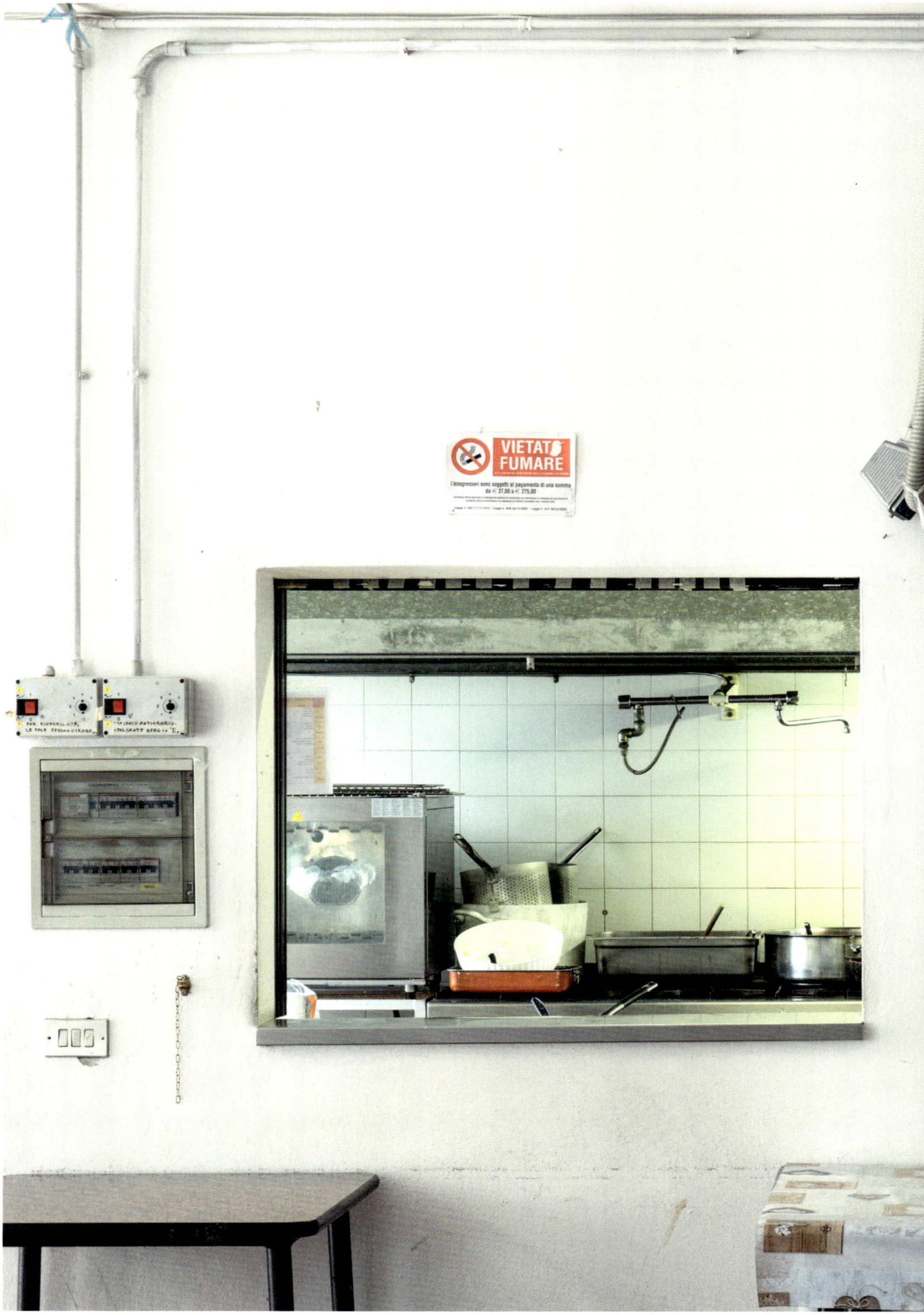
VIETATO
FUMARE
I trasgressori sono soggetti al pagamento di una somma
da € 27,50 a € 275,00

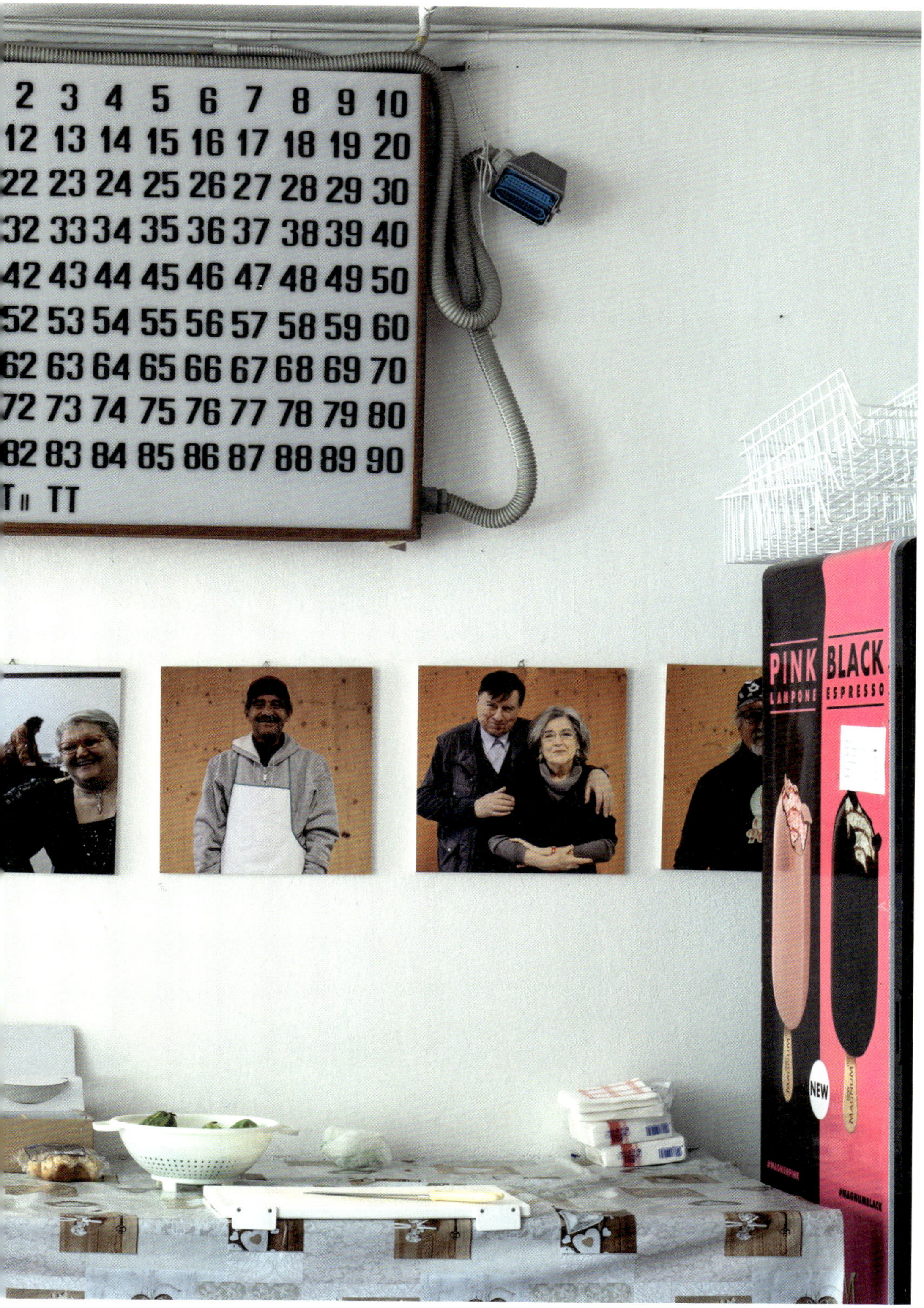
2 3 4 5 6 7 8 9 10
12 13 14 15 16 17 18 19 20
22 23 24 25 26 27 28 29 30
32 33 34 35 36 37 38 39 40
42 43 44 45 46 47 48 49 50
52 53 54 55 56 57 58 59 60
62 63 64 65 66 67 68 69 70
72 73 74 75 76 77 78 79 80
82 83 84 85 86 87 88 89 90
PINK
LAMPONE
BLACK
ESPRESSO
NEW

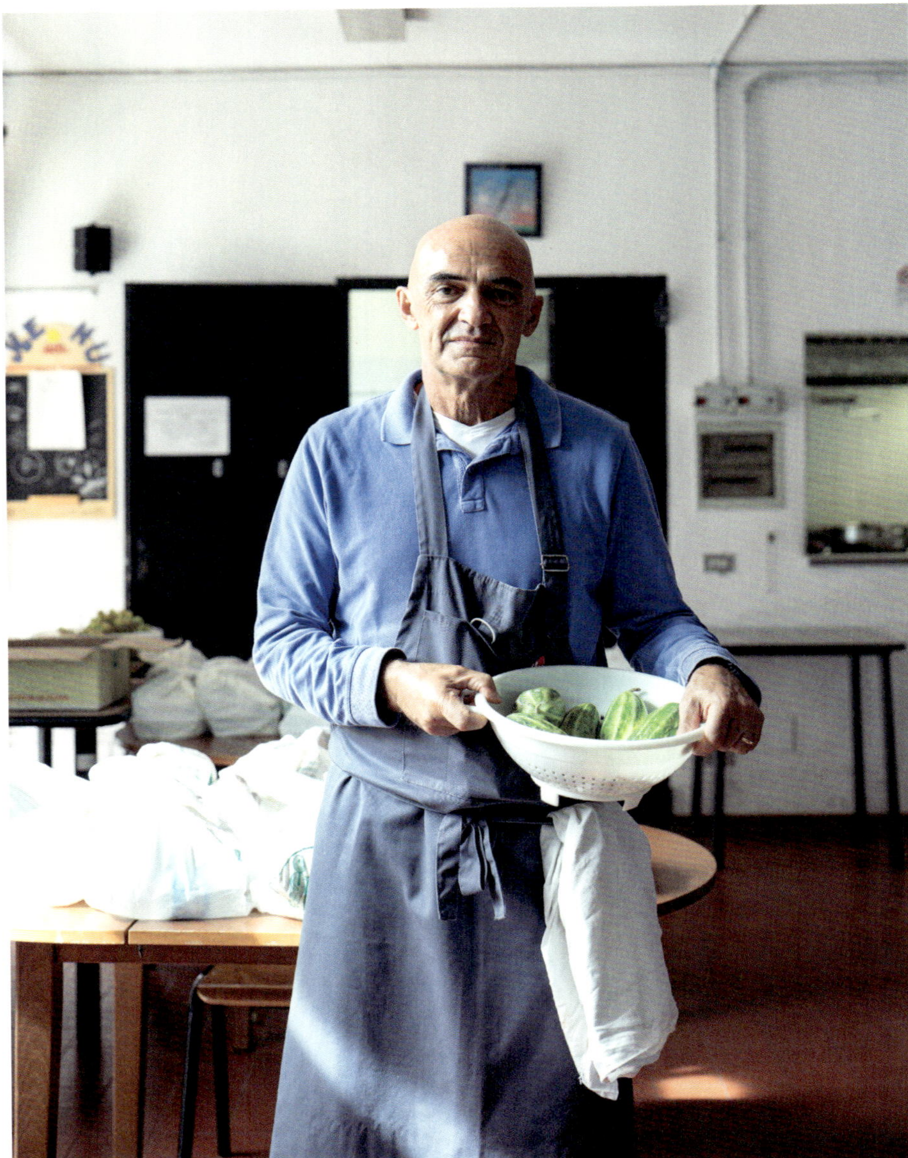

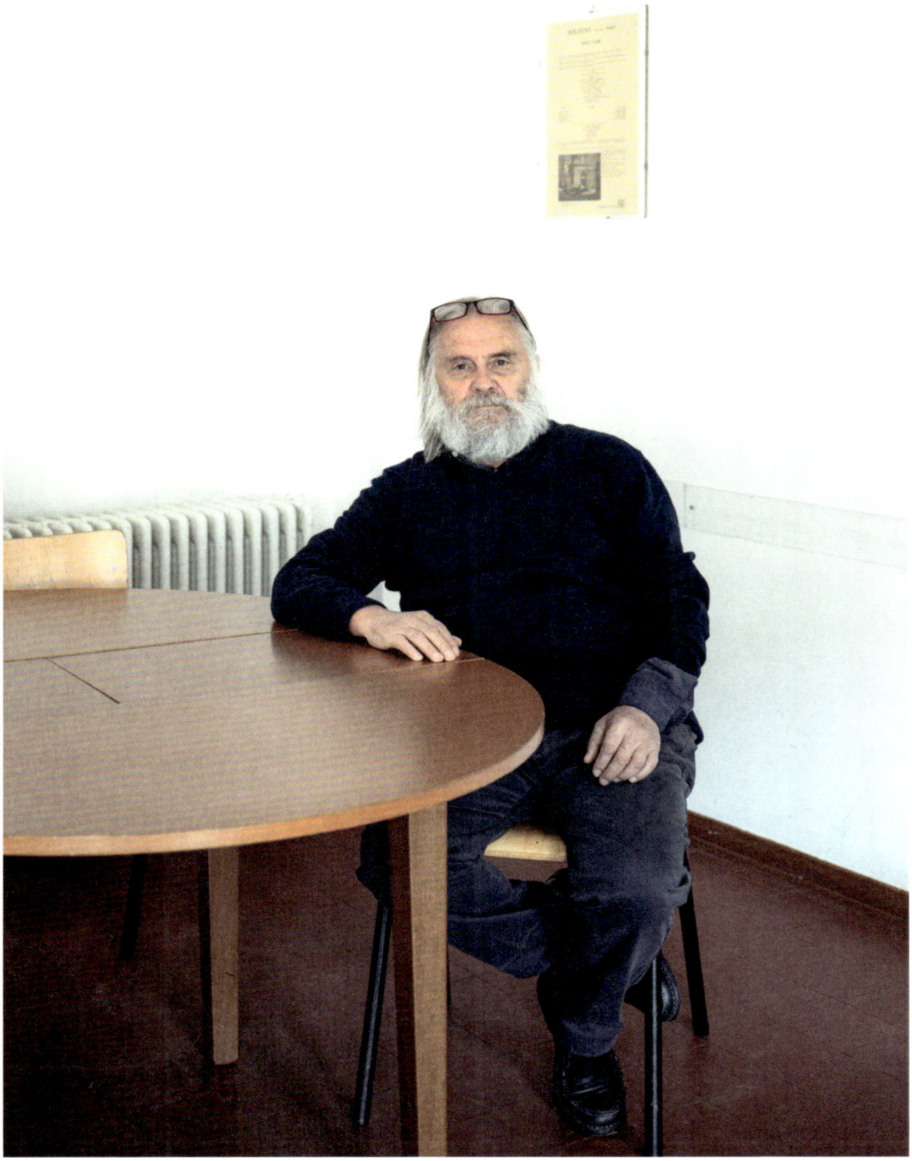

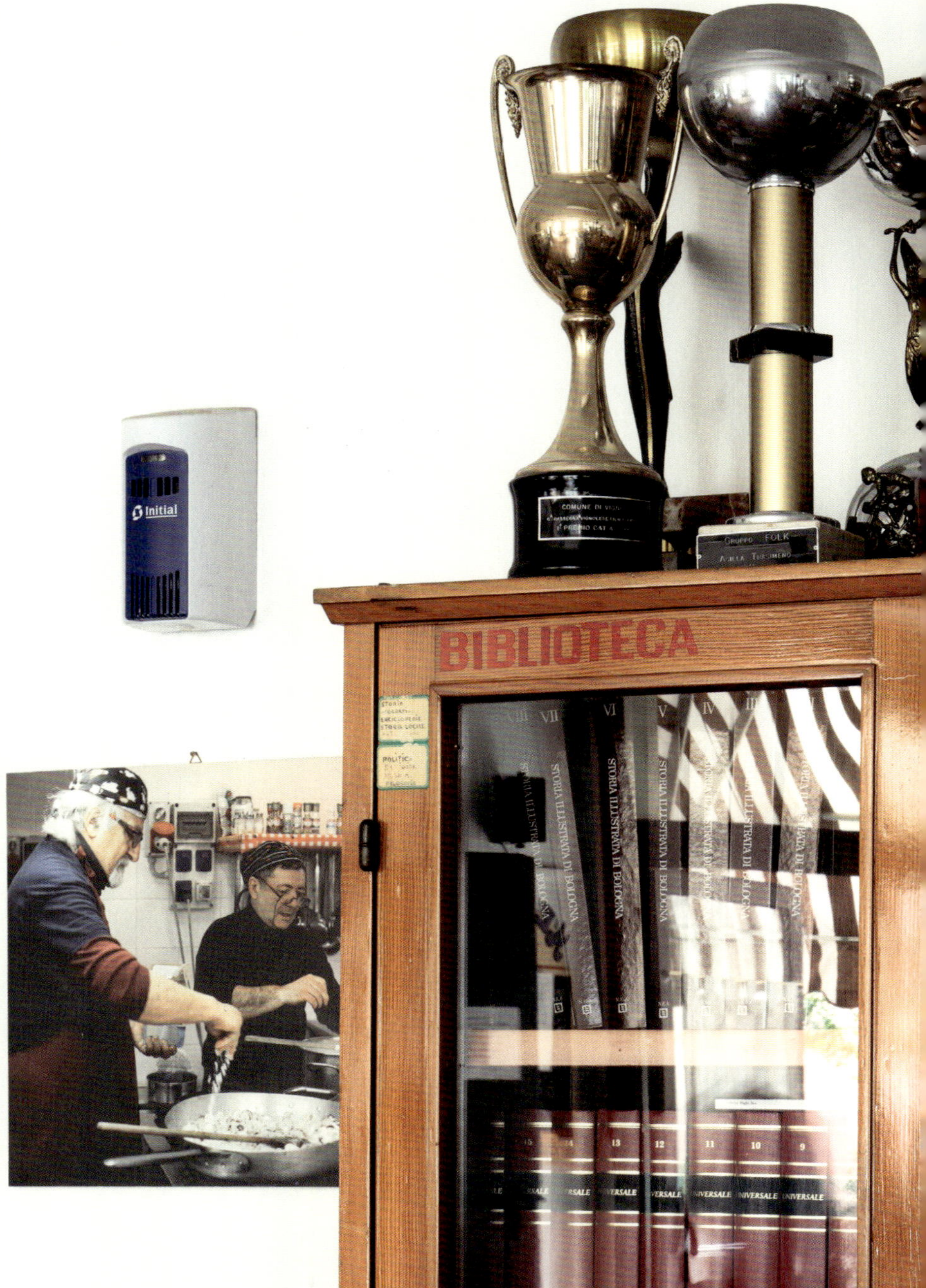
Initial
BIBLIOTECA
STORIA ILLUSTRATA DI BOLOGNA
UNIVERSALE

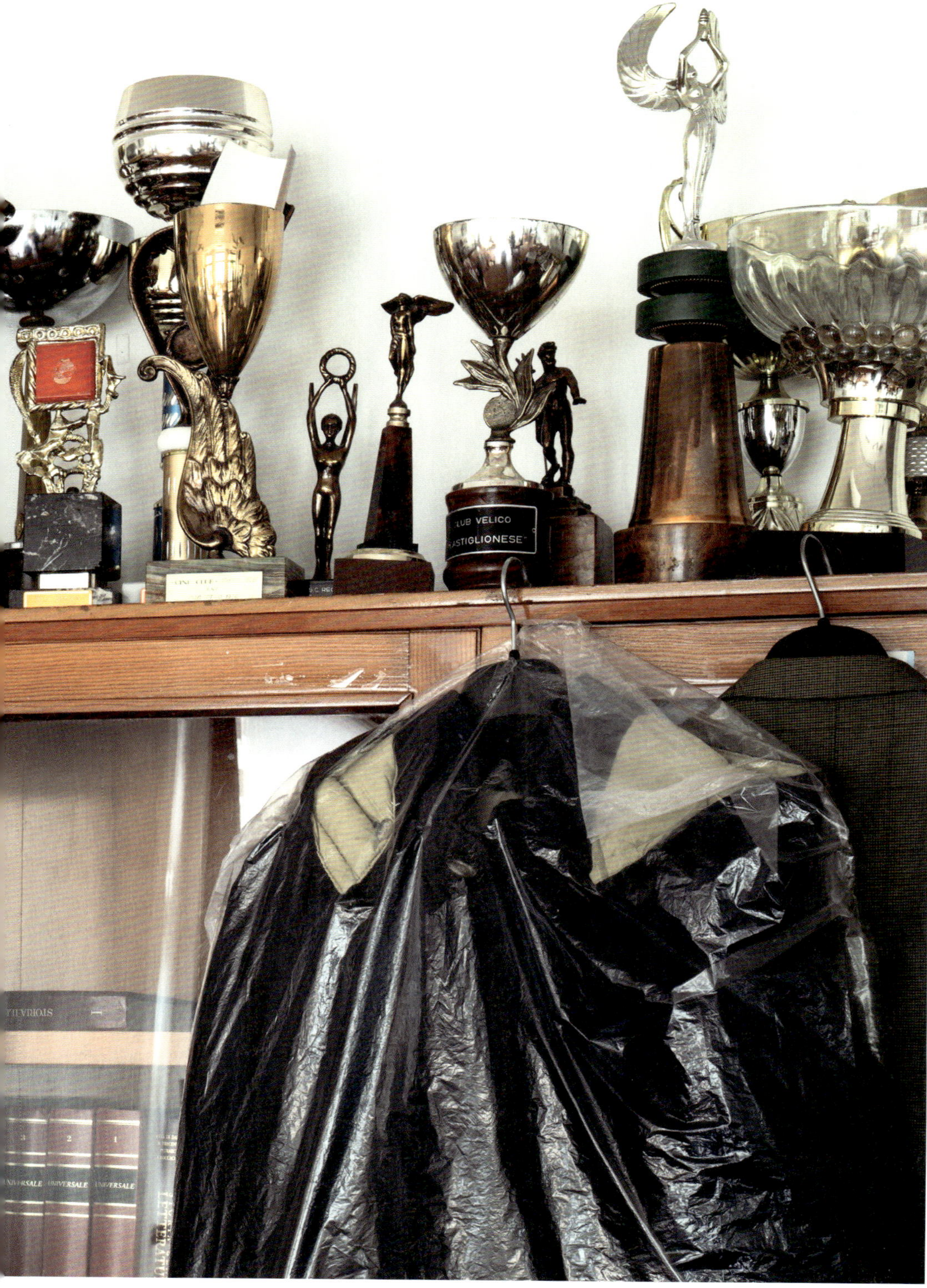
CLUB VELICO
UNIVERSALE
UNIVERSALE

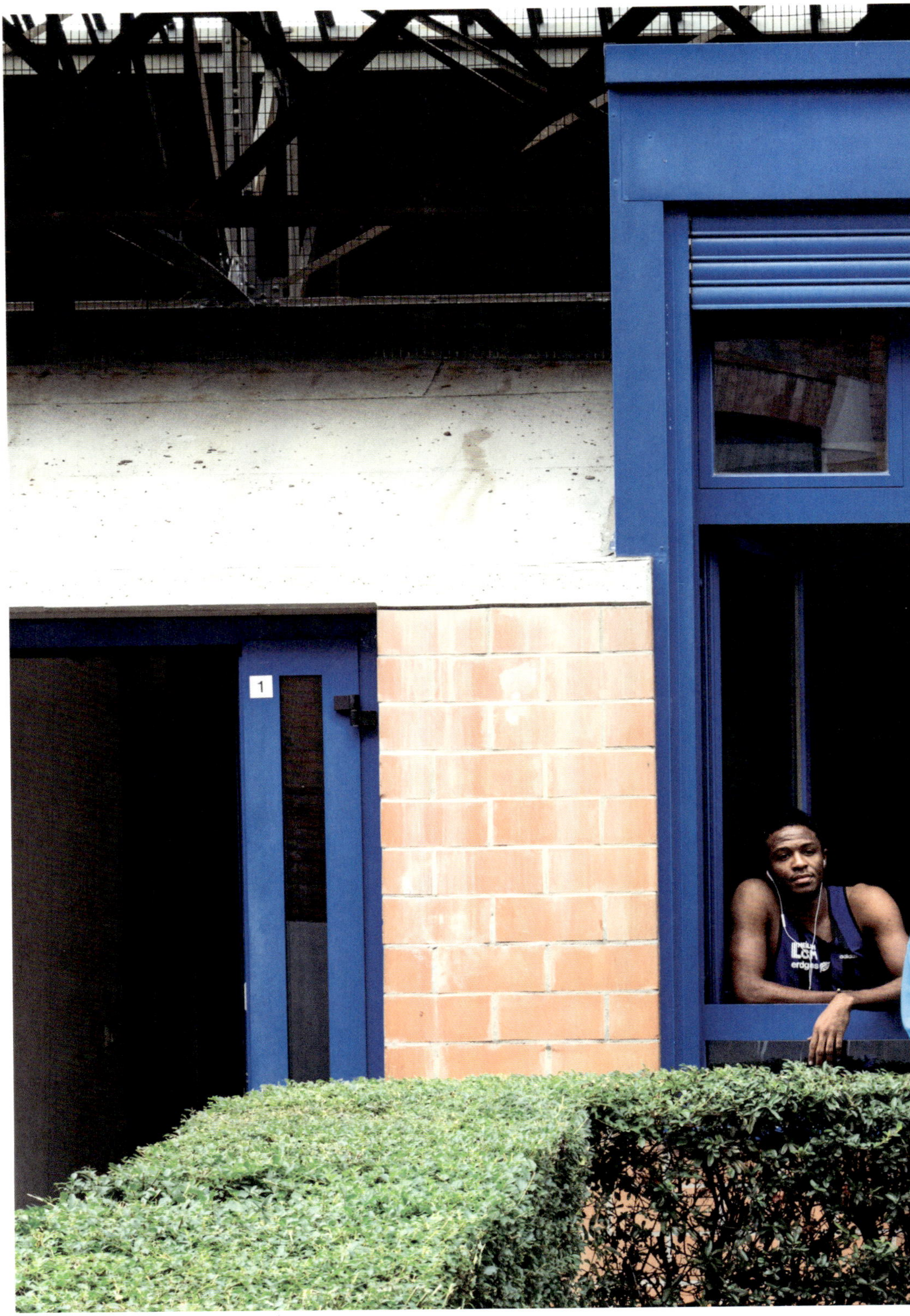
1

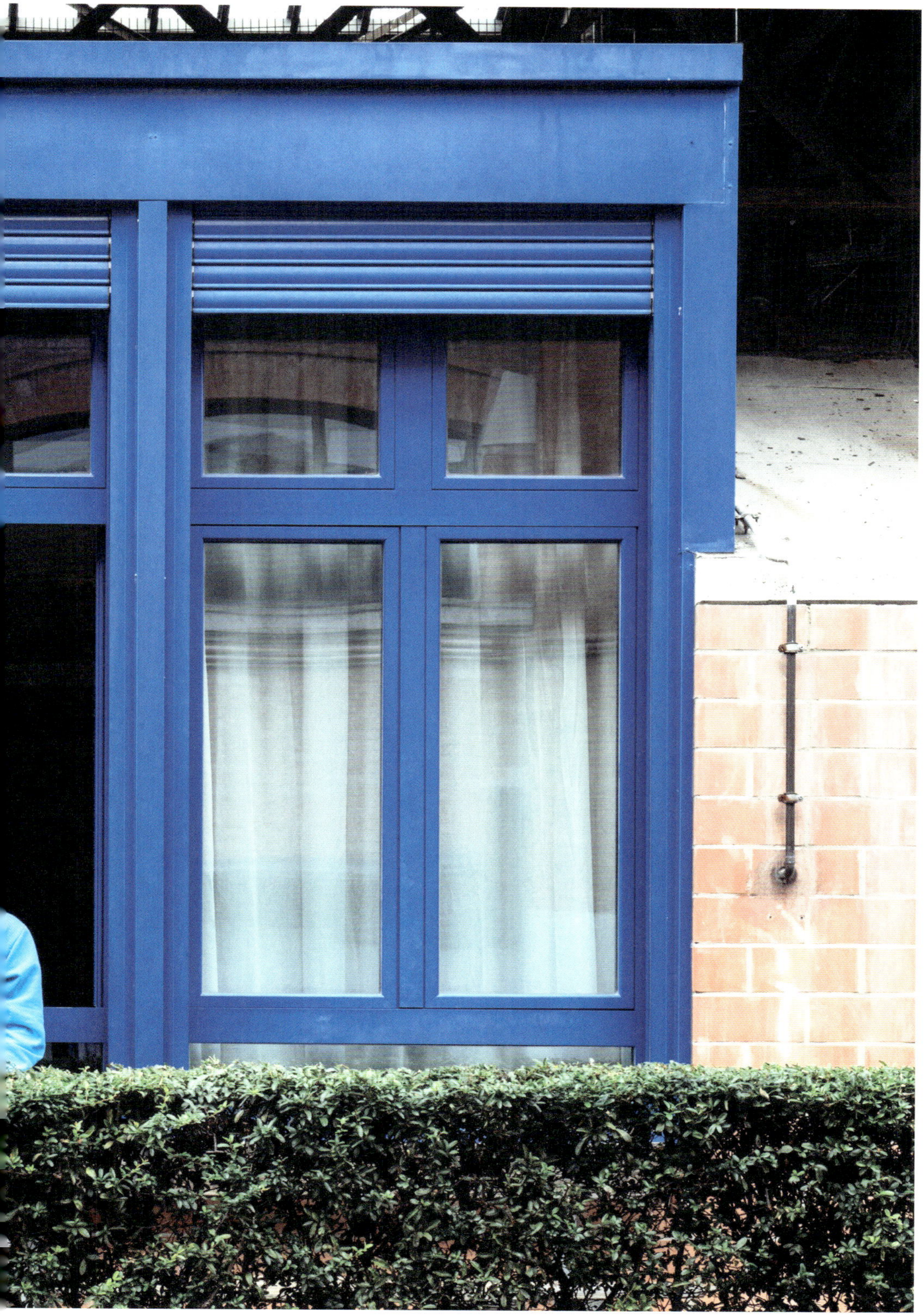

CINQUE SGUARDI SULL'ABITARE CONTEMPORANEO

Questioni di casa

Bertrando Bonfantini

La parabola dell'edilizia pubblica

Questo contributo muove per accenni e con stile antologico richiamando alcune dimensioni che fanno l'attualità urbanistica della questione casa.

La prima annotazione prende le mosse dal recente libro di Giancarlo Storto (2018), *La casa abbandonata*, che a partire dagli anni Settanta del secolo scorso tratteggia il racconto sistematico ed esaustivo della traiettoria «delle politiche abitative dal piano decennale ai programmi per le periferie» in Italia. In qualche modo, si può porre in ideale prosecuzione con *La casa*, di Giovanni Ferracuti e Maurizio Marcelloni, del 1982.

Il libro di Storto, in particolare, descrive la parabola dell'edilizia residenziale pubblica nel nostro Paese. Dopo la stagione dell'Ina-Casa (Di Biagi 2001) e la più controversa esperienza dei quartieri coordinati CEP (Ministero dei Lavori Pubblici 1960; cfr. Fabbri 1983, 160 sgg.), il Piano decennale (l. 457/1978) – pur nella «smisurata lentezza» che separerà il finanziamento dall'implementazione – segna un nuovo picco per le politiche per la casa, «di fatto l'unico provvedimento organico di programmazione dell'edilizia residenziale pubblica [...] che abbia avuto veste legislativa nel nostro Paese», dal quale il precedente dell'Ina-Casa si discosta «per essere [quest'ultimo] di emanazione e gestione diretta dall'amministrazione statale» (Storto 2018, 17 sgg.).

Dopo di allora «Crolla la produzione di edilizia pubblica e si svende il patrimonio», titola il paragrafo in cui si legge che «dai 18-20mila alloggi di edilizia sovvenzionata negli anni Ottanta, la produzione scende a 14mila nel 1990 ed arriva [...] a poco più di 7mila nel 1999; dall'anno successivo al 2013 i nuovi alloggi oscillano tra i 9 e 4mila annui con il minimo raggiunto nel 2004 con 3.747 alloggi». Dal 1993, per effetto della legge 560, a questo si combina la politica di alienazione che porterà alla dismissione tra quell'anno e il 2014 di «più di 210mila [alloggi pubblici], pari ad oltre il 22 per cento del patrimonio gestito all'inizio del programma» (ivi, 188, 193).

L'alienazione patrimoniale ha un corollario. Con riferimento al caso milanese, la ricerca *Cronache dell'abitare* (Multiplicity.lab 2007) lo mette efficacemente in risalto: «al suo apice, alla fine degli anni settanta, gli alloggi di proprietà pubblica erano a Milano poco meno di 100.000 [...] mentre oggi sono poco più di 40.000. [...] Solo tra il 1991 e il 2001 sono stati privatizzati circa 12.400 alloggi»; «è stato alienato ciò che era alienabile, cioè la porzione di patrimonio migliore sotto il profilo sociale ed edilizio. L'ovvio risultato è che, una volta sottratti i quartieri in condizioni migliori, la città pubblica che ne risulta è assai più degradata di quella di dieci anni prima» (Marini 2007, 286, 289).

Un patrimonio impoverito, dunque, e in cui si concentrano e acuiscono i fattori di problematicità.

La casa sociale

Il periodo che ne è seguito non è stato solo – esclusivamente – una stagione di disimpegno. È stata anche la fase – gli anni Novanta – che ha promosso uno sguardo «integrato» e «complesso» del problema urbanistico, con una sperimentazione di cui i Contratti di quartiere hanno rappresentato per la casa forse l'esperienza più felice: un'esperienza cha ha consentito di intervenire su quelle condizioni di sofferenza sociale e difficoltà manutentiva e gestionale dei quartieri pubblici che la politica di alienazione non ha contribuito ad affrontare. «A differenza di altri programmi che hanno prodotto proposte identificabili come una mera sommatoria di opere senza una reale valutazione delle loro ricadute relazionali e sul territorio, i Contratti di quartiere sono stati promossi, e utilizzati dalla gran parte dei comuni, come un'occasione per riscattare i quartieri in più evidente stato di degrado, operando scelte attente anche agli aspetti sociali e occupazionali, e verificando le soluzioni ipotizzate attraverso la partecipazione attiva dei residenti» (Storto 2019, 34).

È stata, inoltre, quella la fase che, in una più generale crisi e messa in discussione delle operazioni di dimensionamento residenziale nel piano urbanistico, ha decretato la necessità di superare una rappresentazione aggregata del fabbisogno, per scoprire e indagare l'articolazione della domanda effettiva di casa, e la specificità dei bisogni relativi (Centro Studi Pim 2003; 2008).

Il protagonista della nuova stagione diviene il *social housing*, secondo la più ampia – ma ambigua – espressione che si impone dagli anni Novanta (il Cecodhas, Comitato di Coordinamento Europeo per l'Abitare Sociale, si costituisce nel 1988), in una gamma di formule comprensiva di «una varietà di situazioni che vanno dall'alloggio a totale carico dello Stato ad alloggi con canoni o prezzi di vendita (non essendo esclusa tale modalità) anche di poco inferiori a quelli di mercato» (Storto 2018, 195).

La casa come servizio

All'introduzione in Italia dell'alloggio sociale, come definito dal decreto ministeriale del 22 aprile 2008 (cfr. Pogliani 2019), si combina quanto disposto dalla legge 244/2007 (legge finanziaria 2008). Giuseppe Campos Venuti riconosce in quel provvedimento «un piccolo, ma non irrisorio, risultato positivo», nei commi «con i quali si considera l'edilizia residenziale sociale (Ers) alla stregua dei servizi pubblici del vecchio decreto del 1968. Così facendo, in tutti i casi [...] in cui le aree dei servizi pubblici sono cedute gratuitamente ai Comuni in perequazione urbanistica, le abitazioni dell'Ers saranno realizzate su aree a costo zero» (Campos Venuti 2010, 106-107). L'articolo 1, comma 258 di quella legge dispone, infatti, che «in aggiunta alle aree necessarie per le superfici minime di spazi pubblici o riservati alle attività collettive, a verde pubblico o a parcheggi di cui al decreto del Ministro dei lavori pubblici 2 aprile 1968, n. 1444, e alle relative leggi regionali, negli strumenti urbanistici sono definiti ambiti la cui trasformazione è subordinata alla cessione gratuita da parte dei proprietari, singoli o in forma consortile, di aree o immobili da destinare a edilizia residenziale sociale, in rapporto al fabbisogno locale e in relazione all'entità e al valore della trasformazione».

D'altra parte, si tratta di una strada già parzialmente aperta dalla legislazione regionale. Nella legge della Lombardia 12/2005, all'articolo 9 relativo al Piano dei servizi, si riconosce la possibilità di considerare la casa come servizio, disponendo che «I comuni redigono ed approvano il piano dei servizi al fine di assicurare una dotazione globale di aree per attrezzature pubbliche e di interesse pubblico e generale, le eventuali aree per l'edilizia residenziale pubblica e da dotazione a verde, i corridoi ecologici e il sistema del verde di connessione [...] ed una loro razionale distribuzione sul territorio comunale, a supporto delle funzioni insediate e previste», specificando ed esplicitando inoltre che «L'individuazione delle aree per *l'edilizia residenziale pubblica, quale servizio di interesse pubblico o generale*, è obbligatoria per i comuni indicati dalla Giunta regionale con apposita deliberazione, sulla base dei fabbisogni rilevati dal Programma regionale per l'edilizia residenziale pubblica [...]» (comma 1, corsivo mio).

Un ampliamento della nozione di servizio di interesse pubblico, questo, che per Pier Luigi Paolillo, nel suo *Fare il piano dei servizi*, suona come una «prescrizione bizzarra» (Paolillo 2007, 19), probabilmente per l'equivoco logico e la circolarità implicita che si determinano nel meccanismo: perché le aree destinate all'edilizia sociale quale quota aggiuntiva agli standard urbanistici «generano a loro volta una domanda di aree e servizi da soddisfare, proporzionata alla relativa capacità insediativa» (Pogliani 2019, 94).

La casa «molto sociale»

In questo scenario evolutivo (cfr. Fregolent, Torri 2018), nel quale la casa si fa servizio, e l'ERP si amplia in ERS, se le acquisizioni interpretative circa il frazionarsi di una domanda che chiede un diverso e mirato riconoscimento e trattamento portano al «tentativo di rincorrer[ne] la frammentazione [...] cercando di rendere più complesso e diversificato l'intervento pubblico», già nei primi anni Duemila si rileva come «una buona fetta dei programmi e dei finanziamenti più recenti è però destinata all'utenza cosiddetta intermedia (nella fattispecie a canone d'affitto moderato, convenzionato, a proprietà differita ecc.)» (Marini 2007, 290).

Nell'innovazione, insomma, si determina il paradosso per cui la nuova produzione di forme abitative «sociali» vede per lo più esclusi dai suoi destinatari proprio coloro che ne rappresenterebbero l'obiettivo prioritario – il segmento di popolazione in più grave difficoltà d'accesso alla casa. «Il caso italiano è esemplare di quel sociale "estensivo" [...] che ostacola la selezione della domanda in funzione delle urgenze e della gravità dei problemi», stigmatizza Antonio Tosi (2017, 87).

Nel suo *Le case dei poveri*, Tosi in particolare, con la *Terminologia* posta nel capitolo introduttivo del volume, rimarca la distinzione – e la distanza – tra *edilizia sociale*, intesa come «le forme tradizionali di *social housing*, con l'intervento diretto dello Stato, in forme diverse a seconda dei paesi», e *housing sociale*, quale espressione che invece «indica la produzione di case ad uso sociale con l'intervento di operatori privati» (ivi, 16).

Nel meccanismo di produzione dell'*housing sociale* «la logica della sostenibilità economico-finanziaria è parvasiva e caratterizza il processo in tutte le sue fasi» (Bricocoli, Sabatinelli 2020, 49). E, d'altra parte, al netto delle inefficienze e mancanze gestionali del patrimonio pubblico, il vincolo e l'illusione del «pareggio di bilancio» inibiscono e atrofizzano l'orizzonte delle politiche abitative «molto sociali», laddove per contro «occorre inevitabilmente prevedere finanziamenti [...] per compensare il divario tra costi e ricavi» (Storto 2018, 192).

La casa e la rigenerazione

La stagione della trasformazione delle grandi aree dell'obsolescenza industriale e degli impianti urbani della prima modernità è quasi esaurita. Si è perduta la pregnanza della distinzione tra luoghi dell'eccezione e della regola (Secchi 1989), fra interventi intensivi ed estensivi (Campos Venuti 1987). Tramonta il protagonismo del «progetto urbano». Diversamente dal *redevelopment*, la rigenerazione riguarda oggi occasioni più eterogenee, di grana più variabile, spesso minuta. Si fa reticolare, incrementale, aperta alla soluzione temporanea, composita, disponibile alla gradualità, all'incertezza e alla parzialità (Gabellini 2014). Lo *spazio pubblico* della città e le «risorse» che lo possono diventare ne sono protagonisti (Fernández Per, Arpa 2008; Di Giovanni 2014). Coinvolge gli *spazi del welfare*, o le strutture diffuse che ne possono entrare o ritornare a essere parte (Officina Welfare Space 2011; Munarin, Tosi 2014; Basso, Marchigiani 2020), E interessa la *casa*, in operazioni di *retrofitting* del patrimonio abitativo, che appaiono strategiche in una fase in cui la sua riproduzione appare così difficile.

Dopo che il «quartiere» aveva costituito una frontiera nella costruzione della nuova città, oggi è la sua rigenerazione a divenirne occasione di sperimentazione. A esito e sintesi di un'importante ricerca nazionale PRIN, nel libro collettivo *Città pubbliche. Linee guida per la riqualificazione urbana* i quartieri di edilizia residenziale pubblica sono descritti come «luogo privilegiato di politiche rivolte al riuso e alla riqualificazione dell'esistente» e «grande opportunità per l'avvio di percorsi di rigenerazione spaziale e sociale, dalla portata complessiva e dagli impatti paragonabili a quelli registrati, nel passato più recente, dall'intensa stagione di progetti volti al riutilizzo delle aree dismesse» (Di Biagi 2009, 21). Le «Strategie per orientare il progetto», che vi vengono illustrate, articolano lo spettro variegato delle azioni implicate e possibili: riportare i quartieri al centro; innestare il progetto nei caratteri del contesto; promuovere la creatività; costruire nuove forme di welfare; aprirsi a nuovi abitanti e popolazioni; disegnare sistemi di paesaggio; risparmiare risorse energetiche.

Tra le forme della rigenerazione che investono la città pubblica ci sono, tuttavia, anche quelle «più "minimali" di intervento, che possono essere definite come "restituzione di alloggi all'abitabilità". [...] Spazi relativi a sottotetti, portinerie, alloggi sottostandard o inagibili vengono ripensati e restituiti a nuovi o tradizionali utilizzi, attraverso un'operazione di "ottimizzazione" del patrimonio. Anche gli interventi relativi al frazionamento di alloggi sottoutilizzati, all'accorpamento di alloggi piccoli, alla demolizione e ricostruzione parziali o totali di caseggiati [...] vanno in questa direzione» (Cognetti 2011, 85). Entro questa gamma articolata, si dà anche lo spazio e la prospettiva di «recuperare il patrimonio abitativo pubblico con gli inquilini» (Maranghi, Marchigiani, Orsenigo 2019), e di un autorecupero che si carica di ulteriori potenzialità di accoglienza, inclusione, apprendimento, integrazione (Pezzoni 2018).

Se l'area «grigia» della domanda di *housing sociale* si è sempre più imposta in questi anni, è anche perché lo stock abitativo rivolto a segmenti della popolazione che avrebbero una solvibilità sul mercato è oggetto di dinamiche aggressive, da cui esso non trova protezione. È il caso emblematico di Airbnb nelle grandi città, che ne ha svuotato e svuota le parti centrali (Gainsforth 2019).

Non si tratta solo del fatto che una parte del mercato della casa viene distolto e riorientato alla ricettività turistica breve da un'attività economica che, a dispetto delle retoriche, per lo più nulla ha a che fare con l'integrazione del reddito del proprietario tramite la condivisione del proprio spazio abitativo, configurandosi piuttosto a tutti gli effetti come iniziativa imprenditoriale «in case dove non abita stabilmente nessuno», condotta da soggetti «intermediari che gestiscono centinaia di appartamenti» (ivi, 162). È il patrimonio abitativo stesso a risultarne irrimediabilmente risagomato e compromesso.

Ad esempio, con riferimento al caso bolognese, va rilevato come nell'ultimo decennio, anche in relazione alla accresciuta attrattività turistica della città, sul centro storico si sia concentrata una consistente attività di microtrasformazione edilizia. La tendenza al frazionamento degli alloggi impoverisce la gamma degli abitanti potenziali verso poche specifiche categorie. Si tratta di interventi che, una volta realizzatisi, divengono difficilmente reversibili, innestando mutamenti rilevanti sui caratteri di queste parti urbane, sulla loro duttilità, sul loro potenziale abitativo. Se la crisi pandemica segna una battuta d'arresto della ricettività domestica breve, il tempo di una regolazione dell'attività economica così come delle sue implicazioni urbanistiche e spaziali appare maturo, prima che il fenomeno torni a ripresentarsi presto nel prossimo futuro.

Riferimenti bibliografici

Basso, Sara, Marchigiani, Elena

2020 *Attrezzare piccoli e medi centri urbani. Pianificazione in Friuli Venezia Giulia*, «Territorio», 90, 2019 (ma: marzo 2020), pp. 62-70.

Bricocoli, Massimo, Sabatinelli, Stefania

2020 *La casa come servizio, la casa come standard? Riflessioni da Milano, Lombardia*, «Territorio», 90, 2019 (ma: marzo 2020), pp. 46-49.

Campos Venuti, Giuseppe

1987 *La terza generazione dell'urbanistica*, FrancoAngeli, Milano.

2010 *Città senza cultura. Intervista sull'urbanistica*, a cura di Federico Oliva, Laterza, Roma-Bari.

Centro Studi Pim

2003 *Abitare nell'area metropolitana milanese. Le politiche di intervento di fronte alla nuova domanda e alla crisi del modello tradizionale*, Centro Studi Pim, Milano.

2008 *Il mal d'abitare. Opportunità e difficoltà di fronte alla nuova questione abitativa nell'area milanese*, a cura di Bertrando Bonfantini, Centro Studi Pim, Milano.

Cognetti, Francesca

2011 *Ripartire dalla città pubblica per sperimentare? Dieci anni di progetti e politiche*, in Francesco Infussi (a cura di), *Dal recinto al territorio. Milano, esplorazioni nella città pubblica*, Bruno Mondadori, Milano, pp. 74-89.

Di Biagi, Paola (a cura di)

2001 *La grande ricostruzione. Il piano Ina-Casa e l'Italia degli anni cinquanta*, Donzelli, Roma.

2009 *Città pubbliche. Linee guida per la riqualificazione urbana*, Bruno Mondadori, Milano.

Di Giovanni, Andrea

2014 *Outcropping Public Spaces*, in Chiara Toscani, Ester Dedé (a cura di), *Rethinking Public Space*, Maggioli, Rimini, pp. 124-147.

Fabbri, Marcello

1983 *L'urbanistica italiana dal dopoguerra ad oggi. Storia, ideologie, immagini*, De Donato, Bari.

Fernández Per, Aurora, Arpa, Javier

2008 *The Public Chance. Nuevos paisajes urbanos / New Urban Landscapes*, a+t, Vitoria-Gasteiz (Álava).

Ferracuti, Giovanni, Marcelloni, Maurizio

1982 *La casa. Mercato e programmazione*, Einaudi, Torino.

Fregolent, Laura, Torri, Rossana

2018 *L'Italia senza casa. Bisogni emergenti e politiche per l'abitare*, Franco Angeli, Milano.

Gabellini, Patrizia

2014 *Capire il carattere della crisi, agire gradualmente e selettivamente, accettare la parzialità: una crisi nella crisi*, in Laura Fregolent, Michelangelo Savino (a cura di), *Città e politiche in tempo di crisi*, Franco Angeli, Milano, pp. 130-138.

Gainsforth, Sarah

2019 *Airbnb città merce. Storie di resistenza alla gentrificazione digitale*, DeriveApprodi, Roma.

Maranghi, Elena, Marchigiani, Elena, Orsenigo, Gianfranco

2019 *Recuperare il patrimonio abitativo pubblico con gli inquilini*, «Territorio», 88, pp. 25-28.

Marini, Edoardo

2007 *La città pubblica milanese*, in Multiplicity.lab, *Milano. Cronache dell'abitare*, Bruno Mondadori, Milano, pp. 286-291.

Ministero dei Lavori Pubblici

1960 *Quartieri coordinati*, a cura della Segreteria del Comitato di coordinamento dell'edilizia popolare, Editalia, Roma.

Multiplicity.lab

2007 *Milano. Cronache dell'abitare*, Bruno Mondadori, Milano.

Munarin, Stefano, Tosi, Maria Chiara

2014 *Welfare Space. On the Role of Welfare Policies in the Construction of the Contemporary City*, List Lab, Trento.

Officina Welfare Space

2011 *Spazi del welfare. Esperienze, luoghi, pratiche*, Quodlibet, Macerata.

Paolillo, Pier Luigi

2007 *Fare il piano dei servizi. Dal vincolo di carta al programma delle attrezzature urbane*, FrancoAngeli, Milano.

Pezzoni, Nausicaa

2018 *Case oltre-la-soglia. Un progetto dell'abitare per il terzo millennio*, «Territorio», 85, pp. 57-66.

Pogliani, Laura

2019 *Al servizio della casa. Opportunità e contraddizioni delle politiche in atto*, in Carolina Giaimo (a cura di), *Dopo 50 anni di standard urbanistici in Italia. Verso percorsi di riforma*, Inu Edizioni, Roma, pp. 90-95.

Secchi, Bernardo

1989 *Un progetto per l'urbanistica*, Einaudi, Torino.

Storto, Giancarlo

2018 *La casa abbandonata. Il racconto delle politiche abitative dal piano decennale ai programmi per le periferie*, Officina, Roma.

2019 *Il destino incerto dell'edilizia residenziale pubblica*, «Territorio», 88, pp. 29-35.

Tosi, Antonio

2017 *Le case dei poveri. È ancora possibile pensare un welfare abitativo?*, Mimesis, Milano-Udine.

La casa sociale
Intersezioni e prospettive per le politiche urbanistiche e di welfare locale

Massimo Bricocoli

Un tema classico e inattuale

Il discorso sulla questione abitativa e sulla domanda sociale di abitazioni è stato in questi anni laterale se non assente dall'agenda politica delle grandi città italiane e sempre più residuale nel disegno di politiche a livello nazionale e regionale. Così come segnalato da alcuni ricercatori (Foster, Kerr, Byrne 2014) nel passaggio dal capitalismo democratico alla stagione neoliberale, la questione della casa e la questione della rendita urbana (che ne è alla base) hanno subito un processo di depoliticizzazione. Ciò non significa che esse abbiano perso il loro intrinseco valore politico, ma hanno smesso di essere trattate come grandi questioni politiche (Bricocoli, Salento 2020). L'idea del diritto alla casa – che era stata alla base di molte rivendicazioni fra gli anni Cinquanta e gli anni Settanta – ha smesso di essere presa in considerazione, lasciando spazio all'idea del mercato delle abitazioni. Laddove vi è stata una crescita dei valori immobiliari, questa è stata letta, indistintamente dalle diverse parti politiche, come indicatore inequivocabile di successo e benessere delle città e non già quale elemento che può implicare tratti controversi (Poggio 2009). Non così in molte città europee, dove l'esigenza di coniugare competitività, attrattività e sviluppo urbano con un sistema articolato di risposta alla domanda e al bisogno abitativo è assai presente e assurge a elemento cruciale e dirimente nel dibattito pubblico e politico locale. Scontiamo, in Italia, una serie di condizioni che sottraggono la casa alle priorità della politica. L'orientamento all'abitare in proprietà è andato consolidandosi a seguito di politiche della casa che tipicamente lo hanno incoraggiato, consolidando una sorta di «sclerosi proprietaria» (Cucca, Gaeta 2018), ma anche di un estensivo e crescente peso della casa come oggetto di investimento, come occasione di integrazione al reddito o alla stregua di un fondo pensione integrativo e non già come bene d'uso (Bricocoli 2016). A un patrimonio di abitazioni private questo, negli anni, si è andato contrapponendo, entro una opposizione semplificante (Storto 2018), uno stock di alloggi di edilizia residenziale pubblica popolari numericamente modesto, bisognoso di interventi di riqualificazione che non conosce da circa vent'anni nuove interventi di edificazione. A valle di processi di aziendalizzazione e della costituzione di enti pubblici economici (che si basavano sull'assunto che i canoni di locazione potessero costituire un'entrata sufficiente per remunerare la manutenzione e la gestione del patrimonio), l'assenza di nuovi interventi di edilizia residenziale pubblica ha in realtà reso sempre più residuale l'offerta di case popolari, allocate sulla base di un principio di giustizia sociale che ha selezionato via via inquilini sempre più fragili e vulnerabili. I problemi della manutenzione e della gestione – insieme all'esiguità dei canoni di locazione – sono stati argomenti sistematicamente avanzati per dichiarare l'insostenibilità dell'edilizia residenziale pubblica e per promuovere la dismissione del patrimonio pubblico, pur a fronte di iniziative di interesse locale e della capacità crescente di Federcasa di rappresentare le prospettive che il riuso e la nuova realizzazione di case popolari possono avere (Federcasa 2015; Nomisma, Federcasa 2016; Talluri 2019).

È possibile riposizionare il valore d'uso della casa?

Vi sono dinamiche e tratti che hanno marcato profondamente in questi tempi una progressiva esposizione alla povertà abitativa di fasce di popolazione assai ampie entro un contesto che è sostanzialmente privo di una regolazione dei canoni di affitto. A essere più esposti sono i soggetti più fragili in un quadro che vede i singoli e i nuclei monoreddito costretti a un mercato del lavoro poco generoso e incerto. Processi di polarizzazione e di esclusione di chi non riesce ad accedere al mercato delle abitazioni in città, studenti universitari e giovani obbligati a vincolare quote consistenti di reddito al pagamento di fitti e mutui e a una prolungata dipendenza economica dalle proprie famiglie.

Al contempo, si è andato affermando negli ultimi due decenni un orientamento di programmi e progetti che sostengono l'accesso alla casa in locazione a soggetti che non versano in condizioni di forte bisogno – la cosiddetta «fascia grigia» –, che ha visto in Italia l'introduzione e la pervasività di piani di «housing sociale» (Tosi 2017). Questi orientamenti, forti di leve e logiche finanziarie, risultano suadenti per le amministrazioni pubbliche e hanno rafforzato una polarizzazione che ha teso a marginalizzare il ruolo fondamentale giocato dall'edilizia residenziale pubblica sempre più stigmatizzata quale colpevole di una generica logica assistenzialista (Bricocoli, Salento 2020). La convergenza del discorso e delle politiche sull'offerta privata e programmi improntati sulla sostenibilità economico-finanziaria hanno nei fatti privilegiato i settori intermedi della domanda abitativa ignorando le esigenze dei soggetti, sempre più numerosi, in condizione di criticità socio-abitativa. A fronte di una crescente debolezza delle politiche abitative – in particolare di quelle «molto sociali» (Tosi 1994; 2017) – e della perdurante forza della rendita urbana, che trova nuovi canali di estrazione di valore attraverso la finanziarizzazione del settore immobiliare, i programmi che vengono sviluppati sono quelli che intercettano una domanda «media» (Cucca, Gaeta 2018; Bricocoli, Sabatinelli 2019) e che hanno quale target un pubblico finanziariamente più affidabile rispetto agli inquilini poveri, concentrati nello stock residuale di edilizia pubblica.

La logica di produzione ed estrazione di valore, lungo un progressivo processo di finanziarizzazione che connota la casa fuori da una logica di «bene d'uso» e ne fa un asset, un investimento sul quale si scommette in vista di una aspettativa di rialzo del suo valore, si è affermata in modo estensivo. Un estratto di un'intervista a un operatore del terzo settore attivo nella produzione di edilizia sociale mostra in modo emblematico quanto tale logica sia pervasiva: «Se i costi delle case aumentano in città, noi non possiamo che esserne contenti, perché significa che anche i nostri immobili aumentano di valore». Anziché mirare a un contenimento dei prezzi, lo stesso promotore sociale esplicita una propensione chiara ad aspettative di redditività che vanno ben oltre quelle attese dall'edilizia sociale. Ben diversa, è la prospettiva richiamata da un inquilino che abita in una delle più antiche cooperative a proprietà indivisa e che ben testimonia l'impatto che una bassa incidenza sul reddito delle spese per la casa può avere su qualità della vita e sulla capacità di aspirare a un'esistenza migliore di individui e famiglie, laddove libera risorse che possono essere impiegate altrimenti: «Certo, da noi le persone vivono a lungo. Una socia che è mancata lo scorso mese aveva 104 anni, un'altra 98. Si vive bene qui. Molti da fuori pensano che noi siamo di un livello sociale superiore a quello che in realtà abbiamo. E sa perché? Perché noi abbiamo la spensieratezza! Perché con quello che risparmiamo nel pagamento della casa possiamo permetterci molto altro. E quindi possiamo mangiare il filetto e viviamo meglio e di più». Così come avviene in altre attività di welfare (Belotti, Caselli 2016), in assenza di misure a contrasto, la nuova generazione di politiche di *housing* agisce dunque selettivamente, ma quel che conta non è tanto il bisogno sociale: è piuttosto la «sostenibilità finanziaria». Il nuovo *framework* tende a escludere quegli interventi che, pur essendo necessari, non sarebbero remunerativi. Scostarsi dal mantra della redditività e del ritorno dell'investimento finanziario è arduo. È davvero recente – nei tempi della pandemia – l'acquisizione per cui, calato un velo coprente, si inizia a riconoscere pubblicamente che – a queste condizioni – l'edilizia residenziale pubblica, come qualunque altro servizio pubblico, non si può autosostenere e che i costi di realizzazione e gestione di questi patrimoni non vengono (né possono essere) ripagati dai canoni applicati.

Per mettere in campo un rinnovato ruolo delle città. Tre temi e questioni per Bologna

A fronte di questo scenario, prevalente a livello nazionale e amplificato nelle città che conoscono dinamiche positive di crescita e di attrattività, in attesa che avanzi in futuro un progetto nazionale per la casa in locazione sociale e molto sociale (Tosi 2017), è quanto mai rilevante mettere sotto osservazione e dare risalto a quanto le amministrazioni comunali muovono nella direzione di un incremento del patrimonio disponibile, come questione in sé nodale e come supporto a politiche più articolate per l'abitare sociale. Date le condizioni strutturali e di contesto sopra evidenziate, il disegno con cui Bologna ha intrapreso la definizione di una politica abitativa per il prossimo futuro ha tratti fortemente pionieristici e apre a una prospettiva di praticabilità di politiche locali che, forti delle proprie leve, muovono nella direzione di riportare al centro il valore d'uso delle abitazioni quale costitutivo di condizioni di cittadinanza. Ciò che risulta particolarmente apprezzabile nel disegno d'insieme che la città si è data con il programma Mille case per Bologna è la prospettiva con cui si mira a traguardare un sistema di offerta articolato e vario. Si tratta infatti di costruire le condizioni affinché vi sia una convergenza di una pluralità di attori nell'approntare – attraverso la nuova edificazione e il riuso – una offerta di abitazioni di tipo sociale e una de-standardizzazione delle soluzioni abitative offerte, in corrispondenza di bisogni e domande sempre più diversificate. Che questo avvenga, in una compagine in cui il ruolo pubblico della città è centrale, risulta quanto mai rilevante per poter garantire che se di abitazioni sociali si tratta, il punto fermo e prioritario è innanzitutto il contenimento dei prezzi della locazione significativamente al di sotto dei valori di mercato. Entro lo scenario più ampio in cui si vanno declinando temi e questioni di rilievo per le politiche abitative nel Paese, vale la pena avanzare tre spunti di riflessione che possono risultare di interesse nella prospettiva di attuazione del programma bolognese.

Discutere di edilizia sociale significa discutere di prezzi e di redditi. Risulta fondamentale introdurre nel disegno e nell'attuazione delle politiche riscontri e concreti riferimenti a entità e proporzioni tra costi della casa, redditi reali e capacità di spesa di individui e famiglie. Si tratta di esplicitare le cifre, di narrare esempi concreti ed emblematici, di portare nel dibattito sulla casa dati di realtà rispetto all'entità e alla natura incerta dei redditi così come rispetto ai costi plausibili di canoni che siano sostenibili. Questo è tanto vero con riferimento alle abitazioni e alla locazione di lungo termine quanto con riferimento alle soluzioni abitative disponibili per gli studenti fuori sede. Al di là del «fabbisogno», che è stato lungamente impiegato quale riferimento in una logica di dimensionamento quantitativo nelle politiche urbanistiche e della casa (Sabatinelli 2016), è da mettere al centro il tema della cosiddetta *affordability*, è da assumere come parte integrante, sempre più rilevante, sia nelle fasi di analisi della questione abitativa che nella messa alla prova di progetti e politiche, così come ben rappresentano alcune ricerche di frontiera e riflessioni critiche sull'offerta abitativa (Peverini 2019). È fondamentale, come sottolinea Peverini, maturare approcci all'*affordability* che siano in grado di caratterizzare differenti fenomenologie e gradazioni del bisogno abitativo non estremo e di supportare l'elaborazione di politiche che siano adatte nel produrre un'offerta abitativa che sia adeguata sia nei termini della sostenibilità della spesa che alle condizioni abitative (Tosi 2017). In questo senso, risulta particolarmente interessante misurare qualità e adeguatezza dell'offerta abitativa sociale commisurandola a ciò che rimane – del reddito – una volta pagati i costi abitativi e prefigurare collegamenti fruttuosi tra le politiche abitative e le politiche sociali (Peverini 2019).

Un'azione urbanistica minuta, all'intersezione con le politiche di welfare. La dimensione sociale delle politiche della casa è apparentemente fuori discussione, ma è fondamentale sottolineare come in Italia tale fronte di lavoro nelle amministrazioni comunali sia stato per lo più demandato agli uffici tecnici e alle politiche urbanistiche e che il nesso con le politiche e i servizi sociali si sia nel tempo spesso allentato, tanto più in fasi espansive. Uno snodo chiave nella definizione di politiche per l'abitare contemporanee sta nella capacità delle amministrazioni comunali di coniugare le politiche locali di welfare e quelle urbanistiche, valorizzando la capacità straordinaria che i servizi sociali hanno di registrare e comprendere le dinamiche quanto mai rapide del mutamento sociale. È senz'altro fondamentale intercettare e fare emergere bisogni che ancora non hanno il profilo di una domanda conclamata e che hanno tratti fortemente differenziati. La destandardizzazione della domanda costringe a considerare una grande varietà di profili che si distingue per i caratteri e le composizioni dei nuclei familiari, per le condizioni variabili di reddito, per il tratto durevole o temporaneo della domanda di casa. Le risposte che tipicamente i servizi sociali approntano in termini di «residenzialità» si caratterizzano proprio per un carattere temporaneo, sia che si tratti di soggetti sfrattati sia che si tratti di anziani collocati in una struttura protetta. Questa distinzione ha marcato per anni la differenza tra le politiche per la residenzialità (temporanea) in campo sociale e le politiche della casa (durevole) avanzate dalle politiche urbanistiche. Oggi la temporaneità della domanda ha tratti estensivi, sia che si tratti della domanda molto sociale e urgente di un nucleo sfrattato, sia di un padre divorziato, di un lavoratore temporaneamente dislocato in città o dello studente fuori sede. Organizzare un sistema di risposta composito ed efficace richiede certamente di collocarsi all'intersezione e di lavorare per mediare competenze, capacità e risorse tra uffici tecnici e servizi di welfare.

Case popolari e una diversa grana di intervento del progetto urbanistico. Come ben evidenzia il quadro composito di interventi di recupero, di riuso e di nuova costruzione previsti nel programma della città di Bologna, appare fondamentale oggi declinare il tema dello sviluppo e rilancio dell'edilizia residenziale pubblica aggiornando il *range* di interventi che possono essere messi in campo. Ancora forte è una propensione a collocare gli interventi di incremento del patrimonio entro piani di espansione urbanistica. Laddove invece il tema, ormai da anni consolidato, è quello della rigenerazione urbana, la progettualità urbanistica e architettonica ha da giocarsi a tutt'altra scala e grana di intervento. E ancora, ha da declinarsi entro una gamma di azioni e interventi assai diversificata che progressivamente richiederanno competenze che sfidano il repertorio culturale e di attitudini consolidate.

Una offerta abitativa adeguata ai bisogni contemporanei necessita di mettere in campo un ruolo di regia dell'Amministrazione Comunale a supporto di: processi di valorizzazione alternativa alla vendita del patrimonio di edilizia residenziale pubblica, attività di intermediazione tra proprietari privati e inquilini, processi di smobilitazione, riconversione e riuso di patrimoni inutilizzati.

Le sperimentazioni nella riconversione di immobili e patrimoni pubblici in edilizia residenziale pubblica sono state assai limitate in questi anni, così come nella individuazione di nuove possibili tipologie e soluzioni abitative. Da questo punto di vista, il programma bolognese nasce sotto i migliori auspici e configura un quadro di aspettative di rilievo. Con interesse ne faremo oggetto di ricerca e di osservazione.

Riferimenti bibliografici

Belotti, Emanuele, Caselli, Davide
2016 *La finanziarizzazione del* welfare*: una esplorazione del caso italiano*, «Working papers. Rivista online di Urban@it», 2.

Bricocoli, Massimo
2016 *Pratiche abitative e usi della casa*, «Territorio», 78, pp. 11-21.

Bricocoli, Massimo, Sabatinelli, Stefania
2019 *La casa come servizio, la casa come standard?*, «Territorio», 96, pp. 46-49.

Bricocoli, Massimo, Salento, Angelo
2020 *Housing and the Grounded City: Rent Extraction and Social Innovations*, in Filippo Barbera, Ian Rees Jones, *The Foundational Economy and Citizenship. Comparative Perspectives on Civil Repair*, Policy Press, Bristol, pp. 129-159.

Cucca, Roberta, Gaeta, Luca
2018 *Ritornare all'affitto. Politiche pubbliche contro la sclerosi proprietaria*, «Politiche Sociali», 1, pp. 85-100.

Federcasa
2015 *L'edilizia residenziale pubblica. Elemento centrale della risposta al disagio abitativo e all'abitazione sociale. Sintesi delle proposte Federcasa*, Roma.

Foster Emma Ann, Kerr Peter, Byrne Christopher
2014 *Rolling back to roll forward: Depolicitisation and the extension of government*, «Policy&Politics», 42(2), pp. 225-241.

Nomisma, Federcasa
2016 *Dimensione e caratteristiche del disagio abitativo in Italia e ruolo delle aziende per la casa. Sintesi*, Roma, disponibile on line (www.casaspa.it/INFORMAZIONI/nomisma/Circolare%20Nomisma.PDF).

Peverini, Marco
2019 *More than Affordable Housing. Potentials and Challenges of New Emerging Actors in the Development of Affordable Housing Supply*, *paper* presentato alla conferenza annuale dell'European Network for Housing Research, Atene.

Poggio, Teresio
2009 *Le principali dimensioni della disuguaglianza abitativa in Italia*, in Andrea Brandolini, Chiara Saraceno, Antonio Schizzerotto (a cura di), *Dimensioni della disuguaglianza in Italia. Povertà, salute, abitazione*, il Mulino, Bologna.

Sabatinelli, Stefania
2016 *La domanda abitativa oltre il fabbisogno*, «Territorio», 78, pp. 98-103.

Storto, Giancarlo
2018 *La casa abbandonata. Il racconto delle politiche abitative dal piano decennale ai programmi delle periferie*, Officina, Roma.

Talluri, Luca
2019 *La mappatura dell'Erp come strumento per la rigenerazione delle periferie*, «Working papers. Rivista online di Urban@it», 1.

Tosi, Antonio
1994 (a cura di), *La casa: il rischio e l'esclusione. Rapporto* IRS *sul disagio abitativo in Italia*, FrancoAngeli, Milano.
2017 *Le case dei poveri. È ancora possibile pensare un welfare abitativo?*, Mimesis, Milano-Udine.

Sulla prossimità

Patrizia Gabellini

Mille case per Bologna è un progetto che spicca nel panorama nazionale per almeno due ragioni: opera una significativa declinazione dei nuovi temi in continuità con una politica per la casa sociale che ha solide basi nell'amministrazione bolognese; si incardina nel nuovo strumento urbanistico di cui Bologna si è dotata, un PUG che si misura col coordinamento di politiche urbanistiche e politiche urbane.

Proprio l'interessante peculiarità dell'esperienza bolognese mi ha sollecitato una riflessione che spero non sia ritenuta estranea rispetto agli argomenti del libro.

Questa riflessione si è avviata in occasione della mia partecipazione alla Pescara Summer School 2020, che ha significativamente intitolato il concorso di progettazione del Borgo Marino Sud *Faraway, so close! Così lontano, così vicino! Abitare dopo la pandemia* invitando gli studenti partecipanti a misurarsi con prossimità e distanza nelle questioni sociali e spaziali[1]. Una concomitanza di iniziative, quella e questa, che ai miei occhi è sembrata un ulteriore segnale dell'insistente interesse per la prossimità nel discorso pubblico, nella pratica progettuale, nella formazione universitaria. Una convergenza che mi ha suggerito le considerazioni di seguito proposte, di fatto un invito a maneggiare con cautela il leitmotiv del momento.

L'orizzonte si restringe

Sono molte e importanti le ragioni che sottostanno a questa consonanza di vedute e la pandemia ha congiurato in tal senso (Bianchetti, Boano, Di Campli 2020). Infatti, le ripercussioni sul-

1 La Pescara Summer School 2020, iniziativa del Dipartimento di Architettura dell'Università degli studi G. D'annunzio di Chieti-Pescara, si è tenuta dal 2 al 12 settembre.

la sfera privata della costrizione delle libertà di movimento ha rinfocolato il fronte di studi e proposte sull'alloggio. Un fronte già ampiamente frequentato a seguito della rilevanza assunta dallo straordinario cambiamento della popolazione urbana che, negli ultimi decenni, ha modificato in profondità e articolato i modi di abitare favorendo lo sviluppo degli studi socio-antropologici e la ricerca sugli interni. A seguito della pandemia, sugli spazi urbani ci si è soffermati per metterne in luce e commentarne l'abbandono, per riflettere su un vuoto inedito, per esprimere la nostalgia nei confronti di una vita scomparsa (Amendola *et al.* 2020). Il Covid-19 ha creato una sorta di spartiacque tra la città vissuta, all'interno e al massimo nel raggio percorribile a piedi in un quarto d'ora, e la città di pietra, osservata più per la sua bellezza o la sua bruttezza che per la vivibilità che aveva o non aveva e quella che potrà riavere o perdere definitivamente. Se la pandemia ha avvalorato la temporaneità degli usi e acceso l'interesse per gli spazi di prossimità, per altra via questi stessi sono oggetto di massima attenzione progettuale per fronteggiare i disagi prodotti da ondate di calore e piogge abbondanti, gli effetti più comuni del cambiamento climatico. De-pavimentazione e rinaturalizzazione, piantumazione con specie adatte a garantire ombra d'estate e luce d'inverno, raccolta e deflusso delle acque da pioggia sono tra le azioni raccomandate dalla progettazione *nature-based* che più stanno cambiando o dovrebbero cambiare questa specie di spazi.

Lo sguardo si è affinato e l'orizzonte si è ristretto, in un movimento che può sembrare necessario, ma è anche foriero di segmentazione e particolarismi. Questa pervasività dovrebbe creare qualche disagio; a me interessa portarvi l'attenzione anche perché favorisce l'abbandono del lavoro sullo spazio allargato dell'abitare[2]. Quello della prossimità mi sembra il terreno progettuale che più si concilia con la dimensione astratta, strategica dell'urbano che si è affermata nell'urbanistica italiana[3], e non solo (Bonfantini 2020), per cui può capitare che si affidino a un

2 Tema questo che, un po' in controtendenza, è stato posto al centro del seminario internazionale *Forma Urbis y Territorios Metropolitanos. Metrópolis en recomposición. Prospectivas proyectuales en el siglo* XXI, IV Congresso ISUF-H, Barcellona, 28-30 settembre, webinar.

3 Ho sviluppato questo punto in un testo per la rivista «Territorio» (n. 94, 2021, di prossima pubblicazione): *Il nuovo* PUG *di Bologna più strategico che strutturale: una radicalità su cui riflettere.*

nuovo *housing* le aspettative di una città rinnovata e nel contempo di una multiculturalità risolta, che la deriva localistica venga accarezzata come espressione di resistenza alla globalizzazione con le sue minacce nei confronti di specificità e identità.

Non perdere la «coda dell'occhio»

La serie delle foto di Paola De Pietri, Allegra Martin e Fabio Mantovani è assai interessante, sia per i singoli «discorsi» fotografici che propone, sia per il racconto che complessivamente costruisce. Le foto di Paola De Pietri, sulle tracce dell'abbandono di chi lascia la propria casa, sono quelle che più si addentrano nell'intimo dell'abitare, ma fanno bene il paio con le foto di Allegra Martin, che mettono di fronte al variegato insieme di abitanti che si trovano (in posa) dietro alla porta di casa, e con quelle di Fabio Mantovani che si soffermano sui modi d'uso dei differenti vani da parte dei giovani inquilini. Quelle di Mantovani ci mostrano anche gli esterni che costituiscono un tutt'uno con le abitazioni. Nell'insieme, spaccati di prossimità che ci portano dentro agli spazi vissuti, in un ambito circoscritto, privato, semiprivato, semipubblico, che le politiche recenti auspicano «condiviso» promuovendo *co-housing*, *co-working*, condomini intergenerazionali.

Queste immagini rinviano al coro, diventato via via più ricco di voci, su un abitare che mette al centro la casa e, semmai, ne comprende gli immediati prolungamenti, su un *housing* la cui qualità sembra voler fagocitare le dimensioni plurime dello spazio urbano e territoriale, compensandone le carenze ma anche rendendosene in qualche modo autonomo.

Le parole si confondono

Parlare di prossimità e di vicinanza non è la stessa cosa, benché le due parole possano sembrare sinonimi e come tali vengano spesso usate. La stessa con-fusione che la pandemia ha creato raccomandando il distanziamento fisico e traducendo le istruzioni in «Save the Social Distance». Come la distanza, così la vicinanza può avere significati spaziali, temporali, culturali, sociali, perfino filosofici, essere ideale ed esprimere affinità. Tuttavia, la prossimità di cui possono parlare architetti e urbanisti è di tipo spaziale, si traduce nella creazione e concatenazione delle forme, nell'accostamento degli usi, può favorire od ostacolare altre vicinanze ma non determinarle. La prossimità di cui ci si occupa in sede tecnica è una vicinanza «ridotta» alla componente che può essere effettivamente trattabile con il progetto dello spazio fisico.

Oggi questa distinzione tra prossimità e vicinanza è difficile da cogliere, date le modalità di lavoro sempre più transdisciplinari e interdisciplinari e la conseguente ibridazione dei linguaggi. Tuttavia è importante mantenerla sul piano concettuale se aiuta a capire e a temperare i limiti della pratica progettuale. Infatti, la polisemia del termine tradisce e i discorsi impastati possono diventare anomia nelle pratiche disciplinari rendendo la prospettiva della prossimità fuorviante e un po' consolatoria.

Non dimenticare le radici e le derive

Occorre riconoscere che di nuovo, oggi, ci sono soprattutto le circostanze, che sono queste a riattualizzare la riflessione su un tema, la prossimità, che ha radici lunghe. Esse ci riportano all'urbanistica «culturalista» e a quel filone della pre-urbanistica che la stessa Françoise Choay (1973) ha chiamato «Antropopoli», dove le componenti filosofiche, sociali e antropologiche del discorso sulla città si sono sovrapposte e contrapposte a quelle più tecniche. Queste ultime, apparentemente intrise delle altre, sono state coltivate dall'Urban Design diventandone una prerogativa, poi si sono ben accomodate con le ragioni del mercato nella declinazione del New Urbanism (Dutton 2000).

Un approfondimento genealogico sarebbe necessario in una stagione che ha perso memoria o non è più interessata a essa, proprio allo scopo di meglio comprendere la mutazione in atto affinando la capacità di apprezzare i gradi e la portata del cambiamento avvenuto rispetto al passato. In quei riferimenti si riconosce la nostalgia per una prossimità che è mescolanza di genti e di pratiche, ma dal sapore medievale, vi si trovano pensieri, posizioni e proposte che marcano la distanza dalla modernità proprio per l'attenzione centrata sui temi esistenziali più che su quelli sociali, sulla memoria e l'identità più che sull'innovazione, l'igiene e il comfort. L'elogio della prossimità ha importanti radici conservatrici: senza specificazioni e cautele induce a scivolare verso l'isolamento, imposto o voluto, deriva che riconosciamo nella città sotto forma di ghetti, dove l'esclusione è subita, e di enclave dove, invece, è scelta per difendere e custodire una diversità, per salvaguardare un'identità (Lilla 2018).

La condivisione degli spazi comuni è un dilemma

Le foto di Fabio Mantovani sugli spazi comuni ne mostrano l'adattamento alla contemporaneità con riguardo alle differenti esigenze e pratiche d'uso dei nuovi abitanti (i posti auto interrati, le sedute, un piccolo giardino privato, il posto per la bicicletta, la rimozione delle barriere architettoniche). Spazi comuni che Andrea Di Giovanni (2010) definisce come normali/ordinari, semplici/generici/universali, diffusi/frequenti, ma anche collettivi/pubblici, condivisi/partecipati. Queste ultime dimensioni sono suggerite da altre immagini dei tre fotografi e sono ben presenti nel progetto Mille case per Bologna e nella strategia «Abitabilità e inclusione» del Piano Urbanistico Generale della città.

Sono però le dimensioni più problematiche, dove i progettisti si scontrano con i limiti delle loro competenze e con il dilemma insito nel rapporto tra spazio e società. Con le aporie che, per esempio, sono rese evidenti dal libro che tenta una rassegna dei *Monuments of Everyday Life* (Hartmann 2019) oppure dal confronto sullo spazio pubblico organizzato dalla Fondazione Feltrinelli di Milano per gli incontri *About a City. Rethinking Cities*[4]. Il discorso attuale sugli spazi comuni, la componente dello spazio d'uso pubblico posta tra gli edifici, propriamente *in-between*, si è decisamente spostato sul versante socio-antropologico per quanto riguarda l'interpretazione, e sulle politiche per quanto riguarda l'intervento, sganciandosi dagli spazi e dai loro assetti in maniera così decisa da insinuare il dubbio che quelli siano tutto sommato irrilevanti. La capacità di tenere insieme la specificità dei contesti fisici e le molteplici esigenze degli abitanti – sperimentata ad esempio nelle centinaia di *playgrounds* realizzati ad Amsterdam tra il 1947 e il 1978 sotto la guida di Aldo van Eyck, rilevanti per il significato assunto e la prospettiva aperta (Di Giovanni 2010) – sembra molto difficile nella rigenerazione della città contemporanea, dove si sono indeboliti sia i legami

4 Cfr. *About a City 2019 – Ripensare le citta \ Diario delle Giornate*, Prima sessione, Spazio pubblico, fondazionefeltrinelli.it/aboutacity2019diario/.

spaziali nel territorio urbano, sia i legami sociali tra le persone. La necessità di un riuso diffuso in una città affetta da abbandoni, così come teorizzata dal Tactical Urbanism (Gabellini 2016), può produrre lo scollamento delle pratiche sociali dalle forme dello spazio, nonostante lo sforzo di alcuni architetti e urbanisti di ridefinire il proprio lavoro nella prospettiva della flessibilità (Bergevoet, Tuijl 2016).

Le condizioni per una rigenerazione degli spazi comuni sono almeno due: l'adeguamento delle case alle nuove popolazioni e alle loro pratiche, l'attivazione degli abitanti che da destinatari di un'offerta ne diventano attori e gestori. La trasformazione sociale ed economica che ha visto aumentare i nuclei abitativi costituiti da single e anziani soli, giovani coppie senza figli, stranieri con famiglie a volte numerose, studenti e lavoratori fuori sede, accomunati forse solo da redditi bassi e/o precari, evidentemente chiede agli alloggi e agli spazi comuni, interni ed esterni, dotazioni e prestazioni diverse da quelle del passato, certamente da quelle che cercavano di corrispondere alle domande delle famiglie operaie, immigrate ma con prospettive di integrazione e miglioramento delle proprie condizioni economiche.

Gli spazi comuni presi in cura dagli anziani per dare valore al proprio tempo, per socializzare o per affezione al decoro, ci raccontano alcune storie di condivisione. Ugualmente significativi sono gli orti ricavati nei ritagli dagli abitanti che riscoprono il rapporto con la terra per la produzione di cibo sano o per la sussistenza, oppure per l'affermazione di valori diversi e talvolta antagonisti come quelli del *guerrilla gardening*. Esperienze manifeste, percorsi vari che talvolta sono riusciti a generare forme di collaborazione suggerendo il nascere di un «welfare di prossimità». Ma c'è anche l'abbandono degli spazi comuni perché gli abitanti giovani hanno una vita prevalentemente «fuori casa»: per lavoro, interessi di incontro, ostilità e/o indifferenza nei confronti dei vicini di casa. Per questo diventa necessario considerare forme e modi del coinvolgimento, posto che i temi legati alla prossimità ne sono il terreno privilegiato. Il numero monografico su *La città condivisa* della rivista «Sentieri Urbani» (2017) aiuta a farlo.

I conflitti generati dalla complessità sono aspri e si scaricano proprio sull'uso dello spazio, conteso per esigenze drammatizzate dalla scarsità e per sistemi di valori talvolta inconciliabili. Il che fare è problematico e il successo resta eventuale e fragile. Il progettista deve esserne consapevole per non illudersi e per non demordere o frustrarsi. La partecipazione non è solo ascolto, ma anche sostegno alla «costruzione» di domande nuove attraverso interazione, ostensione di esperienze diverse, invito a riconsiderare ciò che sembra scontato e a cambiare la prospettiva. Con partecipazione si intendono pratiche diverse che vanno dal «semplice» coinvolgimento con l'informazione, alla progettazione partecipata, alla deliberazione, alla costruzione di una cittadinanza attiva, in un crescendo che da ascoltatori porta i cittadini a diventare protagonisti e responsabili a pieno titolo degli spazi che abitano. Un crescendo che viene riassunto dalle parole informare, consultare, coinvolgere, cooperare, capacitare, ma che non è scontato: lo stadio più avanzato, l'*empowerment*, è una tensione che può anche rimanere irrisolta.

Riferimenti bibliografici

Amendola, Giandomenico *et al.*
2020 *Città fragili. Bari, Bergamo, Bologna, Catanzaro, Firenze, Genova, Milano, Napoli, Palermo, Roma, Torino, Venezia, ai tempi del coronavirus*, Ancsa Documenti, Gubbio.

Bergevoet, Tom, Tuijl, Maarten van
2016 *The Flexible City. Sustainable Solutions for a Europe in Transition*, nai010 Publishers, Rotterdam.

Bianchetti, Cristina, Boano, Camillo, di Campli, Antonio
2020 *Against Quarantine Urbanism. Che cosa può, se può, il progetto?*, «Territorio», 92, pp. 7-9.

Bonfantini, Bertrando
2020 *La forma della strategia*, «Territorio», 92, pp. 191-192.

Choay, Françoise
1973 *La città. Utopie e realtà* (1965), 2 voll., Einaudi, Torino.

Di Giovanni, Andrea
2010 *Spazi comuni. Progetto urbanistico e vita in pubblico nella città contemporanea*, Carocci, Roma.

Dutton, John A.
2000 *New American Urbanism. Re-forming the Suburban Metropolis*, Skira, Milano.

Gabellini, Patrizia
2016 *Una scommessa/A Wager*, «Urbanistica», 157, pp. 5-7.

Hartmann, Sarah
2019 *Monuments of Everyday Life. Interplays of City, Infrastructure and Architecture in São Paulo*, Jovis Verlag GmbH, Berlin.

Lilla, Mark
2018 *L'identità non è di sinistra. Oltre l'antipolitica* (2017), Marsilio, Venezia.

«Sentieri Urbani»
2017 «Sentieri Urbani», 21 (*La città condivisa*).

Mille case, tre piani
Un progetto pubblico a più dimensioni

Paola Savoldi

L'iniziativa bolognese è la prova insieme della necessità e della possibilità di pensare e procedere altrimenti, oggi, nel disegno delle politiche abitative, a fronte di due variabili importanti.

La prima variabile riguarda il mutamento dei bisogni, il profilo frastagliato della domanda abitativa, la crisi economica, che ha assunto tratti di persistenza, strutturali. La precarietà dei redditi, l'invecchiamento della popolazione, la diversa articolazione degli assetti familiari costituiscono ormai dati stabili (Sabatinelli 2016).

La seconda variabile riguarda le dinamiche di trasformazione e riqualificazione del patrimonio abitativo in una prospettiva che aggancia il disegno del futuro della città (l'elaborazione del nuovo piano, *in primis*) a due azioni congiunte: una consiste in una serie di interventi diffusi sul patrimonio esistente, l'altra interviene sul destino di un insieme di ambiti e luoghi in attesa di compimento, i progetti interrotti.

Sono in gioco alcune delle ambizioni e delle responsabilità che storicamente sono ascritte all'urbanistica, o meglio ancora all'amministrazione dell'urbanistica (Campos Venuti 1967; Gabellini 2018) e siamo dunque di fronte a una sperimentazione di cui osservare i presupposti e lo sviluppo, poiché potrebbe fare scuola, in Italia. Non è del resto la prima volta. Impossibile non pensare in particolare all'esperienza dell'applicazione dei Piani di edilizia economica popolare nell'ambito del centro storico, come atto pioneristico e lungimirante compiuto dall'Amministrazione bolognese, nel corso degli anni Settanta (Cervellati, Scannavini, De Angelis 1977; Campos Venuti 1991; De Angelis 2013).

La mia ipotesi è che il programma straordinario Mille case per Bologna si presti a essere discusso come uno strumento che testimonia alcuni riposizionamenti possibili nel campo dell'urbanistica, attraverso la combinazione di alcune politiche pubbliche, quali anzitutto le politiche della casa, le politiche sociali, le politiche di rigenerazione urbana[1]. Per argomentare questa ipotesi mostrerò che nel programma Mille case è possibile riconoscere la matrice e l'eco di almeno tre strumenti di pianificazione, così come è possibile segnalarne l'evoluzione, in chiave contemporanea.

Un piano di zona, discreto

Uno degli obiettivi alla base dell'istituzione dei Piani di zona per l'edilizia economica popolare, nel 1962, era il contenimento della rendita, attraverso un intervento che agisse sulle dinamiche del libero mercato acquisendo suoli da destinare alla produzione di alloggi di proprietà pubblica e di alloggi che sarebbero stati accessibili a prezzi calmierati (Campos Venuti 1967; Ferracuti, Marcelloni 1982). Analogamente, oggi, incrementare il numero di alloggi pubblici può contribuire a ridurre alcuni degli effetti della turistificazione, primo tra tutti il costo dei canoni di locazione, calibrati per lo più su permanenze molto brevi. Ma può anche agire trasformando la domanda abitativa espressa dagli studenti universitari da pilastro a sostegno di una offerta in regime di libero mercato, con canoni elevati, a supporto di una politica di calmieramento dei costi di accesso alla locazione.

Un secondo obiettivo dei Piani di zona era dare una risposta immediata a una domanda ingente di nuovi alloggi e a condizioni diffuse di povertà abitativa. Tutt'ora, agire sul parco dell'edilizia residenziale pubblica significa prendere atto della necessità di anticipare e affrontare condizioni emergenziali, in relazione alle condizioni di incertezza e fragilità che sempre più spesso connotano le carriere abitative (Bricocoli, Sabatinelli, Savoldi 2016; Fregolent, Torri 2018). Significa inoltre agganciare politiche abitative e politiche sociali, nella costruzione di soluzioni congiunte e mirate, a fronte di situazioni ricorrenti, ma diversificate, di disagio e marginalità sociale e abitativa (Tosi 2017).

1 Le politiche di rigenerazione urbana, in particolare, potrebbero trovare una interpretazione non scontata, in una fase in cui i rimandi a rigenerazione, riqualificazione e recupero, sono ricorsivi e si prestano a essere praticati in modi non equivalenti: dalla bozza di legge Lupi, poi legge n. 47 del 2014, alle interpretazioni accolte nelle diverse leggi urbanistiche regionali, fino al recente decreto legge n. 76 del 2020, noto come Decreto semplificazioni, poi legge n. 120 dell'11 settembre 2020, che contiene importanti provvedimenti in materia.

Cambia invece, rispetto ai Piani di zona, l'organizzazione spaziale del programma. Non si tratta più di zone di espansione relativamente estese, ma di inserti nella città costruita, secondo due diverse configurazioni: interventi puntuali, attraverso la ristrutturazione di immobili sfitti; interventi d'ambito, attraverso il completamento di operazioni di conversione e nuova edificazione. Si produce dunque nello spazio urbano un ampliamento del demanio comunale (Baioni, Caudo, Vazzoler 2019) non più continuo ma discreto, una riqualificazione dello stock abitativo pubblico con possibili effetti di rigenerazione sull'intorno.

Diversamente dai Piani di zona, il programma Mille case non è né uno strumento con ambizioni definitivamente risolutive, né prevede di agire su un tempo lungo. Il trattamento della domanda e dei bisogni abitativi è organizzato su un insieme di provvedimenti dei quali il programma fa parte e la prospettiva temporale individuata corrisponde anzitutto ai due anni successivi al momento dell'avvio. La realizzazione dei progetti di nuova edificazione, di cui il programma sostiene la progettazione definitiva ed esecutiva, è prevista per un periodo immediatamente successivo. La logica è dunque incrementale, sulla base delle condizioni possibili di intervento, in stretta relazione con programmi e azioni condotti in regime ordinario, anzitutto da parte di Acer, nelle opere di manutenzione e ristrutturazione del patrimonio abitativo pubblico esistente.

Una variabile ulteriore è infine rappresentata dall'intesa operativa tra attori (e proprietari) pubblici e dall'immediato impegno di risorse. I Piani di zona definivano infatti un insieme di aree entro le quali l'Amministrazione Comunale avesse garantita la disponibilità di un suolo per governarne lo sviluppo. Si trattava dell'organizzazione spaziale di interventi potenziali che avrebbero potuto aver seguito grazie a forme di accordo tra governo locale, enti di scopo, quali gli istituti autonomi delle case popolari, e operatori del settore come le diverse cooperative edilizie[2]. Il piano attuale invece sancisce un passaggio più avanzato sotto il profilo operativo, tanto da implicare tempi brevi e impegnare una quota di risorse definita.

2 Campos Venuti identifica come unico grosso difetto della legge n. 167 la carenza di finanziamenti, oltre ai tradizionali ritardi e ai controlli burocratici che, nonostante precise disposizioni contrarie, ne rendono l'impiego meno facile (Campos Venuti 1967, 109).

Ancor più che in passato si dà oggi la necessità di intervenire e rinnovare condizioni materiali d'uso del patrimonio abitativo esistente, anzitutto in nome della riduzione del consumo di suolo urbanizzato. A Bologna, sono rintracciabili alcune sperimentazioni importanti, avviate in tempi remoti e recenti. Il più lontano nel tempo, già richiamato in apertura, è il Piano di edilizia economico popolare che ha riguardato in particolare il centro storico della città, garantendo la presenza di alloggi pubblici in ambiti in cui la progressiva valorizzazione degli immobili avrebbe espulso parte dei cittadini a basso reddito. Il secondo antecedente è più prossimo nel tempo e corrisponde a una concatenazione di scelte che hanno condotto – nel segno della continuità – ai provvedimenti più recenti espressi nel Piano Urbanistico Generale e nel programma Mille case per Bologna. In particolare i due piani operativi comunali tematici, avviati tra il 2015 e il 2016, sono stati rispettivamente dedicati alla «qualificazione urbana diffusa» e alla «rigenerazione dei patrimoni pubblici», con il proposito di trattare la cosiddetta crisi del grande progetto urbano e lo stallo di alcune operazioni di trasformazione urbana, avviate tra la metà degli anni Novanta e i primi anni Duemila (Sampieri, Savoldi 2013; Evangelisti 2016; Gabellini 2016; Ginocchini 2016)[3]. Anche in questi casi è in gioco la città esistente così come la possibilità di indurre nuove dinamiche di riconversione, ma l'ambito di attenzione non è più circoscritto al centro storico e l'edilizia residenziale pubblica non è il bersaglio principale.

Il programma Mille case per Bologna assume e rilancia una doppia accezione di recupero e riuso degli spazi urbani. La prima si riferisce ai singoli alloggi, di proprietà pubblica (il Comune di Bologna, Acer), attualmente inutilizzati, e ne sostiene le opere di manutenzione o ristrutturazione. Si ripristina la disponibilità di alloggi già esistenti, in tempi rapidi. La seconda accezione invece

3 Il piano per la qualificazione urbana diffusa ha selezionato 27 progetti candidati da operatori privati e 31 aree dismesse, a fronte di 100 proposte complessivamente presentate. I progetti sono concentrati tra Navile e San Vitale (si veda Comune di Bologna, *Programma per la qualificazione urbana diffusa*, 18 febbraio 2015); dei 27 progetti, 5 sono stati a oggi realizzati e 6 sono in corso di attuazione, 44 sono gli alloggi di edilizia residenziale sociale di cui è prevista la realizzazione (Comune di Bologna, *Piano Urbanistico Generale. Approfondimenti conoscitivi*, febbraio 2020, p. 191).

rimanda alla riattivazione di operazioni urbane almeno parzialmente incompiute. Il piano sostiene quindi la realizzazione di nuove edificazioni, entro specifici ambiti di trasformazione urbana nei quali sia già contemplato l'impegno a produrre una quota di alloggi in regime di edilizia residenziale pubblica[4].

Si estende dunque il campo d'azione, assumendo tutto il patrimonio abitativo esistente come suscettibile di azioni di recupero, a distanza di diversi decenni dalla edificazione di molti dei quartieri di edilizia residenziale pubblica presenti a Bologna. Quel che conta è che l'intervento del soggetto pubblico, l'Amministrazione Comunale, è mirato a predisporre garanzie (di tempi, di procedure) per gli operatori – sia privati che pubblici – coinvolti nelle operazioni di trasformazione e riconversione della città: un appello e un processo di guida e intermediazione a fronte di una condizione di stallo.

Un piano sociale, materiale

Mille case per Bologna è quel che si può a tutti gli effetti definire un progetto pubblico. Lo è perché l'impulso è fortemente radicato nella logica di due importanti istituzioni pubbliche locali, il Comune e Acer. Lo è perché le risorse mobilitate sono pubbliche. Infine, ma anzitutto, lo è perché mira a consolidare ed estendere uno specifico segmento dell'edilizia residenziale a Bologna. Non mancano e non mancheranno proposte riconducibili al dominio esteso del *social housing*[5], ma questa iniziativa potrebbe invece mirare prevalentemente all'edilizia residenziale pubblica, segnando una inversione di rotta rispetto alle tendenze che hanno connotato la gran parte delle politiche abitative avviate nel corso degli ultimi decenni in Italia (Baldini 2010; Filandri 2015).

Il programma agisce su un'importante infrastruttura dell'economia fondamentale (Collettivo per l'economia fondamentale

4 In uno dei lotti contemplati dal protocollo di intesa si sancisce che una quota di alloggi in regime di edilizia residenziale sociale venga realizzata invece in regime di edilizia residenziale pubblica.

5 Intendendo con questo termine l'interpretazione internazionale del termine, ovvero una varietà di soluzioni abitative i cui costi di accesso sono inferiori a quelli del libero mercato e la cui iniziativa non pertiene esclusivamente a un soggetto pubblico (Bronzini 2014; Tosi 2017; Bricocoli, Sabatinelli 2019; Iaione, Bernardi, De Nictolis 2019).

2019), la casa, che diventa una delle dotazioni a cui può ricorrere chi programma e attua le politiche sociali cittadine. Tale servizio ha una dimensione materiale importante e costitutiva: apre al diritto di fruire di uno spazio di cui vengono regolate condizioni d'uso e di rilascio, ma apre pure ad altri importanti diritti (la sanità, l'istruzione), fondamentali nella costruzione di percorsi di crescita e di emancipazione (Ascoli, Bronzini 2018).

Le intenzioni espresse nel protocollo d'intesa che regola gli aspetti fondamentali del programma sembrano ammettere una varietà di destinatari: giovani famiglie, anziani e studenti fuori sede. Secondo le analisi del nuovo piano urbanistico e le premesse del nuovo programma questi gruppi di cittadini rappresentano una componente importante della «domanda sociale» che potrà essere soddisfatta grazie a una opportuna diversificazione dell'offerta abitativa. In tutti i casi, l'adeguamento degli alloggi pubblici, la loro assimilazione entro graduatorie di accesso alla casa oppure la definizione di criteri di accesso specifici, infine l'assegnazione e la gestione delle unità abitative costituiscono una concatenazione di azioni che esige dialogo e coordinamento tra Acer e Amministrazione Comunale, così come tra i diversi settori, quali ad esempio sanità e welfare, politiche giovanili e politiche abitative.

Ma il programma Mille case potrebbe essere sociale e molto sociale (Tosi 2017), nella misura in cui l'accesso alla casa è soprattutto l'ammissione a un servizio per chi rischia di scivolare in condizioni di povertà o esclusione abitativa (Bricocoli, Sabatinelli 2019). Come dire che le politiche abitative possono (tornare a) essere uno dei pilastri del welfare, seppure in chiave municipale (Torgersen 1987; Ascoli, Bronzini 2018), con implicazioni certe, nel medio periodo, in termini di riduzione della spesa sociale.

Qualche domanda, in attesa

Il programma può essere visto come uno strumento agile e apparentemente modesto. Prende anzitutto la forma di un accordo tra le parti, Comune di Bologna e Acer, che hanno sottoscritto un protocollo d'intesa. Non richiede procedure di elaborazione e approvazione complesse, insiste su processi già prevalentemente istruiti, sia da parte dell'Amministrazione Comunale che da parte di Acer. Tuttavia, sia la mole di risorse stanziate, sia alcune delle logiche implicite, sono tutt'altro che modeste e sembrano confermare una tendenza dell'Amministrazione Comunale ad assumere un ruolo di impulso e possibilmente di innovazione, non solo nella direzione di una estensione e diversificazione del patrimonio abitativo pubblico, ma anche con l'obiettivo di agire sulla ripresa di operazioni di trasformazione incompiute attraverso la produzione di nuovi alloggi in regime di edilizia pubblica. A fronte di una sostanziale assenza di politiche nazionali in materia di politiche abitative che da anni pesa sul territorio italiano, la soluzione intrapresa ha base locale. Non uno Stato innovatore dunque (Mazzucato 2014), ma una Amministrazione potenzialmente innovatrice. Alcuni aspetti meritano di essere monitorati ed eventualmente ricalibrati. Di seguito, sono richiamati in forma di domanda quelli che mi paiono più influenti, in relazione alle tre dimensioni che ho delineato sin qui.

Edilizia residenziale pubblica e edilizia residenziale sociale. Il programma Mille case ha una massa critica sufficiente ad affrontare bisogni e domande abitative a Bologna nel corso dei prossimi mesi? Il Piano Urbanistico Generale prevede possano essere realizzati 6000 nuovi alloggi in regime di edilizia sociale nei prossimi dieci anni[6]. Di certo la previsione di nuove edificazioni, entro ambiti di riconversione, potrà incidere sull'ampiezza del parco abitativo, ma sarà necessario capire e distinguere l'incidenza dell'edilizia pubblica, rispetto all'edilizia sociale. Così come sarà importante comprendere quali saranno i vincoli associati alle quote di edilizia sociale, sia in termini di condizioni di accesso alla locazione (canoni, in particolare), sia in termini di titolo di godimento: gli immobili saranno di proprietà pubblica o resteranno in capo ai singoli operatori che ne garantiranno la locazione a prezzi calmierati per un periodo di tempo definito?

La rimodulazione del patrimonio esistente. Le operazioni di adeguamento degli alloggi esistenti saranno volte esclusivamente a rendere agibili e confortevoli gli alloggi, mantenendone il taglio e la distribuzione degli ambienti oppure potranno contemplare progetti di frazionamento, accorpamento o rimodulazione? Se

6 Comune di Bologna, *Disciplina del Piano. Documento di proposta di Piano Urbanistico Generale. Assetti e Strategie*, febbraio 2020, p. 37.

parte della domanda e dei bisogni abitativi sono mutati, potrebbe rivelarsi utile procedere sul patrimonio costruito adeguandone alcune caratteristiche tipologiche e distributive o progettandone tratti di flessibilità tali da permettere di estendere o contrarre l'estensione di un alloggio, in relazione all'assetto dei nuclei familiari a cui sarà via via assegnato nel tempo. È questa una opzione evidentemente più onerosa di un semplice ripristino, ma si tratta di un fronte di sperimentazione che potrebbe in prima istanza riguardare un piccolo insieme di casi sui quali testare competenze progettuali, costi di realizzazione ed esiti.

Meccanismi, criteri e luoghi di assegnazione. Gli interventi sul patrimonio esistente, in particolare sugli alloggi attualmente inutilizzati, definiranno tendenzialmente una geografia occasionale. Si tratta di luoghi diversi in cui si riaccenderà la possibilità di abitare, in modo probabilmente indipendente dall'appartenenza alle aree marginali che il piano urbanistico ha identificato. Come comprendere e valutare nessi e interferenze? Gli alloggi recuperati, saranno destinati a estendere il parco di alloggi agganciato alle graduatorie di accesso all'edilizia residenziale pubblica? Oppure potranno essere assegnati in deroga alla graduatoria, a fronte di casi di emergenza abitativa? O ancora potrebbero essere riservati tutti o in parte a categorie specifiche, quali ad esempio gli studenti universitari?

Mentre il laboratorio bolognese sta praticando una sperimentazione di frontiera, c'è da chiedersi se e in quale misura possa accadere qualcosa di simile anche altrove, in Italia (e dove) e quindi se il programma Mille case possa nel prossimo futuro diventare un riferimento, nel merito e nel metodo.

Riferimenti bibliografici

Ascoli, Ugo, Bronzini, Micol
2018 *Il welfare, la casa, l'abitare: lo scenario nazionale. Nota introduttiva*, «La Rivista delle Politiche Sociali», 4, pp. 9-23.

Baioni, Mauro, Caudo, Giovanni, Vazzoler, Nicola
2019 *Il suolo conteso: intenzioni e sopravvenienze nel secondo Peep di Roma*, «Territorio», 90, pp. 37-45.

Baldini, Massimo
2010 *La casa degli italiani*, il Mulino, Bologna.

Bricocoli, Massimo, Sabatinelli, Stefania
2019 *La casa come servizio, la casa come standard? Riflessioni da Milano, Lombardia*, «Territorio», 90, pp. 46-49.

Bricocoli, Massimo, Sabatinelli, Stefania, Savoldi, Paola
2016 *Innovare le politiche abitative in una città di proprietari*, «Territorio», 78, pp. 93-97.

Bronzini, Micol
2014 *Nuove forme dell'abitare. L'housing sociale in Italia*, Carocci, Roma.

Campos Venuti, Giuseppe
1967 *Amministrare l'urbanistica*, Einaudi, Torino.
1985 *Innovazione e continuità nell'urbanistica bolognese*, «Urbanistica», 78.
1991 *L'urbanistica riformista*, ETAS libri, Milano.

Cervellati, Pier Luigi, Scannavini, Roberto, De Angelis, Carlo
1977 *La nuova cultura delle città: la salvaguardia dei centri storici, la riappropriazione sociale degli organismi urbani e l'analisi dello sviluppo territoriale nell'esperienza di Bologna*, Edizioni scientifiche e tecniche Mondadori, Milano.

Collettivo per l'economia fondamentale
2019 *Economia fondamentale. L'infrastruttura della vita quotidiana*, Einaudi, Torino.

De Angelis, Carlo
2013 *Quarant'anni dopo. Piano PEEP Centro storico 1973*, «Ricerche e progetti per il territorio, la città e l'architettura», 6.

Evangelisti, Francesco
2016 *Trasformazioni interrotte: come garantire l'abitabilità*, «Urbanistica», 158, pp. 68-73.

Ferracuti, Giovanni, Marcelloni, Maurizio
1982 *La casa. Mercato e programmazione*, Einaudi, Torino.

Filandri, Marianna
2015 *Proprietari a tutti i costi. La disuguaglianza abitativa in Italia*, Carocci, Roma.

Fregolent, Laura, Torri, Rossana (a cura di)
2018 *L'Italia senza casa. Bisogni emergenti e politiche per l'abitare*, FrancoAngeli, Milano.

Gabellini, Patrizia
2016 *Bologna 2011-2016: tra bilancio e prospettive*, «Urbanistica», 158, pp. 56-63.
2018 *Le mutazioni dell'urbanistica. Principi, tecniche, competenze*, Carocci, Roma.

Ginocchini, Giovanni
2016 *Il confronto con la città: dentro l'agenda politica*, «Urbanistica», 158, pp. 83-88.

Iaione, Christian, Bernardi, Monica, De Nictolis, Elena (a cura di)
2019 *La casa per tutti. Modelli di gestione innovativa e sostenibile per l'adequate housing*, il Mulino, Bologna.

Mazzucato, Mariana
2014 *Lo Stato innovatore*, Laterza, Roma-Bari.

Sabatinelli, Stefania
2016 *La domanda abitativa oltre il fabbisogno*, «Territorio», 78, pp. 93-97.

Sampieri, Angelo, Savoldi, Paola
2013 *Resize. Un projet urbain à l'épreuve de la citoyenneté: le cas de l'ancien marché agricole à Bologne*, in Massimo Bricocoli, Paola Savoldi, *Projets urbains sous observation. La construction et la mise en place dans le contexte italien*, DASTU - Politecnico di Milano-Ministère de l'Egalité des Territoires et du Logement, Paris.

Torgersen, Ulf
1987 *Housing: the Wobbly Pillar under the Welfare State*, «Scandinavian Housing and Planning Research», 4, 1, pp. 116-126.

Tosi, Antonio
2017 *Le case dei poveri. È ancora possibile pensare un welfare abitativo?*, Mimesis, Milano.

Lo sguardo del Piano sulla casa

Francesco Evangelisti

La legge, il Piano, l'edilizia residenziale sociale

Per descrivere gli obiettivi e le strategie del nuovo Piano Urbanistico Generale (PUG) di Bologna, adottato dal Consiglio Comunale il 30 novembre 2020, con particolare riferimento all'incremento dell'edilizia residenziale sociale (ERS), è opportuno confrontarsi con i contenuti della legge regionale n. 24 del 21 dicembre 2017, *Disciplina regionale sulla tutela e l'uso del territorio*. Benché la Regione Emilia-Romagna sia dotata di uno specifico strumento legislativo che regola l'intervento pubblico nel settore abitativo[1], la nuova legge urbanistica ha trattato l'argomento per definire una nuova collocazione del tema ERS nei processi di rigenerazione urbana che intende promuovere, attribuendo a questo una posizione rilevante nel Piano comunale.

Infatti, già l'art. 1, nel fissare gli obiettivi generali per il governo del territorio, lega «la promozione degli interventi di edilizia residenziale sociale e delle ulteriori azioni per il soddisfacimento del diritto all'abitazione» alla «rigenerazione dei territori urbanizzati e al miglioramento della qualità urbana e edilizia». Potrebbe sembrare un fatto scontato per una legge il cui primo obiettivo è contenere il consumo di suolo, ma si tratta di una decisione significativa, i cui esiti non sono invece certi. Infatti già da anni a Bologna le politiche comunali si confrontano con l'esigenza di adeguare il considerevole patrimonio di edilizia residenziale pubblica di proprietà comunale al mutare della città e dei suoi abitanti, avviando processi riconducibili a quelli di «rigenerazione», come è evidente da ultimo negli interventi del programma Mille case; ma per quanto riguarda l'integrazione dell'ERS nei programmi privati di trasformazione urbana, le esperienze degli ultimi anni non hanno prodotto risultati di rilievo.

1 Legge regionale n. 24 dell'8 agosto 2001, modificata e integrata successivamente, in particolare con la legge n. 24 del 13 dicembre 2013.

La legge tratta di edilizia residenziale «sociale», senza mai accennare all'edilizia residenziale «pubblica», esprimendo così una prima scelta significativa a favore dell'intervento privato per la soluzione del problema della casa.

La legge non ritiene però suo compito definire cosa costituisca l'ERS, rimandando di fatto alla definizione contenuta nella legge regionale 24/2001 e nel decreto del ministro delle Infrastrutture del 22 aprile 2008, che è però molto ampia. Il Piano di Bologna, come vedremo, ha deciso di prendere posizione, proponendo invece una sua interpretazione.

L'ERS è collocata al centro del processo di rigenerazione e questa è la seconda scelta rilevante. L'art. 7 comma 2 della legge regionale 24/2017 descrive il processo di rigenerazione nella relazione tra interventi di trasformazione fisica e funzionale, attribuendo un ruolo costitutivo all'ERS[2]. Al comma 4 dello stesso articolo, quando si definiscono gli interventi di «addensamento o sostituzione urbana», si cita esplicitamente «l'attuazione di interventi di edilizia residenziale sociale» come componente di «processi di riqualificazione» che prevedono una significativa trasformazione di «aree strategiche della città ovvero di aree degradate, marginali, dismesse o di scarsa utilizzazione edificatoria».

La «Strategia per la qualità urbana ed ecologico ambientale», definita all'art. 34 della legge, è lo strumento chiave per l'introduzione nel Piano di politiche finalizzate all'incremento dell'ERS: il comma 3 dell'articolo affida alla Strategia del PUG tre importanti scelte.

La prima è in realtà un obbligo, ovvero quello di «specificare le diverse esigenze abitative presenti nel territorio comunale alla luce delle analisi demografiche operate dal quadro conoscitivo e stabilire le modalità con cui gli interventi di riuso e rigenerazione e di nuova urbanizzazione concorrono al soddisfacimento di tale fabbisogno, prevedendo, se necessario, forme di compensazione per il maggior onere». Quindi alla usuale sequenza cono-

2 «Gli strumenti di pianificazione territoriale e urbanistica privilegiano il riuso dei suoli urbani e la loro rigenerazione. Gli interventi di riuso e di rigenerazione urbana riguardano spazi e edifici, sia pubblici che privati, da qualificare attraverso interventi di demolizione e ricostruzione, nuova costruzione e densificazione, e prevedono l'inserimento di nuove funzioni diversificate, di edilizia residenziale sociale, di spazi e strutture di servizio pubblico».

scenza-progetto si associano subito «forme di compensazione», ovvero interventi di carattere economico a supporto delle previsioni, che non escludono la nuova urbanizzazione.

La Strategia, poi, «tenuto anche conto dell'entità e del valore di tali interventi o trasformazioni, può prevedere la cessione al Comune a titolo gratuito, quali aree per dotazioni territoriali, di aree da destinare ad edilizia residenziale sociale». Si continua quindi a perseguire una linea, già presente nelle leggi regionali emiliane sul governo del territorio, che tende a considerare le aree per interventi dell'ERS come dotazioni territoriali: una scelta importante ma anche rischiosa, se non gestita oculatamente dai piani comunali.

Da ultimo, «nei Comuni ad alta tensione abitativa la Strategia prevede una quota complessiva di edilizia residenziale sociale comunque non inferiore al 20 per cento degli alloggi ammissibili». Questa indicazione pure conferma una disposizione previgente, inserendola però in un contesto diverso, con qualche difficoltà di interpretazione: un piano non conformativo come quello che deriva dalla legge regionale 24/2017, privo di un dimensionamento, come può definire il 20% di un 100% ignoto? Su questo anche l'applicazione bolognese ha generato qualche incomprensione.

È alla Strategia che la legge (art. 8) delega la possibilità di prevedere «incentivi urbanistici», tra i quali «allo scopo di favorire l'attuazione delle politiche pubbliche per la casa [...], gli accordi operativi e i piani attuativi di iniziativa pubblica possono riconoscere ulteriori quote edificatorie, a compensazione dell'impegno assunto dal privato di realizzare, nell'ambito dell'intervento di riuso e di rigenerazione urbana, una quota di alloggi di edilizia residenziale sociale [...]». Qui si tratta della «compensazione del maggior onere» precedentemente definito, in una maniera che prefigura un funzionamento del Piano non scontato.

E ancora alla Strategia è assegnato il compito di riconoscere standard urbanistici differenziati (art. 9), un articolo importante perché ha l'obiettivo di «aggiornare» le dotazioni territoriali alla stagione della rigenerazione urbana: «Il Comune, allo scopo di promuovere la realizzazione di interventi di edilizia residenziale sociale con il concorso dei privati, può conferire agli stessi, in diritto di superficie, le aree pubbliche destinate a servizi nelle quali non siano state realizzate, o non siano in corso di realizzazione, dotazioni territoriali, infrastrutture o servizi pubblici, quale concorso per la realizzazione dei medesimi interventi, secondo criteri di imparzialità e trasparenza, qualora nel documento di Valutazione preventiva della sostenibilità ambientale e territoriale (Valsat) sia verificato che l'adeguamento delle dotazioni di attrezzature e spazi collettivi, pregressi e quelli generati dagli interventi, sia pienamente soddisfatto nei medesimi ambiti o in aree contermini ovvero in aree agevolmente accessibili con appositi percorsi ciclo pedonali protetti e con l'apposita organizzazione dei trasporti pubblici». In questo modo la legge ha inteso rimettere in gioco la realizzazione di aree destinate all'uso pubblico e non attuate, con un'opzione a favore della realizzazione dell'ERS di iniziativa privata, ipotizzando un meccanismo la cui convenienza economica per gli operatori sarà interessante verificare.

A testimoniare la priorità stabilita per la realizzazione di interventi ERS sta anche il comma 3 dell'art. 5 («Contenimento del consumo di suolo»), nel quale si considera che gli «interventi di edilizia residenziale sociale, comprensivi unicamente della quota di edilizia libera indispensabile per assicurare la fattibilità economico finanziaria dell'intervento» costituiscano eccezione rispetto a un divieto generalizzato di consumo di suolo per nuove edificazioni residenziali. In questo caso si ammette quindi (entro limiti poi stabiliti dalla legge) di allargare la città nel territorio periurbano, creando altresì le condizioni per un equilibrio nel quale la fattibilità dell'ERS è sostenuta da «edilizia libera».

Perché e come estendere l'accesso alla casa

Il PUG di Bologna[3] ha considerato le richieste della legge, secondo una propria interpretazione della stessa, anche in assenza di altre esperienze affermate. Questo vale anche per le scelte relative all'ERS che, proprio in virtù dell'autonomia che la legge concede al Piano, rispondono in maniera originale alle questioni sopra richiamate.

Il Piano trae dal profilo interpretativo del quadro conoscitivo (*Profilo e conoscenze*) una visione che riconosce la dimensione di «piccola

3 Per la consultazione di tutti gli elaborati citati si rimanda al sito web: comune.bologna.it/pug. In particolare il documento *Leggere il Piano* è una guida ai contenuti principali e alla consultazione del PUG.

metropoli europea», caratterizzata dalla ricchezza di differenze e da una forma «disegnata per le persone». Sulla base di questi caratteri la città afferma di voler «diventare sempre più sostenibile e inclusiva, capace di attirare imprese, lavoro, giovani, famiglie».

Dalla visione il Piano deduce tre obiettivi (una città resiliente, abitabile e inclusiva, attrattiva e al lavoro) messi in relazione con dodici strategie urbane, ventiquattro strategie locali (riferite ad altrettante parti significative della città), e una sessantina di azioni[4]. Il tutto inserito in un continuo confronto con la dimensione processuale garantita dalla valutazione di sostenibilità ambientale e territoriale che lega conoscenze, valutazioni e monitoraggio delle trasformazioni.

«Estendere l'accesso alla casa» è la strategia, legata ad abitabilità e inclusione, che parte dalle indagini conoscitive sull'offerta e la domanda di abitazioni (che Marco Guerzoni ha ben sintetizzato sulla base dei contributi dell'Istituto Cattaneo, del Dipartimento di Sociologia e Diritto dell'Economia dell'Università di Bologna, di Nomisma[5]) per definire azioni finalizzate a risolvere i problemi rilevati:

- favorire l'aumento e l'innovazione di offerta abitativa in locazione (Azione 2.1a);
- favorire l'aumento di offerta abitativa sociale (Azione 2.1b);
- sperimentare nuove forme abitative (Azione 2.1c);
- introdurre mix funzionali e tipologici nelle aree specializzate prossime a tessuti residenziali (Azione 2.1d);
- coinvolgere le comunità attraverso processi partecipativi (Azione 2.1e).

Edilizia residenziale sociale: una ridefinizione mirata

Le azioni 2.1a e 2.1b mettono al centro della rigenerazione il maggiore problema rilevato in sede di definizione del profilo «abitati-

4 L'insieme delle azioni e delle tavole che ne indicano la territorializzazione, raccolte in una parte del piano denominata *Assetti e strategie* costituisce la Strategia per la qualità urbana ed ecologico-ambientale di cui all'art. 34 della legge regionale 24/2017.

5 Si vedano le diverse schede della sezione *Profilo e conoscenze*: la n. 14. *Settore delle costruzioni e mercato immobiliare* del paragrafo b) *Sistema economico*, tutte quelle di e) *Patrimonio abitativo*, la n. 77. *Aree a rischio di marginalità sociale* del paragrafo l) *Dimensione sociale*.

vo» della città: per sostenere la capacità attrattiva di Bologna servono molti alloggi in locazione, e molti di questi alloggi devono rivolgersi a un mercato sociale. Questo dato è la condizione per la rigenerazione, non un suo effetto. Non è possibile oggi immaginare un mercato diverso da questo: «Dalle analisi di *Profilo e conoscenze* emerge come la domanda di abitazioni a Bologna sia in crescita esponenziale, mentre l'offerta risulti pressoché azzerata, soprattutto nelle zone centrali. Questa compressione del mercato ha contribuito a spingere verso l'alto i canoni e la domanda potenziale di locazioni a Bologna continua a risultare superiore all'offerta disponibile. Emerge la necessità di incrementare e assicurare una varia e adeguata offerta di nuove abitazioni, per andare incontro alla domanda e alle esigenze di ampie e differenti richieste da parte di anziani, giovani, famiglie, studenti e lavoratori» (descrizione dell'Azione 2.1a nella *Disciplina del Piano*).

I criteri per la realizzazione delle nuove abitazioni sono fissati dalla strategia 1.1 («Favorire la rigenerazione di suoli antropizzati e contrastare il consumo di suolo»): le nuove abitazioni verranno realizzate con il recupero del patrimonio edilizio esistente (Azione 1.1a), con il completamento di piani attuativi vigenti (Azione 1.1b), ovvero attraverso interventi di riuso e rigenerazione di aree urbane (Azione 1.1c); la scelta di concentrarsi su queste sole possibilità di intervento non coglie quindi alcune delle opportunità offerte dalla legge, che, come visto sopra, avrebbe consentito anche il consumo di suoli agricoli a fronte della edificazione di interventi di ERS: questa inversione di priorità non è stata ritenuta coerente con gli obiettivi fissati in termini di resilienza dal Piano per cui non sono stati previsti interventi in espansione.

L'Azione 2.1a contiene alcuni «indirizzi per le politiche urbane» finalizzati a orientare l'azione del Comune in questa direzione (incentivi tributari per la locazione, controllo della locazione a breve termine, sostegno a nuovi modelli abitativi, potenziamento del Fondo sociale per l'affitto, garanzie di accesso a persone disabili).

L'Azione 2.1b contiene una definizione «propria» dell'ERS, che va a colmare la genericità delle definizioni nazionale e regionale, per fare aderire l'offerta di ERS al contesto sociale ed economico di Bologna.

Una prima parte della definizione è di carattere generale[6]: è sociale la locazione, a canoni inferiori a quelli di mercato, per un tempo significativo.

Una seconda parte invece approfondisce questa definizione generale, identificando – in via esclusiva – otto differenti tipologie di ERS; la norma comporta un forte allargamento degli interventi ammissibili rispetto al più tradizionale concetto di «edilizia convenzionata», riferito all'abitazione: si tratta di tipologie di intervento e gestione molto differenziate, che possono soddisfare esigenze di porzioni diverse di mercato, senza mettere in discussione le caratteristiche «sociali» di queste forme di abitazione. Dentro a questa definizione sta infatti il riconoscimento della grande tradizione bolognese in tema di *housing sociale* (l'edilizia residenziale pubblica, l'edilizia cooperativa convenzionata e quella a proprietà indivisa), il riconoscimento del valore «sociale» della domanda abitativa espressa da soggetti quali gli studenti e gli anziani (sia nell'attuazione pubblica che in quella privata degli interventi), il riconoscimento del valore sociale di nuovi modi di intendere l'abitare. Di questa ultima tipologia tratta l'Azione 2.1c, che costituisce un tentativo di riconoscimento della specialità e dell'utilità sociale di nuove forme di abitare collettivo che si vanno sviluppando in città e che il Comune intende incentivare (con il riconoscimento di premi che sono in relazione all'apertura alla città della vita delle comunità di abitanti). È un lavoro in corso da anni, che ha portato alla realizzazione di importanti esperienze di *co-housing* (con progetti pubblici e privati), sperimentazioni difficilmente codificabili e che potranno dare forma a nuovi e ulteriori modi di abitare la città.

L'Azione 2.1b contiene alcuni «indirizzi per le politiche urbane» (cosa intende fare il Comune per favorire la realizzazione di questi obiettivi, con l'utilizzazione di risorse proprie o con l'accesso a risorse messe in gioco da altri soggetti).

Nelle «condizioni di sostenibilità per gli interventi urbanistici» viene dichiarato il fabbisogno di 6000 alloggi sociali (che deriva dal quadro conoscitivo richiamato) come orizzonte per

6 «Si definiscono interventi di ERS quegli interventi di interesse generale funzionali ad incrementare e a differenziare l'offerta di servizi abitativi in locazione, o a proprietà indivisa e assimilabili, a canoni inferiori a quelli di mercato, in modo permanente o per una durata non inferiore a venti anni».

l'attuazione del Piano (conformemente a quanto richiesto dalla legge; ma questo numero non può essere letto, come si diceva, come il 20% di un fabbisogno complessivo che la legge giustamente non chiede di definire) e le modalità con le quali gli attuatori di strumenti urbanistici (accordi operativi e piani attuativi di iniziativa pubblica, ovvero permessi di costruire convenzionati) sono chiamati a contribuire alla realizzazione di questi obiettivi (la contribuzione è commisurata alle tipologie e alle dimensioni degli interventi di trasformazione proposti).

Dentro il processo della rigenerazione

Il punto 02.b di «Procedure e processi», la prima parte della *Disciplina del Piano*, contiene alcune indicazioni finalizzate a relazionare le tante e diverse Azioni del Piano all'interno dell'unico processo di trasformazione della città. «Il processo si confronta con la rigenerazione della città esistente. La rigenerazione è una necessità, ma anche l'opportunità di avviare un processo continuo, multiscalare, multidimensionale, intersettoriale, che può dare un nuovo slancio culturale, economico e sociale alla città se accanto agli interventi di trasformazione edilizia e urbanistica viene avviato un processo di rigenerazione sociale. L'integrazione di progettazione urbanistica, innovazione sociale, investimenti immobiliari, in parti urbane in cerca di nuovi usi e significati, permette di immaginare una città sempre più policentrica e policulturale. I progetti di rigenerazione creano nuove infrastrutture sociali, nuovi valori, per innovare lo spazio e la società». Dentro a questa prospettiva gli spazi per l'edilizia sociale sono molteplici.

Coinvolgere le comunità interessate ai progetti, garantendo la partecipazione dei cittadini e il corretto funzionamento delle istituzioni (qualità e trasparenza nel confronto) è indispensabile per rafforzare la democrazia, evitando la perdita di fiducia da parte di famiglie e imprese, particolarmente sentita in alcune parti svantaggiate della città. Per questa ragione la Strategia 2.1 si chiude con una Azione 2.1e «Coinvolgere le comunità attraverso processi partecipativi», che richiama il compito ineludibile del confronto tra promotori degli interventi di trasformazione, Comune e abitanti della città, un lavoro intrinseco al processo di rigenerazione: «I processi partecipativi hanno l'obiettivo di accrescere la qualità delle trasformazioni e introdurre innovazione, valorizzando il contributo conoscitivo e propositivo derivante dalla percezione degli abitanti, dalla creatività diffusa e dalle pratiche d'uso in atto; questo si traduce in un accrescimento dell'efficacia dell'azione pubblica, promuove la cura del territorio valorizzando la cittadinanza attiva, favorisce la coesione e l'inclusione sociale. L'attivazione di processi partecipativi in occasione di interventi urbanistici è essenziale per migliorare l'inserimento delle trasformazioni nel contesto urbano esistente».

La conversione di immobili dismessi, promossa dall'Azione 2.2e «Sperimentare nuove forme di gestione temporanea delle aree dismesse» è per ora pensata più per l'attivazione di attività di carattere culturale o di servizio, ma è potenzialmente interessante anche in relazione alla sperimentazione di usi abitativi, anche in forme temporanee; la norma comprende tra le utilizzazioni che è possibile proporre temporaneamente anche «strutture temporanee per mobilità abitativa». Si pensa qui a una ciclicità di utilizzo breve in termini di ospitalità e non permanenza, ma anche ad abitazioni temporanee che vengono utilizzate e dismesse in un ciclo definito e scandito dai tempi di realizzazione degli interventi di riqualificazione di edifici abitativi esistenti e subordinate alla programmazione dei lavori di ripristino.

La prefigurazione di sistemi di gestione innovativa, per rispondere a profili di domanda diversificati come quelli che caratterizzano la domanda di nuovi alloggi in locazione per le diverse popolazioni della città è un altro aspetto del processo illustrato nel punto 02.b: «Il gestore sociale cura lo sviluppo delle comunità che si formano attorno ai nuovi nuclei abitativi (quella degli utenti, degli utilizzatori di spazi comuni, specifiche reti partenariali attivate su progetti) e offre servizi (sociali, culturali, per il tempo libero, di promozione del lavoro ecc.) alla comunità locale». La necessità di dotarsi di un soggetto di questo tipo è indicata come necessaria per alcuni interventi urbanistici dall'Azione 2.1b.

Lavorare sulla fragilità, nello spazio pubblico

Il quadro conoscitivo del Piano include differenti mappature delle condizioni di fragilità del territorio. Una prima rappresentazione lo analizza dal punto di vista demografico, economico e sociale[7]. L'incrocio dei parametri utilizzati sulle aree statistiche produce un'immagine di periferia inaspettata, nella quale le maggiori condizioni di fragilità non sono localizzate solo nelle parti più esterne della città, ma possono interessare aree «centrali». Una seconda rappresentazione[8] considera invece la distribuzione di variabili che descrivono lo stato di salute della città (dati sulle patologie e sulla erogazione di prestazioni sanitarie). Anche in questo caso è stato definito un indice complessivo di fragilità che descrive i rischi per la salute della popolazione residente nelle diverse parti della città. Le zone a maggiore fragilità demo-socio-economica si sovrappongono a quelle a maggiore vulnerabilità per la salute. La terza applicazione[9], a partire dalle due precedenti, indagando la distribuzione nella città delle abitazioni popolari e le caratteristiche sociali della comunità che le abita, ha dimostrato la coincidenza tra le zone a maggiore concentrazione di case popolari con quelle a maggiore fragilità per gli altri aspetti. In questo modo si è arrivati alla mappatura di sette aree considerate «a rischio di marginalità sociale».

Il Piano ha deciso di non consentire la realizzazione di nuovi interventi di ERS e soprattutto di lavorare sulla rigenerazione partecipata degli spazi pubblici in queste aree.

L'Azione 2.2a, nell'intento generale di «Favorire la riqualificazione e la realizzazione delle dotazioni territoriali», richiede che le politiche urbane dedichino particolare attenzione alla realizzazione e alla riqualificazione delle attrezzature e degli spazi pubblici nelle aree che sono state individuate come «a rischio di marginalità sociale». D'altra parte nello stesso spazio pubblico si manifestano alcuni degli effetti conseguenti la crisi ambientale della città (alluvioni, isole di calore, inquinamenti antropici, rumore, aria, elettromagnetismo), che incidono in maniera significativa sulla salute. Il Piano intende quindi continuare il lavoro sull'abitabilità di uno spazio pubblico sempre più resiliente e inclusivo, che negli ultimi anni è stata spesso associata a percorsi

7 Cfr. la scheda 4. *Fragilità demografica, economica e sociale* del paragrafo a) *Popolazione* della sezione *Profilo e conoscenze* del Piano Urbanistico Generale.

8 Prodotta nel 2018 dall'Area welfare e promozione del benessere di comunità del Comune, assieme al Dipartimento di Salute Pubblica dell'Azienda sanitaria di Bologna.

9 Cfr. la scheda 78. *Aree a rischio di marginalità sociale* del paragrafo l) *Dimensione sociale* della sezione *Profilo e conoscenze* del Piano Urbanistico Generale.

di innovazione sociale[10]. Il Piano affida alla discussione pubblica nei Laboratori di Quartiere le strategie locali nelle quali trovare il senso comune della realizzazione di interventi di rigenerazione diffusa in tutta la città.

Qualità dell'abitare sociale

La Strategia 2.3 richiede di «Ridisegnare gli spazi e le attrezzature», introducendo nel Piano aspetti importanti per la progettazione di una città diversa: si parte dall'esigenza di rendere la città universalmente accessibile (Azione 2.3a), estendendo poi questo atteggiamento alla continua ri-qualificazione degli spazi e delle attrezzature pubbliche (Azione 2.3b), per poi arrivare alla necessità del continuo rimodellamento delle spazio stradale in relazione alle mutevoli esigenze della città (2.3c). Queste azioni hanno l'obiettivo di contribuire a un mutamento di atteggiamento progettuale, consapevole della complessità della sfida della rigenerazione urbana, giocata sia sul piano dell'aumento della resilienza del sistema urbano, che sul piano dell'abitabilità e della sostenibilità economica.

Ma questa tensione verso il nuovo non può non confrontarsi con il ricco deposito storico della città, oggetto della strategia 2.4 che intende combinare esigenze di conservazione e di rinnovamento del paesaggio storico urbano. In particolare faccio riferimento all'Azione 2.4d, «Valorizzare l'architettura e gli agglomerati d'interesse culturale e testimoniale del secondo Novecento», nella quale si afferma che «il paesaggio urbano storico non è costituito solo dall'eredità più antica della città (le parti centrali, gli edifici storici) ma anche dal patrimonio moderno e contemporaneo che ha dato forma alla città che oggi è abitata»; «l'impianto urbanistico degli agglomerati d'interesse culturale e

10 I progetti dei Contratti di quartiere, i progetti Bella Fuori finanziati dalla Fondazione del Monte, i progetti finanziati con le risorse nazionali del Piano Città e del Piano per la riqualificazione e la sicurezza delle periferie, come anche quelli finanziati attraverso il recente bando regionale per la rigenerazione urbana e con il PON Metro e il Bilancio Partecipativo e che sono oggetto di discussione all'interno dei Laboratori di Quartiere condotti dalla Fondazione Innovazione Urbana, sono la dimostrazione che questo approccio è utilmente praticabile e fattibile in città.

testimoniale del secondo Novecento è importante testimonianza della tensione verso la modernità che la città ha dimostrato nel Novecento. Le parti di città che ne derivano sono ricche di dotazioni e attrezzature pubbliche e ancora oggi dimostrano un buon bilanciamento tra edificato e spazio aperto. L'impianto urbanistico, le tipologie edilizie sviluppate e il linguaggio architettonico utilizzato sono da valorizzare come eredità formale e concettuale attraverso il mantenimento dell'equilibrio tra gli spazi pubblici e privati, la persistenza dei caratteri culturali e testimoniali degli edifici, con particolare riferimento agli spazi comuni, e una adeguata cura e manutenzione dei luoghi, anche attraverso il concorso dei cittadini».

La maggior parte di questi agglomerati sono i quartieri storici dell'edilizia pubblica in città, spesso considerati esito di progettazioni esemplari (la Bolognina operaia dei primi del Novecento, il Cavedone Ina-casa e la Barca del CEP degli anni Cinquanta, i PEEP del Pilastro e della Pescarola negli anni Settanta, la piazza dei Colori degli anni Novanta), progetti nati come risposte urbanistiche ai problemi sociali della città.

E sono i luoghi nei quali è stato realizzato il programma Mille case e che De Pietri, Mantovani e Martin ci invitano a esplorare attraverso le loro immagini, a conferma di una attenzione continua a un problema sempre diverso: luoghi e spazi esistenti che interagiscono con popolazioni mutevoli, influenzandone la vita e venendone a loro volta trasformati.

Si chiude così il ragionamento intrapreso a partire dai contenuti della legge regionale 24/2017, e il confronto con il PUG di Bologna: l'edilizia sociale e l'edilizia popolare stanno al centro di un progetto di rigenerazione che parte dall'adeguamento della città esistente a nuove esigenze di resilienza, abitabilità e attrattività. Questo progetto si confronta con una città che ha dimostrato nel tempo una grande attenzione al tema dell'abitare sociale, che ha prodotto edifici e spazi urbani significativi, che oggi devono essere riletti alla luce dei nuovi obiettivi per dar seguito al loro fondamentale ruolo di meccanismo di inclusione sociale.

APPARATI

Didascalie

Paola De Pietri

Ex clinica odontoiatrica Arturo Beretta

38-71 Bologna, settembre 2020

Edificio di via Fioravanti 24

75-99 Bologna, settembre 2020

Fabio Mantovani

01_architettura

105 Corte Colonna, Bologna, 30 novembre 2019
107 Via Albani 1, Bologna, 29 novembre 2019
109-111 Via Albani 1, Bologna, 30 novembre 2019
113 Via Albani 1, Bologna, 29 novembre 2019
114-115 Corte Colonna, Bologna, 28 novembre 2019
116-117 Corte Colonna, Bologna, 12 dicembre 2019

02_spazi comuni

121 Assemblea inquilini via del Porto 15, Bologna, 7 dicembre 2019
122 Serata presentazione libri per ragazzi via del Porto 15, Bologna, 5 dicembre 2019
123 Serata prove via del Porto 15, Bologna, 26 novembre 2019
124 Mercato interno via del Porto 15, Bologna, 26 novembre 2019
125 Ciclofficina via del Porto 15, Bologna, 30 novembre 2019
126 Area ricreativa via del Porto 15, Bologna, 30 novembre 2019
127 Lavanderia comune via del Porto 15, Bologna, 26 novembre 2019
129 Festa di via del Porto 15, Bologna, 4 dicembre 2019

03_interni

133 Via del Porto 15, Bologna, 26 novembre 2019
134 Via del Porto 15, Bologna, 29 novembre 2019
135 Via del Porto 15, Bologna, 30 novembre 2019
136 Via del Porto 15, Bologna, 4 dicembre 2019
137 Via del Porto 15, Bologna, 12 dicembre 2019
139 Via Albani 1, Bologna, 5 dicembre 2019
140-143 Villaggio Gandusio, Bologna, 4 dicembre 2019
144 Villaggio Gandusio, Bologna, 5 dicembre 2019
145 Villaggio Gandusio, Bologna, 4 dicembre 2019
146-147 Villaggio Gandusio, Bologna, 5 dicembre 2019

Allegra Martin

150-151 Blocco residenziale via Gandusio, Bologna, 2020
153 Crispin, studente, progetto *HousingBo*, villaggio Gandusio, Bologna, 2020
154-155 Vista dall'alloggio di Crispin su via Luigi Vestri, Bologna, 2020

Notizie biografiche

Bertrando Bonfantini

È professore ordinario di Urbanistica presso il Politecnico di Milano (DAStU). Dopo essere stato vicedirettore della rivista «Urbanistica», dell'Istituto Nazionale di Urbanistica, dal 2017 dirige la rivista «Territorio». Ha partecipato alla redazione del Piano Particolareggiato di Recupero di Bergamo Alta e Borgo Canale (2002-2004) e del Piano Urbanistico Comunale di Jesi (2003-2006). A Bologna è stato collaboratore alla consulenza generale del Piano Urbanistico Comunale (2006-2009) e co-responsabile della consulenza metodologica per il nuovo Piano Urbanistico Generale (2018-2019). Tra le pubblicazioni: *Dentro l'urbanistica* (FrancoAngeli, Milano 2017); *Bergamo. Piani 1880-2000* (Maggioli, Santarcangelo di Romagna 2008), *Progetto urbanistico e città esistente* (Clup, Milano 2002). Con Francesco Evangelisti, ha curato *Bologna. Leggere il nuovo piano urbanistico* (Edisai, Ferrara 2009).

Massimo Bricocoli

È professore ordinario di Tecnica e pianificazione urbanistica e direttore del Dipartimento di Architettura e Studi Urbani del Politecnico di Milano. Ha insegnato presso lo Iuav e l'Università Ca' Foscari a Venezia, l'Université du Luxembourg e la HafenCity University di Amburgo. È membro del comitato scientifico del programma IBA_Wien - Neues Soziales Wohnen 2016-2022 sull'innovazione dell'edilizia sociale, promosso dalla città di Vienna. Si occupa di forme e modi dell'azione pubblica nel governo del territorio, dei nessi tra politiche di welfare e politiche urbanistiche, di politiche della casa. Su questi temi ha coordinato e contribuisce a progetti di ricerca in Italia e all'estero e ha pubblicato un ampio numero di contributi.

Paola De Pietri

Le sue immagini nascono da una attenta osservazione del territorio, sia quello urbano delle città italiane, sia quello organico e vegetale della natura. Ha lavorato fin dalle prime serie di fotografie sul tema del rapporto dell'uomo con lo spazio e delle sue dinamiche temporali. Ha esposto in numerose musei, in mostre personali e collettive, tra cui la Galleria d'Arte Moderna di Bologna; il Fotomuseum di Winterthur; il Museum of Contemporary Art a Shanghai; il Museo di Fotografia Contemporanea a Cinisello Balsamo; Le Bal a Parigi; il MAXXI di Roma; la Triennale di Milano; il Leopold Museum a Vienna; il Mart di Rovereto; il MAST a Bologna; il Bozar a Bruxelles; il Museion di Bolzano; il Multimedia Art Museum a Mosca e il Die Photographische Sammlung a Colonia. Tra i libri pubblicati si ricordano: *Improvvisamente. Terre in Movimento* (Quodlibet, Macerata 2018); *Istanbul New Stories* (Steidl, Göttingen 2017); *Seccoumidofuoco* (Linea di Confine, Rubiera 2016); *To Face* (Steidl, Göttingen 2012); *Paola De Pietri. Dittici* (Art&, Udine 1998). Nel 2009 ha vinto il premio Albert Renger-Patzsch.

Francesco Evangelisti

Architetto, è dirigente del Comune di Bologna dal 2005. Attualmente è direttore dell'Ufficio di Piano del Dipartimento Urbanistica, Casa e Ambiente. Ha progettato piani territoriali e urbanistici e piani particolareggiati e attuativi, come professionista e in collaborazione con società di progettazione; come responsabile di unità organizzative di amministrazioni locali ha coordinato la progettazione o l'approvazione di piani urbanistici generali e attuativi, programmi di riqualificazione urbana e di edilizia sociale, progetti di intervento su spazi pubblici, nonché lo svolgimento di percorsi di progettazione urbanistica partecipata. Ha svolto il ruolo di membro di commissioni per la valutazione di progetti nell'ambito di concorsi e di commissioni esaminatrici e pubblicato articoli e saggi su volumi e riviste specializzate.

Patrizia Gabellini

Architetto, già professore ordinario di Urbanistica al Politecnico di Milano dove ha diretto il Dipartimento di Architettura e Pianificazione, è stata assessore all'Urbanistica, Città storica e Ambiente del Comune di Bologna dal 2011 al 2016. Ha progettato ed è stata consulente per piani e progetti urbanistici a varie scale. Ha diretto la rivista «Urbanistica», ha fondato e dirige la rivista online «Planum. The Journal of Urbanism». *Le mutazioni dell'urbanistica*, pubblicato da Carocci nel 2018, è il suo ultimo libro.

Marco Guerzoni

Urbanista, per il Comune di Bologna si occupa di programmazione delle politiche per la casa nell'ambito della pianificazione urbanistica. Ha svolto attività di ricerca e didattica sui temi dell'abitare e della trasformazioni urbane e territoriali, sui quali ha scritto e curato diverse pubblicazioni in volumi e riviste specializzate. Per Quodlibet ha curato con Matteo Agnoletto, *La campagna necessaria. Un'agenda d'intervento dopo l'esplosione urbana* (2012).

Fabio Mantovani

Nato a Bologna nel 1970. Professionista dal 1996, attivo nella fotografia di architettura, d'interni, e corporate. Le sue foto sono pubblicate su diverse riviste italiane ed europee, tra cui «Domus», «The Plan», «D - la Repubblica delle donne», «Style - Corriere della Sera», «Interni», «D - Casa», «Elle Decor», «Private», «Art Magazine» (Germania), «Monocle» (Gran Bretagna), «Japan Times» (Giappone), «Le Monde» (Francia), «Ojo de Pez» (Spagna), «BPD Magazine» (Paesi Bassi), «Bauwelt» (Germania).

Ha esposto i suoi lavori in varie gallerie, musei e manifestazioni, tra cui il MAXXI di Roma, la Triennale di Milano, il Festival Fotografico Europeo di Legnano, lo Spazio Belvedere a Milano, il World Architecture Festival di Berlino, l'India Arch Dialogue a Nuova Delhi, il Museo della Storia a Bologna, il Camec della Spezia e lo Spazio Lavì! a Sarnano.

Tra le più recenti pubblicazioni, *Cento case popolari* a cura di Sara Marini (Quodlibet, Macerata 2017), sull'architettura sociale italiana realizzata tra gli anni Sessanta e Ottanta; *Amabili resti di architettura* di Giulia Menzietti (Quodlibet, Macerata 2017), un saggio sull'architettura modernista italiana e sulla sua eredità nel presente; *H2O* a cura dell'Istituto dei Beni Culturali (Danilo Montanari Editore, Ravenna 2018); *6.5 - Una Casa* a cura di Piero Orlandi (Danilo Montanari Editore, Ravenna 2018), sul tema del recente terremoto nelle Marche; *Rileggere Samonà* a cura di Laura Pujia (Roma TrE-Press, Roma 2020), sull'opera dell'architetto Giuseppe Samonà.

Allegra Martin

Laureata in architettura presso l'università Iuav di Venezia, vive e lavora a Milano. Il suo lavoro è stato esposto in Italia presso la Triennale di Milano, il MAXXI, il MACRO, la Biennale Architettura di Venezia, la Fondazione FORMA per la Fotografia, Viasaterna Arte Contemporanea, Linea di Confine, la Fondazione Francesco Fabbri e la Fondazione Bevilacqua La Masa; all'estero presso Die Photographische Sammlung / SK Stiftung Kultur di Colonia, la Galerie f5.6 di Monaco di Baviera, l'Istituto Italiano di Cultura di Copenaghen, l'Istituto Internazionale di Architettura i2a di Lugano.

Le sue fotografie fanno parte della Collezione Donata Pizzi, dell'archivio di Linea di Confine per la Fotografia Contemporanea, della collezione del Museo di Fotografia Contemporanea MUFOCO e del MAXXI di Roma.

Tra le pubblicazioni, si segnalano: *Salento moderno* (Humboldt Books, Milano 2018); *Red Desert Now* (Linea di Confine, Rubiera 2017); *Double Bind* (Quinlan, San Severino Marche 2015); *Lido* (Osservatorio Fotografico, Ravenna 2014); con Gerry Johansson, *Breadfield. Second Choice* (Breadfield Press, Malmö, 2014).

Paola Savoldi

È professore associato di Tecnica e pianificazione urbanistica presso il Dipartimento di Architettura e Studi Urbani del Politecnico di Milano. Svolge attività di ricerca nell'ambito delle politiche abitative in relazione ai processi di trasformazione delle città contemporanee in Europa. Ha collaborato e collabora con numerose istituzioni pubbliche tra le quali Regione Lombardia, Comune di Milano, Comune di Modena, Comune di Torino e, in ambito internazionale, con Plan Urbanisme Construction Architecture, centro di ricerca e di sperimentazione a supporto dei ministeri francesi della Cohésion des territoires, de la Transition écologique et solidaire, de la Culture, et de la Recherche.

Ringraziamenti

Questo libro è il risultato della paziente collaborazione e della generosa disponibilità di molte persone, il cui nome non compare tra le pagine del volume ma che qui si intende ringraziare.

Silvia Calastri e Samantha Trombetta hanno reso possibile la realizzazione della campagna fotografica, senza il loro contributo questo volume non sarebbe nato; Direttore generale del Comune di Bologna (Valerio Montalto); Ufficio Comunicazione / Gabinetto del sindaco di Bologna (Armando Nanni, Paola Frontera, Giusi Marcante); Acer – Bologna (Alessandro Alberani, Marco Bertuzzi, Giuliano Palagi, Antonio Frighi, Germano Severini); Ergo – Azienda per il Diritto agli Studi Superiori della Regione Emilia-Romagna (Patrizia Mondin, Giovanni Rinaldi); Open Group Soc. Coop. (Elisa Puntin); gli abitanti del complesso di Edilizia Residenziale Pubblica villaggio Gandusio; gli studenti universitari del progetto *HousingBO*; Arci Guernelli; Cucine Popolari Bologna Social Food; gli abitanti del *co-housing* Porto 15; gli studenti universitari delle residenze Er.Go: Carducci, Miramonte, Ghigi; Associazione l'Altra Babele.

Grazie infine a Carla Abbattista per aver letto le bozze del volume e suggerito integrazioni e correzioni.

Finito di stampare nell'aprile 2021
presso Industria Grafica Bieffe, Recanati (MC)
per conto delle edizioni Quodlibet